메타버스의 시대

미래의 부와 기회를 선점하는 7대 메가트렌드

메타버스의 시대

이시한 지음

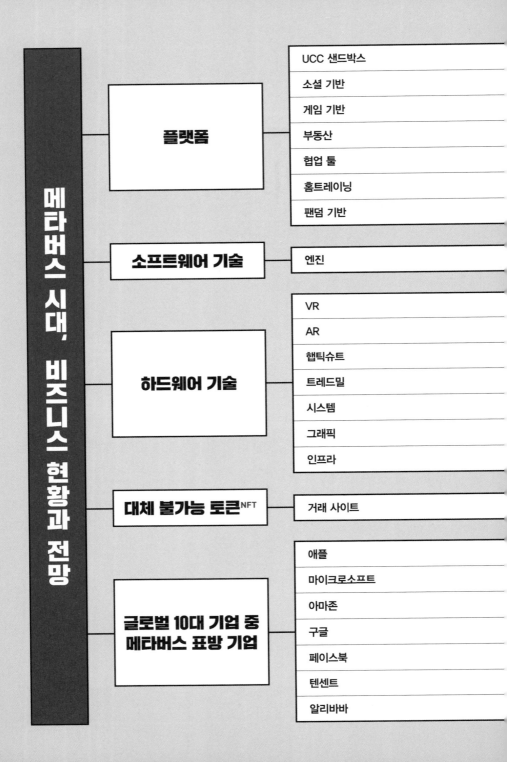

메타버스 시대, 비즈니스 현황과 전망

플랫폼
- UCC 샌드박스
- 소셜 기반
- 게임 기반
- 부동산
- 협업 툴
- 홈트레이닝
- 팬덤 기반

소프트웨어 기술
- 엔진

하드웨어 기술
- VR
- AR
- 햅틱슈트
- 트레드밀
- 시스템
- 그래픽
- 인프라

대체 불가능 토큰NFT
- 거래 사이트

글로벌 10대 기업 중 메타버스 표방 기업
- 애플
- 마이크로소프트
- 아마존
- 구글
- 페이스북
- 텐센트
- 알리바바

로블록스, 디토랜드(유티플러스)	
제페토(네이버), 호라이즌(페이스북), 이프랜드(SKT), 알트스페이스 VR(마이크로소프트)	
포트나이트(에픽게임즈), 모여봐요 동물의 숲(닌텐도), 더샌드박스, 마인크래프트(모장, 마이크로소프트)	
디센트럴랜드, 업랜드, 어스 2	
스페이셜, 게더타운, 메시(마이크로소프트), 직방, 더와일드, 인피니트오피스(페이스북)	
즈위프트	
위버스(하이브, 네이버, YG), 유니버스(엔씨소프트), 디어유 버블(SM, JYP), 쓰리디팩토리	

언리얼(에픽게임즈), 유니티, 수메리안(아마존)

오큘러스 퀘스트(페이스북), 바이브(HTC), PlayStation VR(소니)
홀로렌즈(마이크로소프트), 애플 AR 글라스(애플)
테슬라 슈트, 비햅틱스
퀀텀 VR 트레드밀
아마존, 오라클
엔비디아
SKT, KT, LG유플러스

크래프터스페이스(그라운드X, 카카오)

아이폰, 아이패드 같은 기기를 활용한 AR 연구에 투자, 애플 AR 글라스 개발 노력
홀로렌즈 출시, 알트스페이스 VR, 마인크래프트 보유
메타버스 서비스를 위한 서버, 클라우드, 네트워크 등 구축
메타버스 내 인앱 결제
메타버스 기업으로 변신 선언, 메타버스 전담부서를 꾸미고 인원 확충, 오큘러스 퀘스트 등 기기 보급
게임 기반 메타버스 론칭 계획, 텐센트 뮤직으로 가상 콘서트 전문 기업 '웨이브'의 지분 인수
커머스에 메타버스 접목, 클라우드 사업

메타버스 세상으로 들어가기 전에

네이버 비즈니스에서 '이시한의 점심 약속' 라이브 방송을 1년여 진행하면서 각 비즈니스 분야의 최고 전문가들을 매주 한 분씩 만났습니다. 전문가들의 놀라운 통찰력에 탄복하며 최신 정보를 얻고, '메타버스metaverse'라는 키워드가 현시점에 세상의 거의 모든 이슈와 관계되어 있다는 것을 확인한 귀한 시간이었습니다.

'메타버스'라는 개념은 영화 〈레디 플레이어 원〉을 통해 최근 많이 알려졌지만, 일반 대중에게는 다소 생소한 단어일 수 있습니다. 그러나 비즈니스 업계에서는 '메타버스'라는 키워드가 일부 마니아들 사이에서 거론될 때부터 메타버스의 무한한 가능성을 예측하고 미래를 보았습니다. 저 역시 메타버스에 관심을 갖고 여러 자료를 찾아보면서 메타버스가 스마트폰 이후 최고의 혁명이 되리라는 것을 확인할 수 있었습니다.

메타버스는 혁명입니다. 산업혁명 이후, 우리에게 혁명적 변화라고 할 만한 두 사건이 있었는데요. 하나는 인터넷 혁명입니다. 그전부터 컴퓨터는 보급되었지만, 주로 게임이나 문서 작성 용도로 활용되어 그 쓰임이 제한적이었습니다. 그러던 중 월드와이드웹 world wide web이 나오면서, 비즈니스와 삶의 패러다임이 인터넷 기반으로 바뀌었습니다. 또 하나의 혁명은 스마트폰입니다. 스마트폰이 처음 나올 때만 해도 게임할 수 있는 전화기 정도의 이미지였는데, 불과 10여 년 만에 인류의 삶을 바꾸어 놓았어요.

두 가지 혁명의 공통점은 기술 발전이나 시대 변화만이 아닙니다. 이 두 가지 혁명의 근원에는 인류의 연결 방식이 극적으로 바뀌었다는 본질적인 변화가 숨어 있습니다. 그런 의미에서 다음 혁명은 단연 메타버스입니다. 메타버스는 우리의 삶과 생활방식을 전면적 · 획기적으로 바꿀 것입니다.

메타버스는 새로운 기술이 아니에요. 온라인에서 또 다른 삶을 산다는 콘셉트의 '세컨드 라이프'라는 플랫폼도 있었고, 증강현실 augmented reality, AR과 가상현실virtual reality, VR 같은 기술도 있었고, 전 세계 사용자들을 잇는 SNS도 있었죠. 그런데 이 모든 것을 합했더니 폭발적인 것이 되었습니다. 마치 아이폰의 탄생 같습니다. 스티브 잡스Steve Jobs는 아이폰을 가리켜 획기적인 기술 혁명이라고 표현하지 않고 "전화를 재발명한다"라고 정의했습니다. 아이폰을 세상에 처음 선보이던 기념비적 발표에서도 잡스는 아이폰을 '전화기+아이팟+인터넷 장치의 결합'이라는 그림으로 소개했어요. 이미 있던 기술의 새로운 결합으로 폭발적인 시너지를 낸 스마트폰은 지난 10여 년간 인간의 생활방식을 극적으로 바꾸었을 뿐만 아니라, 지난 10여 년간 성공한 모든 비즈니스의 근간이 되었습니다.

그렇다고 해서 스마트폰이 처음 나온 이후로 혁신을 거듭해서 전과 다른 새로운 기기로 진화한 것도 아니에요. 속도가 빨라지고 디자인이 세련되어지고 무엇보다 카메라의 성능이 비약적으로 좋아졌지만, 10여 년 전에 나온 아이폰의 구성이나 설계에서 크게 벗어나지 않았습니다.

지난 10여 년간 스마트폰이 바꾼 것은 세상입니다. 그러니까 스마트폰이라는 기술은 사람을 연결하는 방식을 바꿈으로써 인간의 살아가는 방식을 재구조화했습니다. 그것이 스마트폰이 일구어낸 지난 10여 년간의 변혁의 핵심입니다. 이를 방증하듯 스마트폰 혁명 이후 가장 관심을 끈 것은 기술이 아니라 인문학이었어요. 그래서 인문학 열풍이 불었죠. 스마트폰의 핵심은 기술이 아닌 사람이고, 사람과 사람의 연결이기 때문입니다.

메타버스를 기술적으로 혹은 비즈니스적으로만 접근하려는 경향이 있습니다. 하지만 메타버스의 폭발력은 스마트폰 이후로 고정된 인간 간의 연결 방식을 또 한 번 획기적으로 바꾸는 데 있어요. 스마트폰이 언제 어디서나 타인과 연결되는 세상을 만들었다면, 메타버스는 언제 어디서나 타인의 정신과 연결되는 세상을 만들었습니다. 물리적인 한계를 벗어난 만남은 더 다양하고 이색적인 만남을 주선합니다.

메타버스는 사람들 사이의 연결 방식을 바꾸면서 사람의 존재 형태도 바꾸었습니다. 육체 대 육체의 만남이라는 인간관계의 기본 전제에서 육체를 분리해내고, 한 사람의 정신과 다른 사람의 정신의 만남으로 바꾼 거지요. 이 역시 만남의 고정관념을 깨는 사고의 혁명적인 전환입니다.

이러한 이유로 메타버스의 폭발력을 제대로 예측하려면 비즈니스 마인드, 기술 지식에 더해 인문학적인 시각까지 갖추어야 합니다. 메타버스를 기술적으로만 접근하면 게임과 다른 점이나 VR이 변화할 요건 정도밖에 이야기할 게 없어요. 메타버스를 비즈니스로만 보면 대체 불가능 토큰non-fungible token, NFT에 대한 이해나, 어떤 아이템이 돈이 될 것인가 정도를 이야기할 수 있지요. 하지만 메타버스를 인문학적인 시각으로 본다면 메타버스가 사람들 사이의 연결 방식, 소통방식을 어떻게 바꿀 것인가를 이야기할 수 있습니다. 거기에서 비로소 거시적이고 근본적인 기술과 돈의 흐름이 보일 것입니다. 일례로, 카카오가 돈 한 푼 안 받고 카카오톡을 서비스할 때만 해도, 저 기업은 돈은 어디서 벌려고 저러나 많은 분이 걱정하셨는데, 지금 카카오는 소통과 연결의 매개체이자 글로벌 기업이 되었습니다.

메타버스를 인문학적인 시선으로 바라보면 메타버스가 바꾸어 놓은 연결 방식이 인간에게 어떤 의미가 되고, 인간의 존재 양태를 어떻게 변화시킬지를 생각하게 됩니다. 그리고 이런 생각을 바탕으로 메타버스 시대에 개인은 어떻게 적응할 것이고, 메타버스를 어떻게 이용할 것이며, 끝내 그 안에서 어떻게 성공할 것인가를 생각하게 되죠. 그렇게 하나의 프로토콜이 그려집니다.

메타버스를 비즈니스에 활용하려는 분들도 마찬가지입니다. 메타버스가 인간에게 어떤 의미고, 어떻게 활용될지를 생각해야 메타버스 안에서 인간의 니즈를 파악하고, 비즈니스 구조도 설계할 수 있습니다. 온라인 고객은 오프라인 고객과 행동 패턴과 구매 포인트가 다릅니다. 웹으로 들어온 고객과 앱으로 들어온 고객도 다르죠. 그런데 메타버스로 들어온 고객이라면, 흡사 외계인으로 보고 분석하는 게 유용할지도 모릅니다. 외계인들에게 물건을 팔 때는 외계인의 돈을 환전할 수 있을지를 먼저 걱정하는 게 아니잖아요. 외계인은 어떤 생물체인지 고민하고, 그들의 니즈를 파악해야 그에 맞춰서 비즈니스를 전개할 수 있겠지요. 그래서 메타버스 이코노미에서 선도적인 역할을 하고 있는 기업들은 일찌감치 메타버스 안의 인간, 메타버스 시대를 살아가는 인간은 어떤 존재인지에 관심을 두었습니다.

아직 이런 더 깊은 차원에 관심이 없었던 분이라면 이 책을 통해서 메타버스 시대를 살아가는 자신에 관해 먼저 통찰해보시기 바랍니다. 메타버스란 어떤 사람들이 살아가는 세상인지, 그런 세상에서 살아남으려면 어떤 것들을 준비해야 하는지를 그려보시는 계기가 될 것입니다.

이 책의 구성은 다음과 같습니다. 1강에서는 메타버스란 과연 무엇인지 그 개념을 살펴볼 겁니다. 2강에서는 메타버스를 구성하는 차별화된 특징을 일곱 가지 트렌드 키워드로 정리합니다. 3강과 4강에서는 메타버스를 비즈니스에서 이용한 사례를 분류하고 정리하면서, 메타버스가 비즈니스에 어떻게 적용될 것인지를 예측합니다. 5강에는 메타버스 비즈니스를 전개해야 하는 기업으로서 메타버스가 지닌 무한한 가능성을 어떻게 경제적 가치로 환원할 수 있을지를 담았습니다. 6강은 이런 메타버스 시대를 사는 우리에 관한 이야기입니다. 메타버스 시대에 개인들은 어떻게 적응하고, 성공할 것인가를 고민해보았습니다.

책을 쓰기 위해 메타버스라는 키워드에 빠져 있었더니 정말 메타버스 세상으로 혼자 로그인한 느낌입니다. 조금 더 세밀하게 말하자면, 메타버스가 만들어낼 미래의 세상으로 타임머신을 타고 간 느낌입니다. 어디를 봐도 메타버스가 보이고, 어떤 것을 해도 메타버스의 적용 형태가 예상됩니다. 눈앞에 메타버스 필터를 씌운 증강현실 고글을 끼고 있는 것 같아요.

기회는 변곡점에 있다고 하지요. 거대한 트렌드가 산업의 방향을 바꿀 때 기회 역시 눈앞에 나타납니다. 많은 사람이 메타버스에서 변화의 기운을 느끼기 때문에 지금 관심이 엄청납니다. 하지만 초창기라는 것은 앞으로 어떻게 될지 모른다는 예측의 어려움을 함의합니다. 그래서 기회가 앞에 있을 때, 그것을 알아채고 선뜻 잡는 사람은 관심만 갖는 사람의 수만큼은 되지 않죠.

지난 10여 년의 기술과 세상의 발전 속도, 그에 따른 비즈니스의 진화와 순식간에 쏠리는 부의 흐름을 보면 초창기에 찾아오는 기회에 관심을 가질 유인은 충분합니다. 스마트폰이 나온 지 10여 년밖에 안 되었지만, 스마트폰을 신체 일부처럼 사용하는 사람들을 지칭하는 '포노 사피엔스Phono Sapiens'라는 용어가 나올 정도입니다. 포노 사피엔스는 스마트폰 네이티브smartphone native인 셈인데요. 메타버스 역시 본격화되기 시작하면 금세 메타버스 네이티브들이 나와 메타버스 세상을 점령할 수 있습니다.

아직 메타버스 초창기인 만큼 의식적으로 노력하고 시도한다면 누구나 메타버스 네이티브가 될 수 있습니다. 메타버스를 개척하고 선도하는 네이티브가 된다는 것은 메타버스 시대에 여러분의 비즈니스의 성공 가능성을 높인다는 뜻으로 이해할 수 있습니다.

이 책을 통해 메타버스를 이해하고, 메타버스 비즈니스를 예측하며, 메타버스 시대에 잘 살아남는 방법을 습득하고, 한 걸음 나아가 메타버스 네이티브가 되는 방법을 익히면서, 메타버스 시대에 우리 눈앞에 펼쳐진 한계 없는 기회를 활용할 수 있기를 바라는 마음입니다.

차례

프롤로그 메타버스 세상으로 들어가기 전에   7

1강   메타버스에 올라타는
골든타임이 왔다

1. 메타버스, 도대체 뭔가요?   21

2. 어디까지가 메타버스인가요?   30

3. 영화로 미리 구현된 메타버스   44

4. 기술 발전 방향의 삼각측량으로 예측하는 메타버스 라이프   56

2강

메타버스를 결정 짓는 7대 메가트렌드: METAPIA

1. 멀티 아바타Multi-Avatar   76

2. 확장 경제Extended Economy   81

3. 쌍방향Two-way interaction   88

4. 익명성Anonymity   93

5. 플레이 미션Play mission   98

6. 유사현실In similar life   103

7. 동시성At the same time   108

3강

메타버스 비즈니스 I: 메타버스에서는 어떻게 돈을 벌까?

1. 내 아바타는 구찌를 입는다: 아바타 아이템 거래   121

2. 메타버스에 내 가게가 나온다면: 가상공간 사용료   126

3. 광고, 메타버스에 스며들다: 가상과 현실을 잇는 마케팅   136

4. 디지털 강남 분양이 시작된다: 가상 부동산 거래   152

5. 가상화폐가 돈이 된다!: 가상화폐의 도전과 금융권의 응전   158

6. 예술품 거래에서 게임머니까지: NFT 거래   173

4강

메타버스 비즈니스 II: 메타버스는 산업에 어떤 기회를 가져올까?

1. 역사상 교육에 가장 최적화된 플랫폼: 가상 교실과 비대면 교육   183

2. 100년 전 확립된 회사의 시스템을 바꾸다: 가상 오피스와 재택근무   199

3. 연결의 방식을 재정의하다: 새로운 꿈의 무대   210

4. 무거운 산업에 가벼움을 입히기: 제조 및 건설 혁신   230

5. 메타버스의 진정한 포텐셜: 무한히 확장하는 커머스   237

5강

메타버스 리딩 기업의 생존 전략

1. 메타버스 인문학: 문제는 기술이 아니라 사람이다   249

2. 메타톤을 구현하라: 빠르게 시도하고, 판단하고, 정리한다   257

3. 권한의 파괴적 혁신: 결정권자를 바꿔라   270

4. 메타버스 라이프 가이드: 메티즌의 삶을 도와라   277

6강

대메타버스 시대,
성공적인 항해의 조건

1. 메타버스 프런티어: 호기심을 따라가라   292

2. 프렌치 카페의 메타지앵들: 듣고, 그 후에 말하라   303

3. 룰 메이커: 규칙은 지키는 것이 아니라 만드는 것이다   318

4. 정복자가 아닌 적응자가 승리한다: 알아채고, 스며들고, 반응하라 327

에필로그 메타버스 시장으로 나아가기 전에   338

출처   342

메타버스에 올라타는 골든타임이 왔다

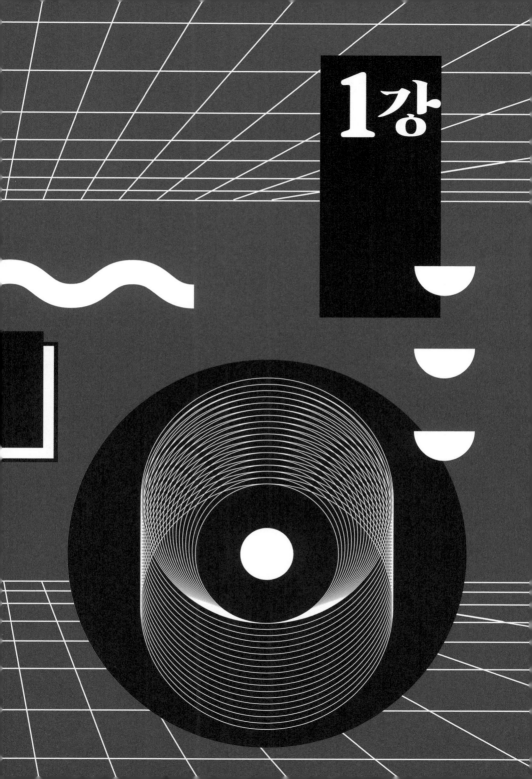

1강

1.

메타버스, 도대체 뭔가요?

메타버스는 가상현실일까

포털 사이트에서 메타버스를 검색하면 "가공, 추상을 의미하는 '메타meta'와 현실세계를 의미하는 '유니버스universe'의 합성어"라고 정의 내려져 있습니다. 언론, 출판 등 대부분의 매체에서 이 정의를 따르고 있습니다. 요즘 들어 메타버스를 다루는 기사들은 '메타버스란?' 하면서 위의 정의를 소개하고 시작하거든요. 그만큼 메타버스라는 말이 대중에게는 아직도 매우 낯선 개념입니다.

이 정의를 워낙에 자주 쓰기 때문에 사람들은 무심코 메타버스를 단순히 '가상현실'이라고 인지하는 경향이 있지요. 완전히 다르다고 할 수는 없지만, 엄밀히 말하자면 가상현실^{virtual reality}이라는 단어가 따로 있습니다. 이는 "특정한 환경이나 상황을 컴퓨터로 만들어서 그것을 사용하는 사람이 마치 실제 주변 상황, 환경과 상호 작용을 하는 것처럼 만들어주는 인간과 컴퓨터 사이의 인터페이스"라고 정의되고 있어요. 그러니까 영화 〈매트릭스〉처럼 가상의 세계를 실제처럼 느끼게 해주는 기술이지요.

그렇게 보면 '가상현실'은 메타버스의 한 가지 지류일 수는 있어도, 메타버스 그 자체일 수는 없습니다. 메타버스를 앞서 말한 흔한 정의, 즉 "가공, 추상을 의미하는 메타와 현실세계를 의미하는 유니버스의 합성어"보다 확장된 개념으로 이해해야 하는 이유입니다. 우선 메타를 '가상'의 뜻으로 이해해서는 안 되는데, 메타는 '사이에', '~후에'를 의미하는 그리스어 'μετά'에서 유래한 접두어입니다. 그렇게 보면 메타를 '가상'이 아니라 '더 높은', '초월한', '상위의' 뜻으로 이해해야 합니다.

메타인지^{metacognition}는 '인식에 대한 인식', '생각에 대한 생각'을 말합니다. 인식의 상위에 존재하는 가장 포괄적인 인식이라는 말이죠. 그리고 메타데이터^{metadata}는 '데이터에 관한 구조화된 데이터'로, 다른 데이터를 설명하는 데이터입니다. '데이터에 대한 데이터'라고 할 수 있지요.

'메타'의 본래 용법으로 메타버스를 생각해보면, 메타버스는 '유니버스들의 유니버스', '세계관의 세계관'이라고 할 수 있습니다. 하나의 유니버스를 초월한 상위 개념에 존재하는 포괄적인 유니버스인 셈이지요.

그런데 사실 메타버스의 엄밀한 정의는 그렇게 중요하다고 생각하지 않습니다. 메타버스는 그 자체로 학문적인 연구에서 나온 개념어가 아니라, 1992년 닐 스티븐슨Neal Stephenson이 쓴 SF소설 『스노 크래시』에서 만들어진 용어기도 합니다. 사실 과학이나 기술 용어가 SF소설에서 연유한 게 처음이 아니죠. '로봇'도 1920년에 체코슬로바키아 극작가인 카렐 차페크Karel Capek가 『로숨의 유니버설 로봇』이란 희곡에서 처음 사용한 용어입니다.

따라서 메타버스를 학문적으로 정확하게 정의하려는 시도는 큰 의미가 없습니다. 시작 자체가 학문적 태생이 아니기 때문이에요. 오히려 대중문화나 대중의 사용에 따라 그 의미를 이해하는 것이 바람직하다고 생각합니다.

위키피디아에서는 메타버스를 다음과 같이 소개합니다.

메타버스는 모든 가상세계와 증강현실, 인터넷의 결합을 포함하여 사실적으로 강화된 물리적 현실과 물리적으로 지속적인 가상공간이 융합되어 만들어진 집단적 가상 공유 공간이다.

여기서도 '메타'를 '~너머beyond'의 의미로 이해합니다. 메타버스를 가상현실 정도로 간단하게 정의하면 말하기도 쉽고 이해시키기도 쉽지만, 이런 정의는 메타버스의 개념을 눈에 띄게 축소하는 행위가 됩니다. 이렇게 되면 메타버스의 가능성과 확장성, 그리고 본질적인 변화를 자칫 놓칠 수 있습니다.

메타버스를 삼차원의 가상현실 정도로 생각해버리면, 우리가 살아갈 수 있는 공간을 현실과 가상현실이라는 두 가지로만 나누게 되거든요. 다양한 차원의 유니버스가 있어도, 그것들은 그냥 모두 현실이 아닌 것들로 수렴하게 됩니다. 현실과 가상현실이라는 구분은 현실과 비현실처럼 이분법적인 사고를 불러오는 거지요. 현실과 가상현실이라는 구분은 현실 중심의 사고방식이 될 것입니다. 현실 그리고 현실은 아니지만 매우 현실 같은 유사현실의 이분법적인 구성은 역설적으로 현실이라는 기준이 얼마나 중요한지를 생각하게 하지요. 이 현실이 아닌 것들에 여러 유니버스가 다 속해 있는 거예요.

현실   :   가상현실(유니버스 1, 2, 3···)

하지만 메타를 '상위' 개념으로 이해하면 우리가 사는 현실 역시 하나의 유니버스인 셈이고, 현실과 등위의 유니버스가 디지털 세상에 여러 개 세워질 수 있습니다. 그것을 포괄하는 상위에 메타버스라는 인식이 있는 것이지요. 이렇게 되면 현실은 여러 유니버스 중 하나에 불과하겠네요. 이렇게 다른 유니버스들이 현실과 동등한 위치여야 우리의 삶과 놀이가 존재하는 진정한 의미의 메타버스라고 할 수 있습니다.

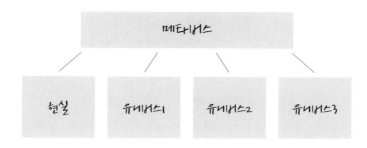

현실을 포함한 여러 유니버스를 포괄하는 초월적인 개념이 메타버스입니다. 이렇게 생각하면 새로운 유니버스는 무수히 만들어질 수 있고, 그 유니버스들은 우리가 사는 현실과 동등한 유니버스가 되겠지요. 이런 관점에서 보면 '현실'은 우리가 선택할 수 있는 여러 유니버스 중 하나입니다.

이렇듯 메타버스에 대한 서로 다른 개념 이해는 매우 중요한 차이를 낳습니다. 왜냐하면 우리가 앞으로 어떻게 메타버스에 적응해갈 것인지, 동시에 메타버스를 우리의 삶에 어떻게 적용할 것인지에 대해 근본적으로 다른 판단을 내리게 할 것이니까요.

장자는 중국의 도가 철학자입니다. 장자는 무엇보다 꿈 이야기로 유명하지요. 장자는 『장자』, 「제물론齊物論」에서 이렇게 말하지요. "언젠가 꿈에 나비가 되었다. 훨훨 나는 나비였다. 기분이 아주 좋아 내가 사람이었다는 것을 모르고 있었다. 이윽고 잠에서 깨니 나는 틀림없는 인간이었다. 도대체 인간인 내가 꿈에 나비가 된 것일까. 아니면 나비가 꿈에서 인간인 나로 변해 있는 것일까."

이 이야기가 장차 메타버스의 주요한 테마가 될 것입니다. '메타버스 안의 내가 나일까, 현실의 내가 나일까?' 메타버스를 이분법적으로 이해하면 어느 게 현실인지 밝히는 것이 굉장히 중요합니다. 어쨌든 현실에 발 딛고 있는 것이 중요하고, 가상은 가상일 뿐 현실에 조금도 관여해서는 안 되기 때문이죠.

그런데 메타버스가 현실과 비현실이라는 이분법적 개념 위에 있는 것이 아니라, 현실과 같은 층위를 갖는 여러 유니버스가 나열된 양상을 총체적으로 칭하는 것이라면, 현실을 굳이 구분할 필요가 없습니다. 나비와 장자의 삶 중에서 자신이 조금 더 마음에 드는 삶을 주 캐릭터로 설정하는 거지요. 현실과 가상현실이라는 구분을 굳이 할 필요가 없습니다. 현실도 자신이 선택할 수 있는 여러 유니버스 중 하나일 뿐입니다.

이와 관련해 생각해볼 만한 재미있는 점이 있습니다. 메타버스라는 말을 안 들어본 사람은 별로 없는데, 메타버스가 정확히 무엇인지 답할 수 있는 사람은 별로 없더라고요. 그중에 어떤 분들은 구글이나 페이스북처럼 메타버스라는 하나의 플랫폼이 존재하는 줄 아시더라고요. 이미 잘 알려져 있는 개념들과 비교해서 따져보자면, 메타버스는 '소셜네트워크서비스 social networking service, SNS'나 '인터넷'처럼, 구체적인 형태의 다양한 서비스들을 포괄하는, 추상적이면서 상위에 속하는 카테고리입니다. SNS의 하나로 '페이스북'이 있잖아요. 그렇듯이 메타버스는 그 자체로 상위 카테고리고, '제페토', '로블록스', '호라이즌' 같은 개별 메타버스들은, '페이스북'이 SNS에 속하는 한 종류의 서비스이듯, 메타버스에 속하는 한 종류의 유니버스가 됩니다. 그래서 메타버스의 미래를 예측할 때, 페이스북을 대체할 것이라고 말하지 않고 인터넷 자체를 대체할 것이라고 말하는 것이지요.

모든 사람이 단일 메타버스에 들어가 있는 상황은 오기 힘들 겁니다. 영화 〈매트릭스〉처럼 기계들이 인간을 모두 지구라는 메타버스에 잡아넣고 강제로 운영하기 전까지는요. 메타버스는 현실을 포함한 여러 유니버스가 공존하는 상태를 총체적으로 가리키는 말로 광범위하게 이해할 수 있지만, 현재는 범위를 좁혀 그중 개별 유니버스를 가리키는 말로 주로 쓰이고 있어요. 제페토나 로블록스 같은 개별 플랫폼들을 그냥 메타버스라고 부르는 식이죠. 그래서 메타버스를 삼차원 가상현실 공간을 말하는 정도로 이해해도 큰 무리가 없는 것입니다. 대부분 관용적으로 그렇게 쓰니까요.

그런데도 조금 엄밀히 정의하라고 한다면 '초월 공간' 또는 '초월 현실'이나 '초월 세계'가 괜찮겠습니다. 그래서 메타버스를 한마디로 최종적으로 정의하자면, '사회적·문화적·경제적 활동이 일어나는 초월 공간(현실이나 세계)' 정도가 가장 적절할 것 같네요.

다음 생은 없어도
다른 생은 가능하다

'이생망'이라는 표현이 있어요.

'이번 생은 망했다'라는 자조적인 표현인데, 묘한 구석이 있지요. 마치 다음 생이 있다는 생각을 전제로 하기 때문입니다. 과학의 렌즈로 보자면 안타깝게도 다음 생은 없습니다. 그러니 '이번 생이 망해서' 포기하면 그냥 거기서 끝나는 것입니다.

하지만 실망하기에는 이르죠. 우리에게는 메타버스가 있거든요. 그렇다고 메타버스가 '다음 생'을 가능하게 하는 것은 아닙니다. 메타버스는 '다른 생'을 가능하게 하지요. '이번과 다음'이 아닌 '여기와 저기'의 차이인데, '지금 여기'라는 현실에서 누리는 생을, 이것과 다른 환경 조건에서 누릴 가능성을 주는 것이 바로 메타버스입니다.

현실이라는 유니버스에서 로그아웃하는 것은 다른 유니버스에 로그인하는 것입니다. 이쪽 유니버스의 라이프가 마음에 들지 않으면, 다른 유니버스로 들어가서 새로운 세계, 새로운 역할을 맡을 수 있습니다. 같은 유니버스도 새로운 계정으로 리부트할 수 있고요. 이렇게만 보면 게임의 세계와 다를 바 없어 보입니다. 그런데 메타버스는 게임과는 결정적으로 다른 특징을 갖고 있습니다.

현실을 살아간다고 할 때, 가장 기본이 되는 것은 육체의 존재와 경제활동의 기능입니다. 간단히 말하면 돈 벌어서 먹고사는 행위가 일어나는 환경을 현실이라고 합니다. 단순히 시간을 많이 보낸다고 현실이 되는 것이 아닙니다. 게임을 이틀, 사흘을 주야장천 해서 사망할 정도에 이르러도, 그것을 현실에 치여 사망했다고 하지 않잖아요. 현실에서 도피하게 만드는 게임의 위험성에 대한 경고만 뒤따르겠지요.

　메타버스는 그 안에 머무는 사람들의 육체까지 만들어내지는 못하지만, 경제활동의 기능은 가져올 수 있습니다. 메타버스 안에서 광고나 마케팅은 물론, 교육이 이루어지고 공연, 이벤트, 전시, 포럼, 축제가 성행한다면, 그리고 가상 오피스가 활성화되어 메타버스로 출근하는 사람이 많아진다면, 메타버스는 경제활동이 일어나는 공간이 됩니다. 현실의 중요한 기능인 경제활동을 메타버스가 대체하는 거지요. 전문가들도 메타버스의 가장 큰 특징으로 '경제활동'을 꼽습니다.

　이렇게 볼 때, 우리는 메타버스를 단순한 현실의 대안이 아니라, 또 하나의 현실이라고 인정해야 합니다. 현실 개념이 존재와 활동으로 양분되는 것이지요. 정신적인 것에 대해서는 메타버스가 현실보다 더 유리한 측면도 있고요.

　결론적으로, 메타버스는 현실과 현실 못지않은 의미가 있는 유니버스들이 공존하는 상태입니다. 개별 유니버스들을 메타버스라고 부를 수 있지만(편의상 그렇게 지칭하는 경우가 있지만), 원론적으로는 멀티 유니버스multi universe 위에서 멀티 유니버스를 인지하는 세계로 메타버스를 이해하는 것이 좋겠습니다.

2.

어디까지가 메타버스인가요?

메타버스의 네 가지 분류는 적절한가?

메타버스를 두고 학문적으로 합의된 사안은 현재 없는 실정입니다. 사회적으로 합의된 메타버스의 종류도 없고요. 메타버스를 분류하는 데 근거로 삼을 만한 통일된 기준도 없습니다. 따라서 어디까지를 메타버스로 볼 것인지를 두고 언제든 논쟁할 수 있습니다. 가상현실이라는 기준만 가져오면 종교에서 흔히 나오는 천국 개념도 일종의 메타버스로 생각할수도 있습니다. 좁게는 헤드 마운트 디스플레이**Head Mounted Display, HMD**를 착용하고 가상세계로 들어가 실감 나는 삼차원의 가상 디지털세계를 구현하는 것을 메타버스로 볼 수도 있고요. 넓게는 SNS 피드에 구축한 게시판 모음 역시 메타버스로 볼 수도 있습니다. 자기만의 유니버스를 구축한 것이니까요. 이쯤에서 앞으로 자주 쓸 용어를 정리해보겠습니다.

가상현실Virtual Reality, VR: 헤드 마운트 디스플레이라는 고글을 착용하고 들어가는 가상의 세계를 말합니다.

증강현실Augmented Reality, AR: 완전한 가상이 아니라 현실 위에 가상을 덧붙이는 것을 말합니다. 포켓몬고 게임, 실사를 찍고 그 위에 애니메이션을 덧붙이는 영화가 그 사례입니다.

혼합현실Mixed Reality, MR: VR과 AR을 합한 것입니다. VR의 몰입감, 그리고 AR의 현실 연관성의 장점을 모아 놓은 것이지요. 영화 <마이너리티 리포트>에서 톰 크루즈가 마우스나 키보드 없이 특수 장갑만 끼고 컴퓨터를 다루는 장면이나, <아이언맨>에서 로버트 다우니 주니어가 허공에 뜬 스케치를 손짓으로 다루며 설계하는 장면을 떠올리시면 됩니다.

확장현실eXtended Reality, XR: VR, AR, MR을 총칭합니다. 새로 나올 모든 기술을 아우르는 한 단계 위의 카테고리입니다.

대체현실Substitutional Reality, SR: 현재와 과거의 영상을 혼합하여 실존하지 않는 인물이나 사건을 새롭게 구현하고, 사용자가 가상 공간을 실제로 착각하게 만드는 기술입니다. 중요한 특징은 VR이나 AR처럼 하드웨어를 사용하지 않는 데 있습니다. <인셉션>의 한 장면처럼 수면 중 뇌에 자극을 주어 꿈을 꾸게 한다든가, 기억을 조작하는 일이 가능해지는 겁니다.

그렇다면 메타버스를 분류하는 기준은 어디에서 찾을 수 있을까요? 최근 메타버스의 범위를 확장할 수 있는 비영리 기술 연구 단체인 미래가속화연구재단^{Acceleration Studies Foundation, ASF}의 기준을 따르는 경향이 있더라고요. 하지만 이 기준은 한 연구 단체가 제시한 기준일 뿐, 절대적 기준은 아닙니다. 게다가 이 단체가 이 기준을 발표한 것은 2007년입니다. 메타버스는커녕 스마트폰도 보급되지 않은 시점에서 내려진 메타버스의 분류를 지금까지 그대로 답습하는 것은, 개화기 시절에 지키던 무역법을 현재 미국과의 무역에 적용하는 것이나 마찬가지입니다. 하지만 최근까지 이 기준이 널리 알려져 있으므로 일단 이 기준에 대해서 알아보고, 메타버스의 개념은 어떻게 발전해왔는지, 또 오늘날 실정에 맞으려면 어떻게 다시 생각해야 하는지를 살펴보도록 하겠습니다.

ASF의 기준이 메타버스를 설명하는 효과적인 도구라는 생각에는 그다지 동의하지 않기도 하지만, 특히 어떤 이론이나 가설에서 설명하는 단순한 도식을 무조건 수용하기보다는 더 세심하게 접근하는 자세가 필요하다고 생각합니다. 어떤 부분은 조금 억지스러운 측면도 있으니까요.

ASF는 메타버스를 구현하는 기술이 현실 위에서 이루어지는지, 아니면 가상공간을 기반으로 하는지에 따라 메타버스를 두 가지로 나누고요. 메타버스를 구현하는 기술이 이용자와 관계를 맺고 있는지, 아니면 이용자의 외부 환경과 관련되어 있는지에 따라 또 두 가지로 나눕니다. 그러면 총 네 가지의 메타버스 유형이 도출됩니다.

'사적인intimate 것'과 '외적인external 것'의 구분은 자기 정체성과 행위에 기반을 둔 기술인지 아닌지로 결정됩니다. 사적인 것은 온라인상에서 아바타를 꾸민다거나 생활을 공개하는 행위입니다. 외적인 것은 외부 환경을 구현하는 것을 말하지요.

한편 메타버스의 구현 기술이 증강Augmentation이냐, 시뮬레이션Simulation이냐에 따라서 나뉘기도 합니다. 증강은 현실 위에 가상을 덧붙이는 것이고, 시뮬레이션은 모든 환경이 가상입니다. 예컨대 영화 중에 애니메이션과 실사가 합성된 것과 애니메이션으로만 구현된 것의 차이라고 볼 수 있습니다. 요즘 유행하는 히어로 영화도 실사를 찍고 그 위에 컴퓨터 그래픽을 입혀서 완성하잖아요. 이런 것은 현실 기반 위에 새로운 정보를 쌓아 올리는 증강현실이 되는 거지요. 반면 처음부터 끝까지 애니메이션으로만 된 것도 있습니다. 〈토이 스토리〉처럼 말이지요. 이런 영화는 시뮬레이션을 강조하는 가상세계라 할 수 있습니다.

라이프로깅

사적이면서 현실 기반 위에 만들어진 메타버스는 라이프로깅 lifelogging입니다. '라이프life'와 '블로깅blogging'을 합해 만든 말이죠. 블로그blog는 '웹web 로그log'의 줄임말로, 1997년 미국에서 처음 쓰기 시작한 말이에요. 자기 관심사에 대해 글을 쓴다든가, 사진을 공유하고 일기를 쓰는 개인 커뮤니티이자, 개인 미디어이기도 하지요. 핵심은 개인의 기록을 정리하고 보여주고 소통한다는 것입니다.

라이프로깅은 자신의 삶을 기록하고 공유하는 것을 말해요. 라이프로깅은 크게 보면 주체가 직접 기록하는 것과 주체가 기록 당하는 두 가지 형태가 있어요. 기록 당하는 것은 웨어러블 기기를 차고 심장박동, 하루 걸음 수 등을 공유하는 것을 말합니다. 기록하는 것은 일반적인 SNS 활동을 포함합니다. 페이스북, 인스타그램, 틱톡 등에 기록을 남기고 그것을 공유하는 것인데, 이렇게 형성된 세계는 현실과는 조금은 다른 유사현실을 구현합니다.

메타버스의 분류를 여기까지 확대하는 것은 회의적으로 볼 만한 여지가 있습니다. 페이스북이 메타버스라면 SNS에 계정을 가진 모든 사람은 이미 메타버스의 참여자라는 얘기거든요. 최근의 기술적·문화적 발전상을 고려할 때 라이프로깅 자체로만 메타버스를 규정한다면 억지스럽겠지요.

증강현실

현실 기반이지만 외적인 상호작용을 통해 구축되는 것이 증강현실입니다. 스마트폰 렌즈로 하늘을 비추면, 그 하늘 위에 오늘 날씨와 기온이 저절로 뜨게 만든다는 것은 스마트폰 초창기부터 구현된 기술입니다.

사람들이 증강현실의 가능성을 크게 인지한 사건이 있었죠. 바로 나이언틱의 '포켓몬고' 게임입니다. 스마트폰으로 장소를 비추면, 그 장소에 포켓몬스터 속 귀여운 캐릭터들이 등장하여 포획할 수 있게 만든 증강현실 게임이지요.

증강현실의 가능성은 무궁무진해서 페이스북과 구글도 큰 관심을 보이고 있습니다. 스마트글라스 같은 AR기기가 제대로 쓰인다면 현실적인 응용도 게임 이상으로 매우 다양해집니다. 예를 들어 야구장에 갔는데, 스마트글라스를 쓰고 선수를 보면 그 선수의 타율이나 방어율 등 세부지표가 뜹니다. 최근 성적뿐 아니라 설정에 따라 그 선수의 스토리까지 뜨는 거지요. 야구 보는 재미가 훨

현실의 정보 위에 가상의 이미지를 송출하는 포켓몬고(© 포켓몬고)

썬 더 쏠쏠해질 겁니다. 시장에 가서 스마트글라스를 쓰고 배추를 보면, 가격이 표시되고, 인터넷으로 주문할 때와 가격을 비교해서 최저 가격을 살펴볼 수도 있습니다. 이런 모습이 바로 증강현실이 실생활에 쓰이는 사례입니다.

증강현실은 적절한 소프트웨어와 기기의 상용성이 보장된다면 가장 폭발적으로 보급될 가능성이 큽니다. 증강현실이 가상현실보다 메타버스의 주류가 될 가능성이 더 크다고 보는 견해도 있는데요. 물론 실제 상황에 약간의 정보와 디지털 이미지를 덧붙이는 증강현실의 구현이 더 쉽고 보급도 빠를 겁니다. 하지만 경제적 가치 측면에서 보자면 증강현실로는 가상현실만큼의 성과를 내기 어렵죠.

가상현실을 구현할 때는 비용을 지불하거나 거래가 발생할 부

분이 쉽게 예상됩니다. 아바타 구매 비용이나 공간 입장료 등 말이
죠. 새로운 세계를 만들다 보니 비즈니스적으로 활용할 여백이 많
은 거지요. 하지만 현실세계 안에 디지털 요소가 삽입되는 증강현
실을 구현할 때는 구매나 거래가 일어날 부분이 한정적일 수밖에
없죠. 예를 들어 가상현실로 구현된 가상세계에서 콘서트를 한다
고 하면 비용을 들여 그 가상세계에 입장하려는 사람이 있겠지요.
하지만 증강현실의 방식으로 스마트폰 안에서 조그맣게 디지털화
된 가수가 콘서트를 한다면, 사용자 입장에서는 콘서트 입장료를
내기에 조금 불만족스럽다는 생각이 들 겁니다.

증강현실의 보급은 가상현실의 보급보다 빠를 수 있지만, 비즈
니스적인 가치로 비교해볼 때는 가상현실을 구축해서 그 안으로
사용자들을 로그인하게 하는 편이 훨씬 가치 있어 보입니다.

거울세계

거울세계는 가상의 공간에 현실세계를 그대로 복사해 가져다
놓는 것입니다. 하지만 현실의 재현에 그치면 큰 의미가 없으니, 거
기에 새로운 정보를 조금이라도 덧붙이는 거지요.

미국에서 만든 질로우^{Zillow} 앱은 위성에서 내려다본 거리 지도
를 제공합니다. 그뿐만 아니라 지도에 나타난 집의 최근 거래액을
알려주지요. 실제 부동산들이 얼마에 사고 팔렸는지 실시간으로
비교 분석할 수 있습니다. 내가 알고 있는 현실세계를 기반으로 서
비스 정보를 덧붙이는 것입니다.

‘우버’, ‘에어비앤비’, ‘배달의민족’ 등의 서비스는 이런 거울세계를 기반으로 구성되어 있습니다. 하지만 이 역시 메타버스라는 새로운 세계를 여는 하나의 유형으로 주목받았을 뿐이죠. 거울세계 자체만을 메타버스로 볼 수 있을까요? 현실에 정보를 더해 다른 현실을 만들어냈다고 하지만, 이 안에서 개인의 활동, 관계, 경제적 행위가 일어나는 것은 아니니까요. 과연 메타버스로 분류할 수 있을지 의문이 남습니다.

쉽게 말해, 배달의민족은 구성원들 사이에서 일어나는 경제활동이라기보다는 비즈니스 중계 업체가 소비자와 음식점을 연결해주고 돈을 버는 구조입니다. 모바일 인터넷 비즈니스의 한 종류로는 맞지만, 메타버스 비즈니스로 말하기에는 다소 모호한 지점이 있는 거지요.

메타버스에서 일어나는 경제활동은 결국 현실세계에서 일어나

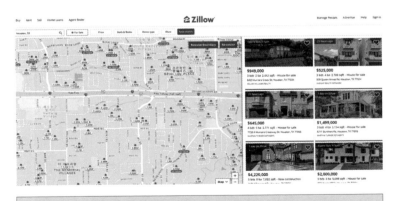

미국 부동산 업계의 ‘아마존’이라 불리는 온라인 부동산 플랫폼 질로우(ⓒ 질로우)

는 개인들 간의 거래처럼 민주적 경제 시스템을 구축하는 방향으로 나아갈 수 있어야 합니다. 메타버스를 분류할 때 이런 가능성을 포함해야 더 현실적인 메타버스 개념이 잡히고, 진정 새로운 메타버스 비즈니스가 가능하겠지요. 그런 의미에서 거울세계는 '메타버스가 아니다'라기보다는 '메타버스의 경계선에 있다'라고 할 수 있겠네요.

가상세계

가상세계는 우리가 메타버스라고 하면 흔히 생각하는 가장 일반적인 모습입니다. 디지털상에 현실과 다른 세계를 만들고, 그 안에 현실과 유사하거나 대안적인 세계관을 구현하는 것이지요. 온라인 가상세계의 초창기 모델인 '세컨드 라이프Second Life'를 살펴보겠습니다. 세컨드 라이프는 실제 세계에 사는 것처럼 누구나 생산과 소비, 커뮤니티 활동을 할 수 있는 온라인 3D 가상세계를 대표합니다. 그리고 메타버스 하면 바로 생각나는 샌드박스 게임인 '로블록스Roblox'도 가상세계에 속합니다.

게임은 본래 가상세계의 특성을 가지고 있습니다. 자신만의 세계관을 가지고 있지요. 그래서 배틀 게임 '포트나이트Fortnite'는 게임에 머무는 데 그치지 않고 유명 가수의 콘서트를 개최한다든가, 패션전문업체와 협업하는 등 메타버스를 구축하기 위해 분투하고 있습니다. 사용자와 세계관이 구축되어 있으니, 아무래도 메타버스를 구축하기에 더 유리하겠지요.

일하고 돈 벌며 제2의 삶을 만들어가는 가상현실 플랫폼 세컨드 라이프(© 세컨드 라이프)

모든 것의 통합형

앞서 소개한 메타버스의 네 가지 유형은 메타버스 초창기의 모습을 수용하려는 목적에서 나온 것입니다. 오늘날에는 점차 이들 유형 간 경계가 허물어지는 경향을 보이고 있습니다. 결론적으로는 네 가지 유형이 통합되고 종합된 모습으로 메타버스가 발전할 가능성이 큽니다.

예를 들어 현실의 나를 기반으로 아바타를 만들고(보통은 실제 외모보다 조금 더 나은 모습이겠지요), 이 아바타를 사회적·경제적 상호작용이 일어나는 가상세계로 들여보낸다고 생각해봅시다. 아바타를 만들 때 증강현실이 적용됩니다.

이 가상세계에는 자기만의 집과 사무실이 있습니다. 그 공간은 현실 기반으로 디자인되었지만, 물리법칙은 현실과 다릅니다. 예를 들어 뉴욕의 고층빌딩에 자신의 사무실이 있어 오전에는 뉴욕으로 출근하지만, 순간 이동해 오후 회의는 서울의 롯데월드타워에서 할 수 있습니다. 거울세계에 가상세계가 접목되는 겁니다. 그리고 가상공간에서 한 일들은 선택에 따라 기록되고 공유될 수 있습니다. 그렇게 라이프로깅이 이루어지는 것입니다. 이렇게 보면 라이프로깅이나 거울세계는 단독적인 메타버스라기보다는 증강현실이나 가상세계와 결합하는 방식으로 메타버스의 구성요소가 된다고 볼 수 있고요. 메타버스는 스토리뿐 아니라, 그것을 입체적으로 체험하게 하는 기술이 뒷받침되어야 더 몰입감을 높일 수 있습니다. 결과적으로 가상현실이나 적어도 증강현실로 구현되어야 하지요.

메타버스의 궁극적인 형태는 네 가지 유형이 모두 적용되는 새

3D 아바타로 소통하며, 다양한 가상세계를 경험하는 플랫폼 제페토(ⓒ 네이버제트)

로운 유니버스의 탄생입니다. 그때에야 지구에서 태어나서 현실을 살아가듯이, 새로운 법칙이 적용되는 유니버스가 또 하나 탄생할 수 있습니다. 네이버의 제페토는 제한적이지만 증강현실, 라이프로깅, 가상세계 등이 복합적으로 작용하는 서비스 사례로 손꼽힙니다.

메타버스의 핵심은 경제활동이다

메타버스라는 키워드를 남용하면 메타버스의 유효기간이 아주 짧아질 수도 있습니다. 모든 것이 메타버스가 될 수는 없습니다.

2016년에 이세돌 9단이 구글 딥마인드의 인공지능 알파고에 뼈아픈 패배를 당한 뒤에 한국에서는 공포에 가까운 감정으로 4차 산업혁명을 논하기 시작했습니다. 수많은 포럼과 강연에 '4차산업 혁명 시대'라는 서두가 붙었고, 거의 모든 산업이 4차산업혁명과 연결되고자 했습니다. 과자 하나를 만들어도 '4차산업혁명에 발맞춰' 만들던 시절이었어요. 그런데 4차산업혁명의 정의 자체가 뚜렷하지 않았고, 4차산업혁명의 범주도 너무 광범위했죠. 그 실체의 유무를 두고 논쟁하기도 했습니다.

'모든 것에 어울린다'라는 말은 '그 무엇에도 어울리지 않는다'라는 말과 같습니다. 4차산업혁명이라는 단어의 쓰임이 지금은 조금 시들하지요. 개념이 뚜렷하지 못하다 보니 유행이 오래가지 못한 거예요.

메타버스 역시 그럴 수 있습니다. 모든 것이 메타버스라면, 사실 메타버스는 아무런 실체가 없는 것이 되기 쉽습니다. 메타버스를 광적으로 지지하는 사람들이 모든 것에 메타버스를 적용하고 있어요. 현실에 다른 개념이 덧씌워져 있다는 큰 틀을 가지고 메타버스를 여기저기 넣어 해석하는 거지요. 예를 들어 'SNS도 일종의 메타버스다. 자신만의 세계관이 있으니까'라는 식입니다. 사람이 살지 않는 폐가를 귀신이 출몰하는 집이나 국정원의 비밀 아지트로 상상하는 것도 일종의 메타버스라고 해석해요. 이 정도면 유서 깊은 동네 음식점의 창업 스토리도 메타버스라고 불릴 지경입니다. 맛도 맛이지만, 음식에 얽힌 재미있는 스토리를 알고 먹으면 더 맛있거든요.

이런 것까지 모두 메타버스라는 틀을 사용하면 정작 필요할 때 메타버스를 꺼내 쓰기 어려울 수 있습니다. 세상 만물에 메타버스라는 이름표 붙이기를 자제하고, 구체적으로 메타버스를 분류해서 써야 할 것 같아요. 인지 범위를 좁히는 거지요.

결론적으로 주지할 것은 메타버스가 여타의 흐름과 가장 크게 구분되는 지점이 경제활동에 있다는 것입니다. 중앙의 통제를 받지 않는 개인들 간의 자유롭고 민주적인 경제활동이 이루어지는 것이 메타버스의 중요한 구성요소거든요. 이것이 메타버스에 사람들이 매력을 느끼는 이유이기도 하고요.

3.

영화로 미리 구현된 메타버스

메타버스 개념이 여전히 모호하다고 생각하시는 분들은 영화적 상상력으로 구현된 메타버스를 보면서, 구체적으로 생각해보는 것이 좋겠습니다. 아직 실현되지 않은 것을 추상적으로 이야기하기에는 한계가 있으니까요. 영화라는 매체는 언제나 기술의 지표 역할을 해왔거든요. 영화적 상상력으로 기술을 선도한 선례들이 있기에, 영화에서 구현된 메타버스를 살펴보는 것은 의미가 있습니다. 각 영화에서 표현하는 메타버스의 특징은 조금씩 다르지만 큰 틀에서는 공통적인 부분이 있으므로, 몇몇 영화의 메타버스를 비교해보는 것만으로도 미래의 메타버스를 상상하는 데 큰 도움이 될 것입니다.

<매트릭스^{The Matrix}>(1999)

궁극의 메타버스라는 측면에서
보면 〈매트릭스〉의 메타버스 세계가 가장 먼저 떠오를 수밖에 없
습니다. 〈매트릭스〉는 메타버스가 현실이 된 세계를 그립니다. 전
인류가 자신들이 메타버스에 갇혀 살아가는지도 모른 채 메타버스
안에서 살고 있습니다. 메타버스가 디스토피아적으로 실현된 세계
인 것이지요.

〈매트릭스〉는 기계가 지배하는 미래에 기계의 에너지원으로
소모되는 인간의 모습을 그립니다. 기계는 인간의 기억을 지우고,
가상현실의 '매트릭스' 안에서 살아가도록 길들여집니다. 기계들
이 만든 메타버스인 매트릭스가 우리가 사는 세상이라는 설정이
지요. 몇몇 인간들이 매트릭스를 빠져나오면서 저항군을 결성하는
데, 그들은 인류를 구원할 '그'를 기다립니다. 저항군의 '모피어스'
는 낮에는 평범한 회사원으로, 밤에는 해커로 활동하는 청년 '네오'
를 '그'로 지목합니다. '네오^{neo}'는 '원^{one}'을 거꾸로 한 이름으로, 하
나밖에 없는 유일한 사람이라는 암시를 주죠.

결국 네오는 매트릭스 안에서 각성하고, 매트릭스를 자유자재
로 다루게 됩니다. 처음 영화가 나왔을 때 네오가 죽음에서 부활하
고, 하늘을 나는 것을 보고 실소를 터트리는 관객도 있었어요. 그런
데 메타버스를 이해하고 〈매트릭스〉를 보면 매우 명확하게 이해할
수 있습니다. 네오는 메타버스의 관리자 능력을 받은 것이나 마찬

가지기 때문에, 메타버스의 물리법칙까지 스스로 수정할 수 있습니다.

〈매트릭스〉가 처음 개봉되었을 때만 해도, 영화의 세계관을 이해하기 위해서는 장 보드리야르Jean Baudrillard의 『시뮬라시옹』이라는 철학책까지 끌어와야 했습니다. 실재가 실재 아닌 파생실재로 전환되는 작업을 '시뮬라시옹simulation'이라고, 모든 실재의 인위적인 대체물을 '시뮬라크르simulacre'라고 부르거든요. 물론 실재를 대체하는 인위적인 실재, '실재보다 더 실재 같은 실재'라는 시뮬라크르가 쉽게 이해되는 것은 아닙니다.

이제 '매트릭스가 메타버스다'라는 설명만으로 많은 사람이 이 영화를 쉽게 이해할 수 있습니다. 메타버스에 대한 이해가 깊어져서 영화의 세계관도 쉽게 이해되는 수준에 왔다고 해야 할지, 아니면 〈매트릭스〉 이후에 메타버스에 대한 이해가 쉽게 공유되는 환경이 된 건지 헷갈릴 정도로, 이 영화는 메타버스에 대한 이해를 큰 폭으로 증진시켰어요.

〈매트릭스〉에서 제시된 메타버스는 일종의 감옥이었죠. 인간의 정신을 가두어놓고, 쓰디쓴 현실을 잊게 만드는 도피처이자 마약이었는데, 가장 큰 문제는 이 메타버스를 선택할 권리가 없다는 것입니다. 인간들은 스스로 선택하지 못한 상황에서 가상현실을 현실이라 인식하며 살아야 했고, 따라서 진짜 현실을 인지할 여지가 없었습니다.

＜토탈 리콜Total Recall＞(1990)

〈토탈 리콜〉은 미국 SF소설의 거장 필립 K. 딕Philip K. Dick의 원작소설인 『도매가로 기억을 팝니다』를 영화화한 것입니다. 아널드 슈워제네거Arnold Schwarzenegger가 주연을 맡아 1990년도에 영화로 제작되었고, 2012년에 콜린 패럴Colin Farrell과 케이트 베킨세일Kate Beckinsale 주연으로 리메이크된 작품입니다.

〈토탈 리콜〉은 서기 2084년 광산에서 일하는 퀘이드라는 주인공이 화성 여행을 꿈꾸는 것에서 시작합니다. 화성까지 갈 돈이 없으니 '리콜'이라는 여행사에서 화성 여행의 기억을 심어 화성 여행을 대체하기로 하지요. 기억이 심어지는 중에 갑자기 깨어난 퀘이드는 자신이 화성의 독재자 코하겐의 오른팔인 하우저고, 코하겐의 독재에 반대하다 붙잡혀 퀘이드라는 인간의 기억을 억지로 이식당한 채 지구로 추방당했다는 것을 알게 됩니다. 이후 그는 화성의 반란군과 손잡고 코하겐을 제거하려 싸우는데, 결국 코하겐에게 붙잡히고 말아요. 그런데 놀랍게도 코하겐은 반란군을 제거하기 위해 하우저에게 가짜 기억을 덧씌워 그를 적진에 보낸 것이고, 하우저가 훌륭하게 이중 첩자 노릇을 했으니 자신의 오른팔인 하우저의 기억을 되돌려주려고 합니다. 퀘이드는 이를 거부하고 코하겐에 맞서 싸워 화성을 독재에서 해방시키는 것으로 이야기가 마무리됩니다.

반전에 반전을 거듭하는 이야기는 수많은 관객의 사랑을 받았습니다. 세월이 지나도 〈토탈 리콜〉이 명작으로 남는 것은 오로지 줄거리 때문만은 아닙니다. 영화의 모호함이 주는 상상의 재미 때문이죠. 주인공인 퀘이드가 리콜사로 여행의 기억을 주입받으러 간 이후의 전개, 그러니까 화성 독재자의 오른팔이었다가 반란군에 합류하는 하우저라는 인물의 이야기가 이식받은 기억인가, 아니면 현실인가 하는 것입니다. 구체적으로 말하면, 화성 여행의 기억을 심는 과정에서 깨어났다고 나오지만, 사실은 깨어나지 못하고 이중첩자의 기억을 심게 된 것은 아닐까 하는 의심인 거지요. 현실로, 또 가상으로 해석 가능한 요소가 영화에 모두 담겨 있습니다.

〈토탈 리콜〉에 메타버스라는 가상공간이 등장하는 것은 아니지만, 기억을 조작해서 현실과 다른 가상의 삶을 산 것처럼 만든다는 설정은 메타버스 개념을 반영한 것입니다. 메타버스를 지각하는 기술적인 도구 없이, 바로 뇌에 기억으로 가상세계를 입력하니까 더 진일보한 메타버스 기술인 거지요.

화성의 기억이 가상이라면, 결국 〈토탈 리콜〉의 기억 조작에 따른 메타버스는 단조롭거나 비루한 현실을 탈출하기 위한 하나의 해방구입니다. 권태롭고, 희망 없는 삶을 사는 광부 퀘이드는 메타버스를 통해 화성 독재를 종식한 이중 스파이가 됩니다. 이런 기억을 갖게 된 퀘이드는 과연 어느 것이 현실이고, 어느 것이 가상인지 분간할 수가 있을까요? 가상이든 현실이든, 그것은 기억에 선명하게 남아 있으므로 스스로 현실을 가려내는 것은 불가능한 일입니다. 애초에 현실과 가상을 굳이 가려낼 이유가 있을까요? 어차피 현실도 지나고 나면 다 기억으로만 남습니다. 심어진 기억은 나에게는 현실이나 다를 바 없고요.

〈레디 플레이어 원 Ready Player One〉(2018)

앞서 소개한 영화들이 메타버스 기술에 대한 은유적인 전개였다면, 메타버스 기술을 직접적으로 보여주는 것이 바로 〈레디 플레이어 원〉입니다. 〈레디 플레이어 원〉의 등장인물들은 헤드 마운트 디스플레이를 쓰고, 아바타로 가상공간에 접속해 메타버스 안에서 살아갑니다.

2045년 암울한 일상과 달리 상상을 실현해주는 가상현실의 공간을 '오아시스'라고 부릅니다. 누구든 원하는 캐릭터로 어디든지 갈 수 있고, 뭐든지 할 수 있고 상상하는 모든 게 가능한 곳이죠. 현실에서는 딱히 희망도 없고, '너드 nerd'에 가까운 주인공인 웨이드에게 오아시스는 유일한 삶의 낙원입니다. 하지만 여기서 하루를 온전히 보내는 것은 웨이드만이 아닙니다. 많은 사람이 오아시스에서 시간을 보내고, 기업 활동도 오아시스에서 이루어집니다. 'IOI'라는 거대 기업이 있어 오아시스에서 아이템을 제공하거나, 오아시스를 즐길 만한 하드웨어 장비를 팔아 막대한 수익을 낼 정도입니다.

웨이드가 오아시스에서 할 일 없이 시간을 보내는 것은 아니에요. 오아시스의 창시자인 괴짜 천재 제임스 할리데이가 자신이 만든 가상세계 속에 숨겨둔 세 개의 미션에서 우승하는 사람에게 오아시스 소유권과 막대한 유산을 상속한다는 유언을 남기고 죽고 말지요. 웨이드는 바로 그 미션의 힌트를 찾고 있습니다. 하지만 그건 웨이드만의 이야기가 아니에요. 전 인류가 들어와 시간을 보내는 오아시스의 소유권이라는 것은 어떻게 보면 세계 정복이나 마찬가지기 때문에, 오아시스에 접속하는 사람들이라면 할리데이의 힌트를 찾는 데 혈안이 되어 있었죠. IOI는 조직적으로 사람들을 고용해서 이런 작업을 했어요. IOI는 오아시스 소유권을 획득해 광고판을 늘리고 아이템을 유료화하면서 엄청난 부를 축적하려 했습니다.

이 영화에서 오아시스는 한 나라의 경계를 넘어서 지구라는 큰 시장을 형성한 공간입니다. 그런데 메타버스는 누군가에 의해 창조된 곳이고, 또 누군가에 의해서 관리가 되는 곳이죠. 이 창조자는 메타버스 안에서의 룰을 정하고, 관리자는 그 룰을 지키게 합니다. 물론 때로는 룰을 수정합니다. 이렇게 메타버스가 하나의 세상이라면, 창조자와 관리자들은 신이 되는 것이지요.

모든 사람이 들어와 하루 대부분을 보내는 세상의 신이 된다면, 그리고 그 신의 의도가 자본주의에 물들어 있다면, 우리는 어떤 메타버스를 살게 될까요? 〈레디 플레이어 원〉의 창조자 할리데이는 오아시스가 상업적으로 변질되는 것을 원하지 않았습니다. 그래서 그런 의도를 가지지 않은 사람이 오아시스 운영권을 넘겨받을 수 있도록 장치를 마련했어요. 실제로 선한 의도를 가진 주인공이 오아시스 소유권을 넘겨받기도 하고요. 하지만 그건 영화적 설정이고, 현실의 메타버스 창조자는 자본주의의 총아일 겁니다.

사용자들이 들어와 시간을 보내는 다수의 웹사이트는 어느 정도의 사용자만 확보하면 바로 수익화에 골몰합니다. 이들이 사용자 정보를 활용하여 광고 수입을 얻거나, 광고 집행 순으로 검색결과를 보여주는 것은 일반인들도 다 아는 사실이지요. 그럼에도 사용자들은 이에 대응하지 못합니다. SNS를 통해 피드를 공유하고, 포털사이트에서 검색하는 패턴이 일상에 스며들어 있기 때문이죠.

수많은 사람이 적극적으로 참여하는 대표적인 메타버스 세계가 탄생한다면, 그리고 그 공간을 많은 사람이 생활기반으로 삼는다면, 해당 메타버스는 자본주의에 최적화될 것입니다. 〈레디 플레이어 원〉에서는 오직 자본주의적 의도를 가진 IOI를 주인공 일행이 막아내지만, 현실에서 웨이드 같은 영웅은 나타나기 힘들 겁니다. 나타난다고 해도 아마 회유하겠지요. 영화에서는 할리데이의 힌트에 근접한 주인공을 회유하기 위해 엄청난 연봉과 안정된 지위로 스카우트를 제의하거든요. 영화의 주인공은 그 제안을 거절하지만, 현실에서도 그럴 수 있을까요?

<써로게이트^{Surrogates}>(2009)

앞서 소개한 영화들에 비해 많이 알려지지 않았지만, 꽤 충격적이고 강렬한 미래상을 보여주는 영화가 <써로게이트>입니다. 'Surrogate'는 '대리', '대행자'의 의미예요. 이 영화에서는 사람들이 직접 돌아다니거나 바깥출입을 하지 않고 '써로게이트'라는 인공 의체, 즉 로봇을 통해 사회생활을 대리합니다. 그러니까 집에서 종일 기계 위에 누워 뇌파로 로봇을 조정하는 거지요. 자신은 로봇과 하나가 되어 있지만, 실제 몸은 집 안에 있고, 집 밖에 나가서 사회활동, 경제활동을 하는 것은 자신이 조정하는 써로게이트인 거지요.

영화의 주인공이자 FBI 수사관 톰 그리어는 써로게이트가 파괴되고, 그것을 조정하던 사람마저 뇌가 녹아내려 죽은 특수한 사건을 맡게 됩니다. 그 배후를 찾아 써로게이트를 처음 만든 과학자인 켄트 박사를 찾아갑니다. 켄트 박사는 써로게이트 때문에 사람들이 집 안에 틀어박혀 나오지 않는 현실도피 성향을 보이자, 몰래 신분을 감추고 써로게이트를 파괴하자는 운동을 전개하고 있었어요. 이런 켄트 박사를 제거하려는 목적으로, 당시 써로게이트를 제작해서 큰돈을 벌고 있던 VIS사가 나서고, 그 가운데 벌어지는 사건이 <써로게이트>의 줄거리입니다.

영화의 중요한 설정은 현실이 메타버스 세계가 된다는 것이지요. 보통 우리가 생각하는 메타버스는 현실세계와 같은 카테고리상에서 또 다른 유니버스가 존재하는 식으로 형성됩니다. 그런데 〈써로게이트〉에서는 현실이 사라지고, 메타버스화된 세계가 등장합니다. 정확하게 보자면 세계가 메타버스화되었다기보다 자신이 아바타화됨으로써 세계를 메타버스처럼 인식하게 된 것이 맞겠네요.

써로게이트와 접속하면 인간은 써로게이트의 감각을 느끼고, 행동도 완벽하게 통제할 수 있습니다. 의식이 인간의 몸을 떠나 써로게이트 로봇으로 전이되는 상태인 거지요. 써로게이트는 자신이 가진 힘보다 더 우월한 힘을 주며, 다치거나 파괴되더라도 사람에게는 전혀 해를 끼치지 못합니다. 게임에서 목숨이 여러 개 있는 것이나 마찬가지입니다. 현실에서 써로게이트를 움직이지만, 현실을 현실처럼 받아들이지 않는 경우도 생깁니다.

이런 세상에서는 진짜 몸으로 움직이는 것은 위험합니다. 써로게이트의 신체 능력이 인간보다 뛰어날 뿐 아니라, 실제 목숨이 아니기에 조심스럽게 행동할 필요가 없거든요. 주인공은 이런 세상이 별로라고 생각했는지 마지막에는 써로게이트를 파괴하는 결말을 택하지만, 생각하기에 따라서는 꽤 안전한 세상처럼 느껴지네요.

<트론: 새로운 시작^{TRON: Legacy}>(2010)

〈트론: 새로운 시작〉은 월트디즈니 픽처스에서 1982년에 제작한 〈트론〉의 후속작입니다. 〈트론〉의 주인공인 케빈 플린은 자신이 만든 게임 속 가상현실 공간으로 빨려 들어갑니다. 후속작의 주인공은 케빈 플린의 아들, 샘 플린입니다. 그 역시 아버지처럼 게임 속으로 빨려들어 가서 가상현실 속 지배자와 만나는데요. 그 지배자는 아버지를 복제한 프로그램이었어요. 샘 플린은 뒤늦게 이 사실을 알아차리고 조력자의 도움을 받아 이 지배자에게 도망쳐서 진짜 아버지와 만나게 되죠.

디즈니는 트론의 흥행에 굉장한 기대를 했는지 디즈니랜드에 〈트론〉을 모티브로 한 익스트림 기구를 설치했습니다. 〈스타워즈〉같은 세계관을 창출하고자 트론 프로젝트에 도전한 거였죠. 결과적으로는 실패했습니다. 이 영화를 아는 사람이 많지 않거든요.

〈트론〉의 세계관이 바로 메타버스에 구축된 가상의 세계입니다. 이 세계의 창조주가 케빈 플린인데요. 케빈은 세계를 원만하게 통치하기 위해 자기 능력과 인격을 복제한 '클루'라는 프로그램을 만들죠. 일종의 AI라고 할 수 있는데, 지나치게 부여된 자율성이 독이 된 건지 결국 반란을 일으켜 케빈을 억압하고, 자신이 가상현실의 지배자가 되죠.

NPC^{Non-Player Character}는 게임 안에서 플레이어가 직접 조종할 수 없는 도우미 캐릭터를 뜻합니다. 게임의 조연 역할을 하는 캐릭터로 플레이어에게 미션을 제공한다든가, 힌트를 준다든가, 물건을 판매하는 역할을 합니다. 과거에 NPC는 언제 어떤 상황에서도 똑같은 문답을 했지만, 최근 소통을 강화하기 위해 NPC에 AI와 머신러닝을 적용하고 있거든요. 그 결과 이 NPC들이 상황과 사용자의 캐릭터에 맞춰 반응하며 대화하는 경향이 생기고 있습니다.

〈트론: 새로운 시작〉에서는 NPC가 AI를 갖추게 되면 어떤 일이 벌어지는지를 다룹니다. 물론 가상현실 세계와 물리 세계가 연결되는 장면은 아직 요원한 현실이지만, 스스로 학습하고 생각하는 AI가 가상현실 세계에서 어떤 식으로 자율적으로 움직일지 한 번쯤 생각하게 만드는 영화입니다.

메타버스 세계에 사용자만 있을 수는 없습니다. 메타버스 안에서 종일 버스만 운전하고, 아파트를 관리하며, 카페에 앉아 손님만 기다리는 사장 같은 역할들을 충실히 수행하고자 하는 사람의 수는 현저히 적을 테니까요. 다만 이런 역할에 NPC가 필요한데, NPC에 적용되는 AI가 스스로 생각하고 행동한다면 어떨까요. 메타버스 세계가 매우 창발적으로 돌아갈 것 같은데, 이들의 생각이 어디까지 뻗어 나갈지 도무지 종잡을 수가 없지요. 〈트론: 새로운 시작〉의 클루 역시 결국 폭주하기 시작하면서 메타버스 세계를 넘어, 현실세계에까지 자신의 세력을 넓히려고 시도하거든요.

4.

기술 발전 방향의 삼각측량으로
예측하는 메타버스 라이프

메타버스의 미래를 추리하는 것
은 매우 쉬우면서도 어려운 일입니다. 앞서 살펴본 바와 같이 여러
영화적 상상력에 동의하면 되니까요. 영화적 상상력의 끝자락은 지
금의 기술, 도덕, 생각의 한계 안에 있습니다. 그렇다면 지금 우리가
생각할 수 없는 방법으로 기술적 진보가 이루어져 그런 방향으로
메타버스가 구현된다면, 이것은 우리의 상상력 밖에 있는 거지요.

앞으로의 메타버스, 메타버스의 진화 끝에 있는 궁극의 모습이
어떨지 예상해보는 것은 한 번쯤은 필요한 일입니다. 기술의 발전
방향, 자본주의의 욕망, 영화적 상상력이 보여주는 진화의 예고편
들을 종합해보면 미래의 메타버스를 예측할 수 있습니다. 이제 분
야별로 나누어서 살펴보겠습니다.

인터페이스

메타버스 라이프를 더 재미있게 즐기려면 스마트폰이나 컴퓨터보다는 아무래도 VR, AR 기기가 필요합니다. VR, AR 기기의 발전이 꽤 빠르게 진행되고 있습니다. 몇 년 전만 해도 VR 기기는 박람회에서 잠깐 체험해보거나 VR 전용 체험관에 가서 돈을 내고 사용하는 것이 전부였는데, 슬슬 가정용 보급기가 나오고 있어요. 중요한 것은 이 보급기의 성능이 몇 년 전의 산업용보다 뛰어나다는 거지요.

현재 가상현실의 상징 기술은 머리에 쓰는 모니터 장치인 헤드 마운트 디스플레이입니다. 바이브, HTC, PSVR 등 여러 장치가 있지만, 페이스북에서 내놓은 '오큘러스 퀘스트 2'가 가장 두각을 나타내고 있습니다. 마치 스마트폰 초창기의 아이폰 같은 느낌인

다른 세상에 온 듯한 경험을 주는 가상현실 디바이스 오큘러스 퀘스트 2(ⓒ 페이스북)

데요. 오큘러스 퀘스트 2는 PC 연결 없이 무선으로 사용할 수 있고, 화질 역시 뛰어나서 몰입감이 좋습니다. 최고의 장점은 가격인데요. 페이스북이 이 시장을 장악하기 위해 원가에 내놓았다는 분석이 있을 정도로 저렴하지요. 경쟁 기종이 100만 원을 호가할 때 40만 원 선으로 정가를 책정했거든요.

오큘러스 퀘스트 2는 아직 조금 무겁습니다. 저걸 쓰고 다른 세상을 즐기다 보면, 땀도 나고, 광대뼈가 눌려 자국이 남아요. 재미있어서 미처 느끼지 못하는데, 게임을 끝내고 기기를 벗으면 무척 피곤합니다. 오큘러스 퀘스트 2보다 조금 더 경량화되고, 화질이 좋아지고, 더 경제적이 되면 HMD의 보급은 스마트폰처럼 순식간에 이루어질 것입니다.

하지만 궁극의 메타버스에서는 HMD 장치가 필요 없을 거예요. 머리를 덮는 디스플레이 장치가 아니라 안경형의 영상장치가 나올 겁니다. 버튼 하나로 VR과 AR을 오갈 수 있는 장치인 거죠. 궁극에는 어떤 영상장치도 필요 없을 것으로 전망합니다. 메타버스를 현실적으로 느끼게 하는 오감 기술은 점점 발전해서 정말 사실적인 그래픽을 선사하겠지만, 그다음 단계에서는 도구를 걷어버리고, 메타버스의 자극을 뇌에 직접 연결해서 뇌를 자극함으로써 느낌을 대신하는 방향으로 발전하겠지요.

생각을 읽는 컴퓨터의 개발 역시 오래전부터 시도되었습니다. 이전의 시도는 생각할 때 나오는 뇌파를 감지하고 해독해서 그것을 기계적 신호로 바꾸는 것이었다면, 지금은 뇌와 컴퓨터를 직접 연결하려 하고 있습니다.

테슬라의 CEO 일론 머스크$^{Elon Musk}$가 2017년에 설립한 '뉴럴링크'는 뇌 연구 스타트업입니다. 일론 머스크가 제안한 것은 '피질 직결 인터페이스$^{direct cortical interface}$'인데, 컴퓨터와 두뇌의 직접 연결을 목표로 합니다. 인간이 AI의 두뇌처리 속도에 맞서려면 물리적 인터페이스가 아닌, 뇌에 직접 연결되어 즉각적으로 반응할 수 있게 뇌를 컴퓨터화해야 한다는 것입니다. 이런 연구가 대학 실험실 수준에서 이루어지는 것이 아니라, 기업 차원에서 이루어진다는 것은 매우 빠르게 이런 기술들이 발전할 수 있다는 뜻입니다.

컴퓨터와 뇌가 직접 연결될 수 있다면, 메타버스는 HMD의 형태를 넘어서 뇌에 직접 자극을 주어 메타버스 내의 감각을 갖게 하는 방향으로 나아갈 것입니다. 시각은 물론 청각, 촉각, 미각, 촉각까지 결국에는 뇌의 자극이므로, 실제 행위에서 얻어지는 감각과 다를 바 없습니다. 현실과 메타버스의 경계가 사라지는 것이지요. 〈매트릭스〉의 메타버스처럼 스테이크 맛은 뇌가 가짜로 신호를 보내서 느껴진다는 사실을 아는데도, 그 맛의 쾌감을 탐닉하는 상황에 이르는 거지요.

만약 인지의 비밀이 더 많이 알려져서 뇌가 느끼는 시간 감각까지 속게 되면 하루 만에 한 사람의 인생을 체험할 수도 있을 겁니다. 지금 우리의 삶도 사실은 누군가가 메타버스 안에서 체험하는 하나의 인생일 수 있지 않을까요. 여러분은 미래 사람인데, '과거 조상들의 일생 체험하기' 상품을 구매해서 민속촌처럼 재현된 과거의 메타버스에서 지금 여러분의 인생을 체험하고 있는 것일지도 모릅니다.

뇌에 작용하는 인터페이스가 정교해질수록 현실과 메타버스를 구분하기가 어려워집니다. 간혹 지금 내가 있는 곳이 메타버스인지, 현실인지 헷갈릴 수도 있어요.

인프라

메타버스의 주요 성립 요건은 기술입니다. 현실인지 아닌지 분간이 안 될 정도로 정교하게 구성된 시각정보를 보내려면, 디스플레이 기술, 컴퓨팅 기술, 인터넷 기술 등 모든 첨단기술이 합쳐져야 하거든요. 이것이 받쳐주지 않으면 최적의 사실감을 구현할 수 없습니다.

가상현실 서비스는 예전부터 있었어요. '액티브월즈Activeworlds'는 시대를 앞서가서 기술이 생각을 따라가지 못해 실패한 사례입니다. 이후 세컨드 라이프가 나와서 이름을 알리는 데 성공했으나 스마트폰, 태블릿 PC 등의 모바일 기기가 급부상했고, 이런 기기에서 구동하기 힘든 탓에 외면받았습니다(그냥 재미없어 외면받았다는 의견도 있긴 합니다).

페이스북, 트위터는 웹에서 앱으로 비교적 빠르고 순탄하게 이동했습니다. 모바일 환경 때문에 접근성이 좋아 이런 서비스가 빠르게 성장한 감이 있지요. 낮은 사양에서도 충분히 구동 가능한 서비스였기에 무난히 자리를 잡았습니다. 초창기 스마트폰의 성능은 낮을 수밖에 없었잖아요. SNS는 그런 낮은 사양의 스마트폰에서 구동하기에 아무런 문제가 없었어요. 반면 세컨드 라이프 같은 3D 가상현실 서비스는 초기 스마트폰에서 구동하기에는 무리였습니다.

최근 메타버스가 주목받는 이유 중 하나는 스마트폰이 컴퓨터 성능에 육박할 정도로 발달했기 때문이에요. 무거운 프로그램을 돌리는 데 거의 무리가 없습니다. 장비를 착용하고, 높은 사양의 컴퓨터를 돌려야만 메타버스에 들어갈 수 있다면, 메타버스가 보급되기는 힘들 거예요. 하지만 제페토 같은 메타버스는 보통의 스마트폰에서도 잘 구동됩니다.

5세대 이동통신인 5G의 보급도 메타버스 발전에 영향을 끼치고 있습니다. 5G 서비스는 4G보다 스무 배 빠른 속도, 열 배 이상 빠른 반응, 열 배 더 많은 기기에 접속할 수 있습니다. 5G의 장점은 데이터를 전송하는 데 끊김이 없다는 것입니다. 5G가 있기에 자율주행차 기술도 발전합니다. 메타버스 역시 마찬가지죠. 메타버스는 경제활동이 일어나는 것이 특징이라고 했잖아요. 메타버스에서 돈이 오가는 거래를 하는데 연결이 끊겨서 물건만 건네주고 돈은 못 받은 채 튕겨 나왔다면 손해를 본 사용자들이 분노할 것입니다. 데이터를 안정적으로 전달해주는 5G 기술이 발달하면서 메타버스가 발전하기 좋은 환경이 되었습니다.

몰입감이 중요한 메타버스에서는 그래픽이 굉장히 중요한 요소인데, 고품질의 그래픽일수록 5G가 유리하기도 하고요. 이래저래 메타버스 열풍의 한 요소로 5G의 보급을 들 수밖에 없습니다. 6G나 7G가 나오면 메타버스는 현실감이 한층 높아질 것입니다.

개인적으로 가장 큰 기대를 걸고 있는 것은 양자컴퓨터입니다. 미래 기술 발전의 핵심 역할은 양자컴퓨터가 담당할 겁니다. 양자컴퓨터의 성능을 나타내는 단위는 큐비트^{qubit}인데, 현재 IBM이 운영하는 양자컴퓨터는 약 65큐비트라고 합니다. IBM의 로드맵에 따르면 2021년에 127큐비트와 433큐비트 컴퓨터를 개발하고, 2023년에는 1,000큐비트 양자컴퓨터를 개발한다고 해요. 80큐비트의 양자컴퓨터로 우주 전체의 원자보다 더 많은 정보를 저장할 수 있다고 합니다. 구글이 개발한 54큐비트의 양자 컴퓨터는 세계

세계 최대 가전·IT 박람회에 전시된 IBM의 상업용 양자컴퓨터(ⓒ 연합뉴스)

에서 가장 강력한 슈퍼컴퓨터 중 하나인 '서밋'이 1만 년이 걸려야 할 계산을 200초 만에 해냈습니다.

이런 컴퓨터가 있다면 인류의 모든 데이터를 저장하고 활용하는 것도 가능합니다. 메타버스의 발전은 컴퓨터의 기술 발전과 비례하는데요. 양자컴퓨터를 활용하게 된다면 '퀀텀 점프', 즉 '대약진'을 하게 될 거예요.

심지어 바이러스 백신 개발도 양자컴퓨터의 물리 엔진을 활용해 실험을 돌리면 순식간에 가능하다고 해요. 이런 능력을 AI, 머신러닝, 빅데이터에 적용한다면 지금과는 차원이 다른 메타버스가 펼쳐질 수밖에 없습니다.

플랫폼

메타버스 플랫폼은 로블록스와 제페토가 가장 유명하지만, 아직 1980년대 초부터 2000년대 초에 출생한 'MZ세대'의 전용공간(과격하게 말하자면 '어린이들의 온라인 놀이터')으로만 인식되는 경향이 다소 있습니다.

더 폭넓은 연령과 세대의 요구를 수용할 수 있는 플랫폼이 필요합니다. 로블록스와 제페토 사용자들이 나이 들어감에 따라 각각의 플랫폼을 나이대의 활동에 맞게 만들어갈지, 아니면 새로운 플랫폼을 만들지 아직 알 수 없지만, 지금까지 SNS 기술의 동향을 보면 새로운 플랫폼이 나올 가능성이 크죠.

메타버스 플랫폼의 쏠림현상이 심화할 수밖에 없는 이유는 사용자가 많을수록 다양한 일이 벌어지고, 기업들의 광고와 후원으로 풍성한 이벤트가 열리기 때문입니다. 오늘날 SNS가 페이스북, 인스타그램, 틱톡 등 글로벌 서비스로 쏠리는 것과 비슷하지요. 전 연령과 세계 각국을 아우르는 메가 메타버스가 몇 개 나와야 메타버스는 SNS처럼 본격적으로 우리의 일상이 될 수 있습니다.

현재 글로벌 기업들은 메가 메타버스의 기초를 다지고 있습니다. 페이스북이 오큘러스 퀘스트라는 VR 기기 개발에 매진하는 것도 하드웨어를 통해서 플랫폼을 장악하려는 시도입니다. 아마존이 아마존 웹 서비스Amazon web services, AWS 기반을 착실하게 다지는 것도 메가 메타버스 플랫폼을 구축하기 위한 사전 작업으로 이해할 수 있습니다. 아마존 수메리안Amazon sumerian 은 개발자들이 가상현실, 증강현실, 3D 애플리케이션을 손쉽게 구축할 수 있도록 도와주는 서비스입니다. 이 편집 프로그램을 이용해 현실감 있는 가상 환경을 구축하고, 구축된 환경을 3D 객체와 애니메이션 캐릭터로 채울 수 있습니다. 또 개발자 간 혹은 앱 사용자와 상호작용하는 방식을 스크립트로 작성할 수도 있지요. 단 몇 시간 만에 사실적이고 현실감 있는 VR 혹은 AR 앱을 개발할 수도 있습니다.

메타버스에 많은 사람이 모이면 다양한 관계망이 형성되겠지요. 또 흥미로운 이벤트와 효과적인 경제활동이 가능하기에 비약적으로 발전할 수 있습니다. 10억 명 이상의 사용자를 확보하면 메

현실감 있는 가상 환경을 구축하는 수메리안의 편집 프로그램(© 아마존 웹 서비스)

가 메타버스라고 불릴 만합니다.

　기업들은 메가 메타버스의 기초를 다지기 위해, 하드웨어를 장악한다든가, 다양한 도구들을 제공하며 사용자 확보에 나서고 있지만, 현재 많은 사용자를 가진 플랫폼이 메가 메타버스로 진화하기에 더 유리합니다.

　메타버스와 함께 종종 언급되는 포트나이트는 원래 에픽게임즈에서 제작한 삼인칭 슈팅 게임입니다. 사용자 3억 5,000만 명의 사용자를 보유한 포트나이트는 메타버스를 지향하는 행보를 보이고 있습니다. 특히 최근에는 메타버스 공연 플랫폼으로 활용되고 있습니다. 미국의 유명 래퍼 트래비스 스콧Travis Scott이 포트나이트에서 가상 콘서트를 열어 1,230만 명의 관객을 불러 모았고, 하루 216억 원을 벌었다는 사실은 메타버스 경제의 가능성을 보여주는 대표적인 사례입니다. 방탄소년단도 포트나이트에서 다이너마이트 노래의 안무 버전 뮤직비디오를 공개했습니다.

사용자들을 확보한 플랫폼 가운데 메가 메타버스가 나오겠지요. 어떤 기업은 실패하고 어떤 기업은 성공하겠지만, 이미 수억 명에서 수십억 명을 확보한 플랫폼 기업들이 있으니까, 가까운 시일 내에 메가 메타버스가 등장하리라 예상합니다.

메타버스 라이프

메타버스는 정보와 의견을 나누는 SNS와는 다릅니다. SNS는 대체로 정보 전달, 다이어리, 광고, 유머 공유 등을 콘텐츠로 하는 1인 미디어로 쓰이고 있습니다. '즐거움'과 '재미'는 SNS 전반에 중요한 요소지만, 아무래도 페이스북보다는 틱톡처럼 젊은 층이 쓰는 SNS에서 더 중요한 역할을 합니다.

그렇다면 메타버스는 우리 삶에서 어떤 기능을 담당하는 플랫폼이 될까요? 메타버스의 미래를 생각할 때 단순히 메타버스의 기술적 발전만이 아니라, 삶의 의미까지 생각해야 합니다.

메타버스의 초창기 플랫폼은 디지털상에 만들어진 공간에 개인이 방문해서 미션을 수행하거나, 다른 사용자와 대화를 나누고, 자기만의 공간을 만드는 형태일 것입니다. 기업은 가상공간에 매장을 만들겠지요. 페이스북이나 인스타그램에 피드를 채워 나가듯이, 가상공간의 집은 자기 자신을 드러내고 표현하는 공간이 될 것입니다. 기업의 매장은 상품이나 서비스를 체험하고 보여주는 공간이 되겠고요. 그 외에도 메타버스는 아티스트가 공연하는 콘서트장, 교육이 이루어지는 교실, 영화관 등 다양한 문화 이벤트의 창구 역할을 할 것입니다. 사실 이런 이벤트는 이미 이루어지고 있지요. 봄의 대명사인 벚꽃놀이 역시 메타버스 안에서 할 수 있습니다. 제페토의 '벚꽃카페'는 봄날의 정취를 꽤 아름답게 구현했습니다.

지금까지 메타버스는 가벼운 일탈의 공간으로 쓰였습니다. 현실을 대체하지만 진짜 현실은 아니고, 현실이라면 하지 않을 일을 하기 때문이죠. 그다음 단계가 본격적인 시장경제 활동입니다. 지금도 아바타를 꾸민다든가, 유료 게임 공간에 입장하는 데 돈을 쓰

제페토의 대표적 공식 맵인 '벚꽃카페'(ⓒ 저자의 제페토 화면, 네이버제트)

지만, 진정한 경제활동은 개인들 간에 일어나야 합니다. 그래야 진정한 시장경제라고 할 수 있지요. 메타버스를 통해서 몇몇 기업들만 돈을 번다면 사용자들의 참여가 활발하지 않겠지요.

예를 들어 네이버 스마트 스토어는 개인들 간의 거래를 중계하는 플랫폼입니다. 쿠팡처럼 기업이 물건을 팔기도 하지만, 개인들 간의 경제활동 역시 활발하게 일어나야 진정한 경제 생태계가 구축됩니다. 스마트폰 앱 생태계처럼 일반 사용자들이 메타버스를 만들어가는 데 참여하면서 수입까지 올리는 구조, 유튜브처럼 콘텐츠로 수입을 올리는 구조가 중요합니다. 이런 개인들의 수익 창출 통로가 만들어져야 메타버스는 사람들이 살아가는 생태계가 될 것입니다.

경제활동이 한시적인 이벤트가 아니라 지속적이고 일관적인 사건이 되면, 그것이 곧 직업이 됩니다. 유튜브에서 콘텐츠를 통해서 돈을 버는 사람들이 생기고, 그들을 크리에이터라고 부르잖아요. 요즘 초등학생들에게 가장 인기 있는 직업 교육이 크리에이터 교육이라고 해요. 교육부와 한국직업능력개발원이 진행한 초·중등 진로 교육 현황에 관한 설문 조사에서 크리에이터는 학생들이 선호하는 상위권의 직업에 올랐는데, 2019년에는 3위, 2020년에는 순위가 떨어져 4위라고 합니다. 불과 몇 년 전에는 크리에이터가 어떤 직업인지도 잘 몰랐는데, 이제는 정식 직업으로 인정받고 있습니다.

메타버스 안에서 직업은 더욱 다양한 형태로 생길 겁니다. 메타버스 내 부동산 업자도 생기고, 도박장도 오픈이 될 겁니다. 상점은 당연하고요. 여기서 꾸준히 일하면 그것이 직업이 되어 출근을 메타버스로 하겠지요. 그렇게 메타버스는 우리의 일상이 되는 겁니다.

반대로 메타버스는 테마파크가 될 수도 있어요. 일상을 영위하는 공간에서 빠져나와 놀러 가는 공간이 되는 거지요. 미국 드라마 〈웨스트 월드〉는 미국 서부시대라는 테마를 가지고 로봇을 활용해 테마파크를 운영하는 이야기를 담고 있습니다. 사용자들은 돈을 내고, 테마파크에 입장해서 서부시대의 주인공처럼 여러 경험을 하는데요. 이런 테마는 메타버스에서 구현하기 더 좋습니다.

메타버스가 미국의 서부, 고대 로마, 한국의 삼국시대 같은 역사적 테마를 가질 수도 있고요. 화성, 천국, 아니면 〈스타워즈〉, 마블 유니버스 같은 창작된 세계관을 기본으로 하는 테마를 제공할 수도 있습니다.

많은 글로벌 기업이 메타버스에 달려들고 있는 이유는 메타버스가 우리의 일상으로도 일탈로도 훌륭하게 기능할 것을 알기 때문입니다. 인류의 삶 자체가 메타버스 라이프가 되는 거지요. 몸은 지구에 살고 있지만, 정신은 디지털 지구에 사는 인류, 그것이 메타버스가 활성화된 시대의 모습일 것입니다.

메타버스를 결정 짓는
7대 메가트렌드: METAPIA

2강

요즘 메타버스에 대한 논의가 한창입니다. 개인과 기업 모두 메타버스에 큰 기대를 하고 있지요. 그런데 메타버스는 아직 오지 않은 미래이기 때문에 기존의 성과에 바탕을 두고 추론할 수 있을 뿐입니다. 제한된 정보만 가지고 미래를 예측해야 하지요. 문제는 미래 예측의 재료가 되는 기존 정보는 SNS나 게임처럼 이미 알고 있는 기술과 그에 따른 세계의 변화를 바탕으로 한다는 점입니다. 메타버스는 이런 것들과 근본적으로 다릅니다.

여타의 기술과 차별되는 메타버스의 특징을 먼저 알아보겠습니다. 이러한 차별점 때문에 메타버스는 매력적이고, 미래의 플랫폼으로 주목받는 것입니다.

지금까지 형성된 초기 버전의 여러 메타버스, 그리고 메타버스에 대한 논의나 전망을 바탕으로 메타버스의 특징을 대변하는 일곱 가지 트렌드를 뽑았습니다. 각 트렌드의 앞글자만 따서 일곱 가지 트렌드를 '메타피아METAPIA'로 명명했습니다.

멀티 아바타Multi-Avatar   확장 경제Extended Economy

쌍방향Two-way interaction   익명성Anonymity

플레이 미션Play mission   유사현실In similar life

동시간At the same time

각각의 키워드는 거대한 트렌드를 나타낸다는 점에서 의미를 갖고, 각 키워드의 첫 글자만 따서 만든 단어, 메타피아 역시 의미가 있습니다. 메타버스가 가고자 하는 방향성을 나타내기 때문입니다. 메타피아는 '메타버스metaverse'와 '유토피아utopia'를 합성한 말입니다. 유토피아는 이상향을 뜻합니다. 메타버스는 기본적으로 개인의 취향과 욕망을 고려한 다양한 형태의 맞춤형 이상향을 제시해야 사용자들을 확보할 수 있습니다.

메타버스 플랫폼의 핵심은 기본적으로 사용자의 시간을 가져오는 것입니다. 현대사회에서 돈보다 중요한 사용자의 시간은 쉽게 받아낼 수 있는 것이 아닙니다. 사용자를 플랫폼에 머물게 하기 위한 전쟁은 포털이나 SNS는 말할 것도 없고, 쇼핑몰부터 심지어 신발을 파는 기업까지 모두 참여해서 싸우는 전면전입니다. 메타버스도 아마존 같은 온라인 쇼핑몰, 넷플릭스와 같이 인터넷을 통해 각종 콘텐츠를 제공하는 OTTOver-the-top 업체는 물론, 오프라인의 카페 등 다양한 형태로 사용자 시간을 붙잡으려는 이들과 경쟁해야 합니다.

많은 사람이 메타버스의 미래를 장밋빛으로 그리는 이유는 메타버스가 '시간 전쟁'의 승리자가 될 가능성이 크기 때문입니다. 개인에게 상품, 서비스를 제공하는 것이 아니라 유토피아에 와 있는 감각을 제공하는 것이 메타버스입니다.

이렇듯 메타버스는 일종의 플랫폼입니다. 그런데 단순한 도구적 플랫폼이 아니라(예를 들어 쇼핑 도구로 온라인 쇼핑몰이 존재하는 것처럼), 플랫폼에 와 있는 것만으로 만족감과 행복감을 주는 플랫폼입니다. 사용자들은 기본적으로 이 플랫폼 안에 머물면서 다양한 활동을 할 것입니다. OTT로 볼 영화를 이왕이면 메타버스 휴양지의 야외극장에서 세계 여러 나라에서 모인 친구들과 둘러앉아 같이 볼 겁니다. 온라인 쇼핑몰에서 사도 되지만, 중세시대 벼룩시장 콘셉트로 꾸며놓은 메타버스에서 아이폰을 살 수도 있고요. 파는 사람이 스티브 잡스처럼 생겼으면 더 재미있겠지요. 스타워즈 메타버스에서는 광선 검처럼 생긴 손전등을 주문할 수도 있지 않을까요?

메타버스는 개인에게 유토피아적 경험을 제공합니다. 그렇지 않으면 굳이 사용자들이 들어올 필요가 없으니까요. 사용자들을 확보하기 위한 메타버스의 지향점은 유토피아가 됩니다. 그런 의미에서 '메타피아'는 메타버스의 매력을 보여주고, 메타버스의 미래를 적극적으로 드러냅니다.

메타피아의 지향점을 이해하셨다면, 각 키워드에 해당하는 세부 트렌드를 알아보겠습니다.

1.

멀티 아바타Multi-Avatar

전 세계적인 메타버스 플랫폼 네이버제트의 '제페토'는 입장하자마자 아바타를 만들어야 합니다. 아바타를 만드는 것이 제페토의 가장 큰 매력이기도 합니다.

재미있는 것은 나이 든 사람일수록, 그리고 제페토 자체를 즐기기보다는 메타버스가 무엇인지 체험하기 위해 들어온 사람일수록 아바타가 자기 모습과 무척 닮았다는 점입니다. 복잡하게 아바타를 직접 만들지 않고 자기 사진을 바탕으로 아바타를 제작하는 기능이 있기 때문이지요. 나이가 어릴수록 아바타는 실제 모습에 구애받지 않고 만들어지는 경향이 있습니다. 자신과 닮지 않았을 뿐 아니라 옷이나 스타일이 실제와 다를 수 있습니다. 무지개색 머리카락, 과도한 스타일링, 엘프처럼 귀를 길게 묘사하면서 실제 모습과는 다르게 아바타를 만들어요.

기존의 SNS가 실제 사용자의 모습을 반영하지 못한다는 이야기를 자주 들었습니다. 사실 인스타그램에 올리는 사진은 인생의 제일 빛나는 순간이고, 교묘한 프레임과 찰나의 포착으로 가장 멋진 모습으로 보이게 만든 사진이잖아요. 페이스북에는 산책길에서도 인생의 진리를 늘 찾아내는 사람처럼 순간의 통찰력을 과시하려고 부단히 노력하는 글이 넘쳐납니다.

SNS의 과장된 측면은 익히 알려진 사실이죠. SNS에 사진 하나를 올려도 이왕이면 잘 찍힌 사진을 올리고 싶은 욕망을 생각해보면 당연한 일입니다. 이것 역시 인생의 한 부분임에 틀림없고요. 한 순간의 좋은 점이 과도하게 부각될 뿐, 자신에게는 아예 없는 것이 등장하지는 않습니다.

그런 점에서 기존 SNS는 SNS상의 정체성과 현실의 나 사이에 간극은 있을지언정, 그 간극 사이에 연결점이 존재합니다. 현실의 나를 바탕으로 SNS상의 나 역시 만들어지지요. SNS의 모습이 아무리 현실의 자신과 다를지라도, 어쨌든 근간은 현실의 '나'이기 때문입니다.

근래 들어 유행하는 말 중에 '본캐'와 '부캐'라는 말이 있습니다. 이것은 '본 캐릭터'와 '부 캐릭터'의 준말입니다. "회사원이 본캐고, 트로트 가수가 부캐예요" 정도로 활용할 수 있습니다.

저 역시 강의하는 교수라는 본캐가 있고, 책을 읽고 소개하는 유튜버 시한책방이라는 부캐가 있습니다. 본캐와 부캐는 기본적으로는 본캐를 바탕으로 합니다. 카테고리상 상위 관계가 명확합니다. 현실 생활에서 경제활동하는 자신이 본캐고, 취미생활을 하거나 다른 직업을 병행하는 나는 부캐인 거지요. 부캐는 본캐에 종속된 캐릭터입니다. 본캐라는 확실한 정체성에서 파생된 부수적인 특징이 부캐라고 할 수 있습니다.

메타버스에서 아바타를 만들 때, 그 아바타는 부캐입니다. 부캐는 현실의 나를 바탕으로 만들어집니다. 메타버스의 나 역시 현실의 나와 어느 정도 결을 같이하지요. 하지만 아바타에 대한 인식이 여기에 머무는 것은 기존 커뮤니티 플랫폼이나 SNS처럼 메타버스를 치부하기에 일어나는 현상입니다.

메타버스의 '나'는 굳이 현실을 바탕으로 할 필요가 없습니다. 메타버스 아바타가 현실의 나와 닮을 필요는 더더욱 없고요. 메타버스의 나는 또 '하나의 나'입니다. 부캐가 아닌 또 다른 캐릭터라고 할 수 있지요. 현실에서의 나는 조금은 소심하고 신중한 성격의 '캐릭터 1'이지만, 자주 가는 A라는 메타버스에서는 밝고 에너지 넘치는 '캐릭터 2'일 수 있습니다. 가끔 가는 B라는 메타버스에서는 신비주의를 고수하는 '캐릭터 3'일 수도 있습니다. 이것은 한 사람이 여러 가지 성격을 가진 것이 아니라, 그냥 두 사람이 존재하는 것이나 마찬가지입니다.

메타버스에 입장한 나는 현실의 나와는 다른 사람이고, 마음만 먹으면 연관 관계가 전혀 없을 수 있습니다. 메타버스에서 형성된 정체성은 진정성을 가집니다. 하지만 그 진정성이 현실을 포함해 다른 메타버스로 이동했을 때도 일관되게 통용되는 것은 아닙니다.

메타버스는 하나의 세계입니다. 그 세계에서만 일관성을 가지면 됩니다. 모든 메타버스를 포괄하여 일관성을 가질 필요가 없습니다. 예를 들어 보통 아바타를 설정할 때 웬만하면 일치시키는 것이 성별입니다. 남자는 남자 아바타를 생성하고, 여자는 보통 여자 아바타를 생성하지요. 그런데 현실의 성별과 메타버스상의 성별이 꼭 일치해야 할까요? 〈레디 플레이어 원〉에서 주인공의 절친인 에이치는 메타버스인 오아시스 내에서 상당히 유명한 아이템 제작자이자 정비사예요. 오아시스에서는 덩치가 매우 큰 남자 로봇의 모습인데, 현실에서는 흑인 여성입니다. 오아시스에서는 절친이지만 현실에서는 만날 일 없는 사이고 이름도 서로 모르기 때문에, 에이치가 여성이라는 것을 알고 주인공이 놀라는 장면이 나옵니다.

성별을 속인다는 것은 원래의 성별과 다른 성별을 선택한다는 것인데, '원래'라는 말 자체가 의미가 없어지는 게 메타버스입니다. 사람들은 메타버스에서만 만나고, 메타버스에서만 존재하고, 메타버스상에서만 관계를 맺기 때문이죠. 메타버스 안에서의 정체성만 일관적으로 유지한다면 현실의 성별과 반드시 일치할 필요가 없습니다. 현실의 사람을 모르기 때문에 혼란을 유발하지 않습니다.

온라인상에서 만나 대화한 사람이 현실과 다른 경우는 상당히 많습니다. 온라인상에서는 적극적이고 활달하던 사람이 현실에서는 낯을 많이 가린다든가, 온라인 게임 그룹의 카리스마 리더가 알고 보니 중학생이라던가 하는 일이 종종 발생합니다.

현실에서 만날 일 자체가 없는 사람이라면, 메타버스 안에서만 나를 만나고 나와의 관계를 맺는 사람이라면, 메타버스 안에서 어떤 사람인가가 중요하지 현실세계의 정체성은 전혀 중요하지 않습니다. 만날 일도, 볼 일도, 알 일도 없기 때문이죠.

새로운 세계와 환경은 새로운 정체성을 갖기에도, 인정받기에도 좋은 동기가 됩니다. 메타버스는 자신이 꿈꾸는 자신을 만들 수도 있고, 완전히 반대되는 자신을 만들 수도 있습니다. 만약 본인이 원하는 정체성 만들기에 실패하면 계정을 삭제하고 새로운 계정으로 정체성을 다시 만들 수 있습니다. 그래서 매력적인 것이 메타버스입니다.

메타버스에 지나치게 심취하면, 현실에서의 나를 잊어버리고 분열 상태에 빠질 수도 있습니다. 원래 인간은 다양한 면이 있으므로 그 다양한 면을 서로 다른 메타버스에서 보여줄 수 있는데, 그러면 스스로 헷갈리는 지경에 이를 수 있거든요. '나비가 나인가, 내가 나비인가'라는 장자의 고뇌를 떠올려보세요.

메타버스는 메타버스 폐인들을 양산할 수밖에 없습니다. 나를 잊게 만드는 장치들이 정교하게 설계되어 있기 때문이죠. 멀티 페르소나를 가지면서도, 자신의 코어 페르소나를 놓치지 않는 것은 메타버스 시대에 중요한 지혜가 될 것입니다.

2.

확장 경제 Extended Economy

메타버스를 종종 게임과 비교합니다. 자기 캐릭터와 역할을 가지고 가상세계에서 어떤 미션을 해결하거나, 다른 사람들과 관계 맺는다는 면에서 메타버스와 게임은 매우 유사합니다. 그렇다면 메타버스와 게임의 결정적인 차이점은 무엇일까요? 간단하게 말하자면, 게임은 돈을 쓰기만 하는 것이지만(자신이 모은 아이템을 팔아 돈을 버는 예도 있지만 그건 게임 외적으로 일어나는 일이고 게임의 프로세스에 있는 방법은 아닙니다), 메타버스는 그 안에서 경제활동이 일어나 소비와 생산의 프로세스로 돌아간다는 것입니다.

손강민 · 이범렬 · 심광현 · 양광호의 「웹 2.0과 온라인 게임이 만드는 매트릭스 월드 메타버스」(2006)라는 논문에는 메타버스를

"모든 사람이 아바타를 이용하여 사회, 경제, 문화적 활동을 하게 되는 가상의 세계"라고 정의합니다. 류철균·안진경의 「가상세계의 디지털 스토리텔링 연구」(2007)라는 논문에는 "생활형 가상세계", "실생활과 같이 사회적, 경제적 기회가 주어지는 가상현실 공간"이라고 정의하고요. 2021년 4월 소프트웨어정책연구소가 발간한 「메타버스 비긴즈 5대 이슈와 전망」(이승환·한상열 저)에 따르면, 메타버스란 "가상과 현실이 상호작용하며 공진화하고, 그 속에서 사회·경제·문화 활동이 이루어지면서 가치를 창출하는 세상"이라고 정의합니다.

메타버스에 관한 다양한 정의를 살펴봐도 특징적으로 등장하는 것이 바로 '경제활동'입니다. 경제활동이 사람들을 메타버스에 끌어들이고 머물게 하는 가장 강력한 유인입니다. SNS와 메타버스의 성격을 모두 가진 원형적인 모델이 바로 '싸이월드'입니다. 아바타와 방을 꾸미고, 방에 들어오면 나오는 배경음악을 사는 데 비용을 내는 방식인데, 이 서비스에는 사용자들이 돈을 벌 수 있는 구석이라고는 없습니다.

하지만 메타버스에서는 자신이 디자인한 아바타용 옷을 판매하거나 이벤트 방을 만들면서, 그리고 자신이 설계한 게임으로 돈을 벌 수 있거든요. 온라인 게임 서비스인 로블록스는 메타버스의 대표 격으로 자주 꼽히는 서비스입니다. 삼성증권은 로블록스를 "현시점에서 가장 진화된 형태의 메타버스 플랫폼"이라고 진단했습니다(2021년 3월). 로블록스가 게임 회사를 넘어서는 이유는 게임

운영의 독특한 방식에 있는데, 게임계의 '유튜브'라고 생각하면 됩니다. 바로 이용자가 게임을 만드는 것이지요(이용자 2억 명에, 게임 개발자는 800만 명이라는 이야기입니다).

이용자가 직접 게임을 만들어 올리고 게임을 즐기는 사람이 많아지면, 게임 유료 판매와 아이템 판매 등으로 수익을 올립니다. 로벅스라는 로블록스 게임의 가상화폐가 지불통화 역할을 하는데, 이중 대략 70퍼센트가 개발자의 몫이 됩니다.

중요한 점은 게임을 개발하는 도구를 손쉽게 이용할 수 있도록 로블록스 측에서 '로블록스 스튜디오'를 무료로 제공하는데, 인터페이스 자체가 직관적이어서 시뮬레이션 게임하듯이 직접 게임을 디자인해서 만들 수 있다는 것입니다. 프로그래밍 언어를 전혀 몰라도 말이죠. 그래서 많은 사람이 이에 도전하는데, 2020년 4분기에 로블록스는 개발자들에게 약 3억 2,800만 달러의 수익을 배분했다고 합니다. 미국 CNBC는 2020년 기준으로 약 125만 명의 개발자가 로벅스를 벌었고, 그중 1,200여 명의 개발자가 벌어들인 평균 수익은 1만 달러 정도고, 이중 소득 상위 300여 명은 10만 달러 이상의 수익을 올렸다고 보도했습니다.

로블록스의 대표 인기게임으로 뽑히는 '제일브레이크Jailbreak'('탈옥수와 경찰'이라는 뜻)는 2017년에 만들어져 2019년까지 부동의 1위 자리를 지켰고, 그 이후 순위가 떨어져 지금은 10위권에 머물지만, 인기는 여전합니다. 이 게임의 개발자는 알렉스 발판즈Alex Balfanz인데, 9세부터 로블록스를 사용했고 고등학교 3학년인 18세에 이 게임을 만들었다고 합니다.

이 게임은 동시 접속자 수가 15만 명을 상회하고, 2021년 기준으로 누적 이용자 수는 48억 명에 이를 만큼 크게 히트했습니다. 알렉스는 이 수익금으로 대학 등록금을 냈다고 하지요. 명문 듀크 대학교의 4년 학비가 30만 달러에 이르는 데도 게임 판매로 학비를 모두 충당한 것입니다. 사실 이 게임으로 벌어들인 돈은 학비보다 훨씬 많을 것으로 추정되고 있습니다. 정확하게 발표된 것은 아니지만, 게임의 인기와 비용 등을 계산해보면 연간 수십억 원의 수익을 올렸습니다.

로블록스는 '초등학생이 3억을 벌었다'라는 소식이 심심치 않게 들리는 플랫폼입니다. 초창기 유튜브에서 큰돈을 번 파워 유튜버들이 나오듯이, 로블록스는 게임 개발로 성공한 이들을 양산하고 있는데, 사용자들의 나이대가 어린 만큼 한 해 수십억을 버는 수익자의 연령이 상당히 낮은 것이 특징입니다.

로블록스처럼 게임 개발을 통해 이익을 창출하는 메타버스 플랫폼이 있는가 하면 아바타 꾸미기로 이익을 창출하는 플랫폼도 있습니다. 제페토는 인공지능 얼굴인식, 증강현실, 3D 기술 등을 활용해 꾸민 자신만의 '3D 아바타'로 소통하는 플랫폼입니다.

자신을 꼭 닮은 아바타, 혹은 자신이 가지고 싶은 아바타가 핵심인 제페토는 여러 미니게임을 가지고 있지만, 현재 사용자들에게 가장 매력적인 것은 아바타 꾸미기입니다. 의상부터 핸드백, 신발, 액세서리 등을 개인이 디자인해서 판매할 수도 있습니다.

아직 제페토로 큰 수익을 올리는 사람이 많지 않은 것은 제페토 자체가 수익 사업보다는 사용자 확보에 매진하다 보니, 로블록스처럼 확장성이 큰 수익구조를 만들지 않았기 때문입니다. 일단 메타버스 사용자들이 많아지면 그 사용자들과 함께 경제구조를 만들 여지는 충분합니다.

기업은 사용자들이 많은 메타버스에 자사 브랜드를 노출하기를 원합니다. 하지만 메타버스는 자신의 선택으로 어떤 것이든 건너뛸 수 있으므로, 시청을 의무적으로 강제하듯 브랜드를 노출시킬 수가 없어요. 다만 브랜드를 자연스럽게 노출하거나 브랜드를 주제로 한 참여형 이벤트 방식으로 광고를 노출할 수가 있습니다.

제페토에서 아바타를 위한 의류 판매에 명품 구찌가 참여하고 있습니다. 유료 판매를 한다고는 하지만 명품 가격을 생각하면 제페토상에서 판매로 버는 돈이 구찌에 의미 있을 리 만무합니다. 그런데도 구찌가 여기에 참여하는 것은 광고 효과 때문이죠. 제페토의 주 사용자층인 10~20대들이 차세대 명품 사용자들이 되는 만큼 이들에게 브랜드 각인 효과를 주기 위해서입니다. 구찌와 제페토의 협업으로 사용자들은 구찌 본사가 있는 이탈리아 피렌체를 배경으로 한 구찌 빌라 정원을 걸어볼 수 있고, 구찌의 실제 신상 디자인을 포함한 총 60여 종의 아이템을 아바타에 입혀볼 수 있습니다.

구찌 빌라에서 구찌 아이템을 착용한 후, 유럽풍 건축물과 아름다운 정원을 거닐며 세계 각국의 이용자들과 소통하는 경험은 구찌에 대한 라포^{rapport}(의사소통에서 상대방과 형성되는 친밀감, 또는 신뢰관계) 형성으로 이어질 것입니다.

메타버스의 형태 중에 가장 현실과 거리가 먼 형태인 가상세계 메타버스에서도 이렇게 경제활동이 일어납니다. 따라서 비교적 현실과 연관성이 더 많은 거울세계라든가, 라이프로깅 차원의 서비스에서는 더더욱 경제활동이 활발할 수밖에 없습니다. 하지만 페이스북이나 블로그 같은 라이프로깅 세계에서는 이용자와 광고 수익을 나누는 수준에 그칠 뿐, 대부분의 수익은 기업이 가져가고 있습니다.

사용자들의 소통과 거래가 일어나는 가상세계 메타버스의 경제활동이 진정한 의미의 메타버스로 인식되리라고 봅니다. 경제라는 것은 구성원들의 상호작용으로 이루어져야 하는데, 가상세계의 메타버스에서 일어나는 경제활동이 개인들 간의 거래를 바탕으로 구현되기 때문이죠.

이런 경제활동은 더 다양한 면에서 일어날 수 있습니다. 메타버스 내에서 돈을 벌 수도 있고, 메타버스와 현실세계를 매개하여 돈을 벌 수도 있습니다. 메타버스 내 게임이나 아이템 판매는 물론이고, 아이돌 콘서트를 개최하여 입장료를 받는다든가, 관심 있는 교육 강좌를 개설하여 메타버스상에서 진행하고 수업료를 받는 식으로 메타버스를 통한 직접적인 경제활동이 활발하게 생길 것입니다. 또한 기업의 의뢰를 받아 기업관을 디자인해준다든가, 이벤트를 연다든가, PPL 광고를 붙이는 일은 자연스럽게 기획자, 디자이너, 개발자 등 여러 직업을 창출할 것입니다.

메타버스의 발전 정도와 허용 범위에 따라 다양한 방법으로 돈을 버는 사람들이 등장할 것입니다. 시장에서 아이템을 팔 수 있고, 인기 게임 공략법을 알려주는 강좌가 열릴 수도 있지요. 치트키를 제공하는 암흑시장도, 아이템을 개조하는 사람도 등장할 수 있습니다. 그야말로 자유시장 경제가 실현 가능한 공간이 메타버스입니다. 기존의 경제 개념으로는 그 전부를 이해할 수 없기에 메타버스의 경제를 '확장경제'라는 말로 표현하기도 해요.

메타버스에서 일어나는 활동으로 돈을 벌 수 있다는 것이 메타버스의 가장 큰 매력이지만, 무엇보다 사람들을 메타버스 안에 오래 머무르게 하는 가장 큰 요인이 됩니다.

게임이 일탈의 성격을 가졌다면, 메타버스는 일탈일 수도 있고 일상일 수도 있습니다. 메타버스에서 돈을 벌고, 메타버스에 꾸준히 들어온다면 그 일은 직업이 될 수도 있습니다. 메타버스 안에서 직업을 갖고 돈 벌다가, 그렇게 번 돈으로 현실의 고급 레스토랑에서 밥을 먹고, 수상스키를 배운다면 도대체 무엇이 일상이고, 일탈이라고 할 수 있을까요? 이런 상황이라면 어떤 것이 일상이고, 현실인지 굳이 구분할 필요 없는 상태에 도달한 게 아닐까 싶습니다.

3.

쌍방향Two-way interaction

메타버스에 들어갔습니다. 가상
의 벚꽃카페에서 산책을 하는데 앞에 있던 아바타가 갑자기 다가
옵니다. 헤드셋을 쓰지 않고 들어왔는데, 채팅으로 말을 걸어옵니
다. 다행히 알아들을 수 있는 한국말이네요. 낯선 사람과 말하는 것
이 조금 부담스러운 상황인 것은 변함없지만 말이죠.

갑자기 말을 걸어오는 상대가 부담스러운 것은 그가 익명의 낯
선 존재기 때문입니다. 게임하다 다른 플레이어를 만나는 것과는
다릅니다. 게임을 할 때는 미션을 수행하기 위해 상대와 대화할 수
있지만, 메타버스 안에서의 만남은 특정한 목적이 없으므로 대화
를 나누기에 다소 어색한 상황이 종종 찾아옵니다. 마치 게임 안에
서의 만남이 일하려고 모인 사람들이라면, 메타버스 안에서의 만

남은 여러 명이 오는 파티에 초청되어 간 느낌이죠.

메타버스는 쌍방향의 소통이 가능한 곳입니다. 일정한 가이드가 있는 것도 아니고, 같이 풀어야 할 미션이 있는 것도 아닙니다. 기본적인 메타버스는 게임보다는 SNS에 가까우므로, 현실에서 낯선 사람과 말하는 것보다는 부담감은 덜할지라도 혼자서 하는 게임과는 다르죠.

메타버스의 다른 아바타는 게임에서 만나는 플레이어나 컴퓨터가 조정하는 조연 캐릭터들인 'NPC'와는 다르게 '타인'으로서의 존재감이 있습니다. 소통 도구가 다양하게 마련되어 있기 때문이죠. 특히 아바타는 인간적 존재감을 부각시키지요.

자신의 아바타에 이름이 나타나듯이 타인의 아바타에 나타난 이름은 저기에 나 말고 다른 존재가 있구나 하는 인식을 줍니다. 쌍방향 소통이 가능하므로 회의, 포럼, 발표회, 기자회견, 콘서트, 강연도 모두 가능합니다. 기업에서는 재택근무할 때 메타버스를 활용합니다. 모두 같이 근무하고, 필요한 사항이 있으면 바로바로 정보교환을 하고, 업무 협조를 요청합니다.

AR, VR 협업 플랫폼 기업인 '스페이셜Spatial'은 가상공간에서 아바타로 회의하거나 3D 홀로그램 이미지로 텔레포트해서 동료와 일할 수 있는 환경을 제공합니다. 최근에는 사무실 환경을 화성으로 확장했는데, 이렇게 완전히 낯선 곳에서 만나도, 또 서로 아무리 멀리 떨어진 곳에 있어도 한 공간에서 일하는 느낌을 줍니다. 코로나 이후로는 AR, VR 기기뿐 아니라 웹이나 앱으로도 사용할 수 있게 이용 환경이 좋아졌고, 네슬레, 포드, 화이자, 마텔(바비인형 제조사) 등의 기업이 화상 회의나 재택근무용으로 사용 중입니다. 국내에서는 페이스북의 기자간담회가 스페이셜로 진행되기도 했죠. 화상 회의보다 대면 회의에 가까운 느낌이고, 시각 자료 공유 기능과 저장 기능이 있습니다.

스페이셜은 회의용, 콘퍼런스 용도로 개발되었는데, 사용자들이 늘면서 교육, 놀이, 예술품 전시 등 다양한 용도로 활용되며 발전했습니다. 디지털 미술관에서 전시하고, 스타워즈 테마관에서는 아바타들이 광선검을 들고 싸울 수도 있어요. 회의가 아니라 이런 경험을 하기 위해 스페이셜에 들어오는 사람들이 늘어났지요.

스페이셜만큼 고품질의 3D 홀로그램은 아니지만, 2D 오락 게임 같은 그래픽으로도 훌륭하게 재택근무를 지원해주는 '게더타운 gathertown'이라는 플랫폼도 있습니다. 게더타운은 온라인 가상 오피

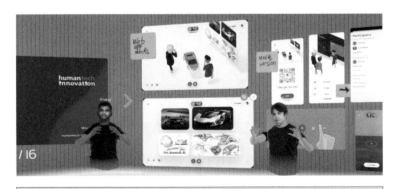

화상 회의의 몰입도를 높여 일하는 방식을 바꾼 스페이셜(ⓒ 스페이셜)

스인데, 아바타가 가상 오피스에 출근하는 것입니다. 사람들을 만나면 바로 화상채팅이 가능합니다. 마치 현실 공간에서 지나가다가 바로 말하는 것처럼, 다른 사용자 근처에 가면 화상이나 음성으로 대화할 수 있습니다(싫으면 마이크와 카메라를 끄면 됩니다). 회의실에서 여럿이 회의할 수도 있습니다.

그 외 화이트보드로 공지사항을 알린다든가, 메신저 기능, 외부 링크 연동 등 업무에 필요한 기술을 지원합니다. 심지어 업무에 직접적으로 필요 없는 공간 꾸미기 기능도 있고, 테트리스 같은 간단한 게임도 제공합니다.

게더타운은 모임당 스물다섯 명까지 무료 사용이 가능해서 소규모 기업, 스터디, 독서 모임, 소규모 클래스 등에 활용하기 좋습니다. 사용료를 내면 조금 더 큰 규모로 이용 가능해서 연세대학교는 2021년에 동아리 신입생 모집을 게더타운으로 진행했습니다.

이차원의 색다른 가상 업무 · 모임 공간으로 떠오른 게더타운(© 게더타운)

이렇게 협업 환경을 제공하는 플랫폼들은 쌍방향 소통이라는 특징을 활용하여 메타버스로 진화하고 있습니다. 쌍방향 소통은 현실과 유사한 경험을 할 수 있는 가상공간에서 사용자들이 만나 커뮤니케이션하고, 협업이 가능하게 하는 중요한 요소입니다. 커뮤니케이션과 협업은 메타버스가 게임을 넘어 연결과 업무, 교육과 토론의 중요한 플랫폼으로 진화하는 데 큰 역할을 합니다.

4.

익명성Anonymity

메타버스는 대개 아바타를 만들면서 시작합니다. 아바타 아이디가 본명이면 대개 메타버스 초보입니다. 물론 업무용 메타버스에서는 실명을 쓰기도 하지만, 보통은 본명과는 다른 아이디를 씁니다.

가상세계에 구축되는 메타버스는 현실과의 단절성을 기본으로 하기에 익명성을 전제로 합니다. 이 익명성은 메타버스 안에서의 행동 제약을 어느 정도 감소시키지요. 제약이 없다고 예의 없게 행동한다는 것은 아닙니다. 로블록스는 정규직이 800명인데 반해, 사용자 안전과 욕설방지 등의 활동을 하는 비정규직은 1,600여 명에 이릅니다. 이렇게 메타버스 내 규칙과 규약이 존재하고, 그것을 지키도록 기계학습 알고리즘은 물론 직원들의 직접적인 감시를 병행해서 관리합니다. 덕분에 익명성에 기댄 범죄라든가 욕설, 혐오, 증오 등이 난무하지 않습니다.

이렇듯 잘 관리될 수 있다면, 메타버스 내 익명성은 부정적인 측면보다 긍정적 측면이 두드러집니다. 현실에서는 처음 만난 사람과 공원을 거닐거나, 스스럼없이 대화를 나누는 일은 잘 일어나지 않잖아요. 50대 부장님이 10대나 30대와 같은 공간에서 게임을 즐길 일도 없습니다. 하지만 현실의 나는 사라지고, 메타버스 안의 정체성만 있는 상태에서는 현실의 나는 해보지 못할 일과 말을 할 수 있습니다.

현실에서 사람을 판단하는 중요한 요소가 첫인상입니다. 첫인상이 결정되는 시간은 매우 짧습니다. 프린스턴대학교의 심리학 교수인 재닌 윌리스^Janine Willis와 알렉산더 토도로프^Alexander Todorov의 주장에 따르면, 첫인상이 결정되는 시간은 0.1초라고 합니다. 다른 심리학자들도 길어도 4분을 넘지 않는다는 데에는 대부분 동의합니다. 그러니까 첫인상은 만나서 인사 나누는 사이에 결정된다는 얘기입니다. 외적 요소가 지대한 영향을 끼치겠지요.

미국 캘리포니아대학교 심리학과 명예교수인 앨버트 머레이비언^Albert Mehrabian이 발표한 '머레이비언의 법칙'에 따르면, 우리가 타인의 인상을 결정할 때 시각 정보에 크게 의존한다고 합니다. 즉 시각이 55퍼센트, 청각이 38퍼센트, 말의 내용은 7퍼센트의 영향력을 행사한다고 하지요. 첫인상을 결정짓는 중요한 요소로 뽑히는 것이 외모, 표정, 자세, 복장, 몸짓 등 외적 요인입니다. 그리고 목소리의 톤이나 음색, 발음 같은 청각 요인 역시 꽤 중요합니다. 이 법칙을 통해 첫인상이라는 것은 다분히 외적 요인에 의해 결정된다는 것을 다시 한번 확인할 수 있습니다.

단시간에 형성된 첫인상은 유효기간이 길고, 번복이 쉽지 않습니다. 캐나다 브리티시컬럼비아대학교 델로이 폴러스^{Delroy Paulhus} 박사팀은 대학생 124명을 5명씩 나눠 하루 20분 동안 토론하는 실험을 했어요. 첫 만남 이후 7주가 지난 뒤 다시 인상을 기록했는데, 결과는 거의 바뀌지 않았다고 합니다.

메타버스에서는 바로 이 외형적인 요소가 철저하게 제거됩니다. 원래부터 알던 사이가 아니면 음성 채팅까지 가는 일은 많지 않으므로 대부분 '누구나', '어떻게든' 꾸밀 수 있는 아바타로 다른 사람을 만나야 합니다.

편견 없는 만남이 가능한 것도 있지만, 솔직히 다른 사람을 판단하기가 무척 어려운 것이 사실입니다. 그래서 메타버스 내 개인의 정체성은 다른 사람의 판단보다는 자신의 설명이 더 중요합니다. 현실에서는 그 사람의 말뿐 아니라 행동을 감각으로 느끼고 판단까지 얹어서 한 사람을 파악합니다. 하지만 이런 프로세스는 메타버스에서 불가능합니다. 프로필, 피드나 채팅으로 전해지는 상대방의 이야기가 한 사람을 파악할 수 있는 실마리가 됩니다.

메타버스의 익명성은 지금의 SNS와는 차별됩니다. 오히려 1세대 PC 통신 시절인 천리안, 나우누리, 하이텔 같은 커뮤니티와 묘하게 닮았습니다. 채팅할 때 어떤 시각적 정보도 주지 않고, 오로지 글로 주고받는 대화만이 있었거든요. 페이스북은커녕 싸이월드도 없던 시절이기 때문에 검색을 통해 상대방이 누군지, 어떻게 생겼는지 확인할 길도 없었습니다. 채팅을 통해 나이나 사는 곳을 물어보았죠. 이런 익명성의 측면에서 1세대 PC 통신 환경이 메타버스와 유사한 면이 있습니다.

메타버스에서의 만남은 메타버스 내 개인의 정체성을 바탕으로 이루어집니다. 현실에서의 직업, 나이, 지위, 성별 같은 것은 의미 없습니다. 메타버스 내 정체성은 결국 개인의 설명을 통해 구축됩니다. 한 사람의 정체성은 내 생각과 남의 생각이 합쳐져서 만들어집니다. 메타버스에서는 타인의 판단이 빠지면서 정체성을 만드는 것이 순전히 나 자신이 됩니다. 물론 메타버스에서 관계를 형성하면 상대방의 판단이 개입되기도 하지만, 이때 타인의 판단은 순전히 나의 설명과 태도에 기초한 것입니다. 그 사람들은 나를 보는 것이 아니라 내가 한 말과 함께 나눈 대화를 보는 것이니까요.

결국 메타버스 내 익명성은 개인의 설명을 통해서 강화되고 약화됩니다. 남에게 자신을 설명하는 가운데 자기 캐릭터를 구축하는 거지요. 그래서 메타버스에서는 판단하는 문화보다 설명하는 문화가 앞서게 됩니다. (사실 아바타 치장하기가 굉장히 중요한 일이 됩니다. 아바타의 생김새, 옷차림, 장신구, 자세 등이 상대방의 유일한 외적 정보거든요.)

자신을 구성하는 주요 요인이 자기 판단과 그에 따른 설명이라면, 자신을 인식하고 정체성을 형성하는 데 타인의 눈은 별로 기여하는 것이 없습니다. 타인의 판단은 보통 부정적이기 십상인데요. 이보다 더 부정적인 건 타인의 눈을 의식한 자기 인식이에요. '남들이 나를 어떻게 볼까?' 하는 것인데, 현실에서는 타인의 판단을 거부하거나 객관적으로 수용하기가 쉽지 않죠.

메타버스에서는 스스로를 아는 것이 중요합니다. 사실 자기 자신을 잘 모르는 경우가 많은데, 메타버스 내에서는 자신을 설명하며 자신을 알게 되고, 자기를 성찰하며 자기애가 생기기도 합니다. 타인의 판단에 의존하기보다 직접 설명하기를 실천해보면 자아존중감이 높아질 수 있습니다.

결론적으로 메타버스의 익명성은 온전히 나 자신에게 집중하게 하는 익명성으로, 자기 자신이 온전하게 홀로 존재하는 경험을 하게 합니다. 언제든지 단절을 택할 수 있지요. 선택적으로 익명성을 가질 수도 있습니다.

살다 보면 익명성에 숨고 싶거나, 익명성 뒤에서 편안함을 느끼는 순간이 은근히 많거든요. 익명성은 메타버스에 많은 사람을 유입시키는 가장 중요한 매력이 될 수 있습니다.

5.

플레이 미션^{Play mission}

앞으로 어떤 메타버스가 살아남을까요? 그것은 사용자 확보에 달려 있습니다. 현실세계와 같은 경제활동의 여부가 메타버스를 분류하는 중요한 기준이 될 수 있지만, 경제활동이 돈이 되려면 기본적으로 사용자가 많아야 합니다. 경제활동이 활발하게 일어나는 것도 따지고 보면 사용자 수에 좌우되는 이차 현상입니다.

메타버스가 살아남기 위해서는 많은 사용자를 끌어들일 수 있는 매력도를 확보해야 합니다. 그 매력도는 메타버스에 가입할 때 주는 혜택일 수도 있고, 출석만 해도 나오는 보상일 수도 있어요. 하지만 '리워드'만으로 메타버스에 사용자들을 잡아두기에는 한계가 있지요.

현재 가장 진화한 형태의 메타버스로 평가받는 로블록스 이용자의 하루 평균 사용 시간은 156분이라고 합니다. 틱톡이 58분, 유튜브가 54분, 인스타그램이 35분인 것에 비해 3~5배 높아요. 메타버스의 특징은 일단 들어오면 오랜 시간을 보낸다는 것입니다. 매일 들어와서 많은 시간을 보내야 하는데, 단순히 들어와 있기만 하면 가입자 확보는 될지언정, 메타버스를 유지하고 활성화시킬 수는 없습니다.

사용자들을 메타버스 안에 오래 머물게 하려면 메타버스의 기획과 설계가 중요합니다. 기획과 설계가 잘 되면 주류 메타버스로 등장할 가능성이 큽니다. 과연 어떤 요소가 사용자들을 오랜 시간 메타버스에 머물게 할까요?

그 답은 네덜란드의 사회학자 요한 하위징아Johan Huizinga가 제시한 호모 루덴스Homo Ludens라는 용어에서 찾을 수 있습니다. 루덴스는 라틴어로 '놀이'라는 뜻이고, 호모 루덴스는 '놀이하는 인간', '유희의 인간'이라는 뜻입니다. 하위징아는 놀이에 대해 다음과 같이 이야기합니다. "놀이의 형식적인 특성을 정리하자면, 의식적으로 '일반적인' 삶을 벗어나 행해지는, '심각하지 않은' 지속적인 자유 활동이라고 할 수 있지만, 동시에 플레이어를 강렬하고 완전하게 흡수하는 활동이다."

일반적인 삶(현실)에서 벗어나, 플레이어를 강렬하고 완전하게 흡수하는 매력을 지닌 활동이 바로 놀이입니다. 하위징아는 놀이의 요소로 '경쟁'과 '모방'을 꼽습니다. 여기에 프랑스의 사회학자

로제 카유아^{Roger Cailois}는 『놀이와 인간』에서 '운'과 '현기증'이라는 두 가지 요소를 추가했어요. 놀이의 네 가지 요소는 다음과 같습니다.

1. 아곤^{agon}: 시합과 경쟁. 이긴 자의 승리가 명확하고, 기회의 평등이 인위적으로 설정된 투쟁을 말합니다. 사례는 게임, 체스, 축구 등이 있습니다.
2. 미미크리^{mimicry}: 흉내, 모방. 가상의 인물이 되고 그것에 어울리게 행동하는 것을 말합니다. 사례는 소꿉놀이, 인형 놀이, 역할극 등이 있습니다.
3. 알레아^{alea}: 확률과 운에 따라 좌우되는 것들을 말합니다. 사례는 주사위 놀이, 룰렛, 제비뽑기 등이 있습니다.
4. 일링크스^{ilinx}: 소용돌이, 현기증, 어지러움. 일시적으로 지각의 안정을 파괴하고 현기증을 기초로 하는 놀이를 말합니다. 사례는 공중서커스, 뜀박질, 롤러코스터 등이 있습니다.

메타버스는 네 가지 놀이의 요소를 충족시킵니다. 미미크리는 앞서 멀티 아바타에서 얘기한 메타버스의 핵심 요소라고 할 수 있지요. 여기에 아곤이나 알레아를 섞으면 메타버스가 놀이처럼 느껴지고, 거기서 재미를 동반하면 사용자들의 체류 시간은 현저하게 늘어날 수밖에 없습니다.

메타버스를 이용한 게임은 극도의 사실감을 경험하게 합니다.

공중에 걸린 판자 위를 걸어서 케이크를 가져오는 게임이나, 하늘을 나는 체험을 하게 하는 게임은 일링크스까지 경험하게 합니다.

'게임'은 구조화된 플레이로 명확하게 정의된 목표와 규칙을 가지고 있습니다. 메타버스에서는 규칙이 정해진 게임도 할 수 있지만, 자율적인 역할놀이 역시 가능합니다. 그래서 메타버스 안에서의 놀이는 게임보다도 더욱 범위가 넓다고 볼 수 있습니다.

메타버스가 적절한 놀이터가 되기 위해서는 설계가 중요합니다. 로블록스는 게임이 주가 되는 플랫폼입니다. 로블록스는 메타버스에 들어오는 것만으로 보상을 주는데, 그 보상은 확률 게임 등의 '놀이' 형식으로 이루어집니다. 그리고 들어오는 사람에게 미션을 줌으로써 미션 수행의 쾌감과 목적을 갖게 합니다. 사실 메타버스에 들어가서 구경만 한다면 이내 흥미가 떨어지겠지요. 그래서 미션을 주고, 때로는 그 미션을 달성했을 때 보상하는 방법으로 재미의 요소를 끌어올릴 수 있습니다.

제페토는 구찌와 협업을 통해 구찌 빌라 맵을 만들었습니다. 이

구찌 빌라 맵을 즐기도록 미션을 가이드하는 제페토(ⓒ 네이버제트)

맵에 들어갔을 때 환영 인사만 표시되는 것이 아니라, 구찌 정원에서 즐길 만한 미로 탈출, 숨바꼭질 등의 미션을 소개합니다. 딱히 보상이 없더라도 사용자들은 이 맵에서 무엇을 할지 분명한 목적의식을 갖게 됩니다. 목적을 이루려고 돌아다니는 과정에서 구찌의 신상품을 자연스럽게 구경하는 거지요.

SNS와 메타버스의 다른 특징 중 하나는 SNS는 내가 주체적으로 등장하지 않더라도 충분히 머물 만한 플랫폼이 된다는 점입니다. 예를 들어 인스타그램은 다른 사람들이 올린 사진에 '좋아요'를 누르지 않는다면 나의 흔적은 어디에도 남지 않습니다. 그저 남의 피드만 보는 것이 가능하지요.

메타버스는 나의 존재감이 드러날 수밖에 없는 플랫폼입니다. SNS에서는 선택적 요소인 아바타가 메타버스로 가면 중요한 요소로 등장합니다. 아바타 꾸미기 역시 일종의 게임적 요소를 내포하지요. 앞서 설명한 놀이의 요소 중에는 미미크리, 즉 모방과 역할놀이의 요소가 드러난 것이기 때문이죠.

'나 자신'이 주체가 되어 나의 존재감, 내가 마주하는 경험과 관점이 도드라지는 곳이 메타버스기 때문에, 그 경험을 충족시키기 위한 미션, 수수께끼, 게임 등의 흥미 요소가 설계되면, 사용자 수와 사용 시간은 늘어날 수밖에 없습니다.

6.

유사현실 In similar life

메타버스의 기술적인 측면을 이야기할 때 가상현실, 증강현실, 얼굴인식 AI 등을 거론합니다. 얼굴인식을 통해 자연스럽게 자기 얼굴과 닮은 아바타를 창출한다는 것은 메타버스의 흥미로운 특징 중 하나입니다. 물론 2D로 아바타를 구현하거나 계정만으로 입장하는 메타버스도 있지만, '나'가 분명하게 드러나는 메타버스에서 아바타는 갈수록 중요한 요소가 될 것입니다.

간단한 사진 촬영으로 얼굴을 인식한 후 자신과 닮은 아바타를 만들어주는 기능은 왜 필요할까요? 메타버스는 가상공간이고, 현실을 초월한 세계이므로 자신과 아바타가 닮을 필요가 없는데도 말이죠. 그게 메타버스를 가상현실이라고 이야기하는 이유입니다.

메타버스는 현실을 기반으로 세워지기 때문에 의미가 있어요.

일단 현실과 매우 유사한 가상공간을 만들고, 여기에 현실적이지 않은 몇몇 요소를 덧씌우는 것입니다. 흔히 메타버스와 함께 언급되는 기술인 '디지털 트윈digital twin'은 현실세계의 기계, 장비, 사물 등을 컴퓨터 속 가상세계에 완전히 동일하게 구현한 것을 말합니다. 시뮬레이션을 컴퓨터로 해보는 개념이라고 볼 수 있지요. 최근에는 가상공간에 실제 도시와 동일한 도시를 구축하고, 인구 분포, 안전, 복지, 환경, 상권, 교통 등 각종 도시 행정을 시험해 검증하는 데 디지털 트윈 기술을 활용하고 있습니다.

메타버스는 현실을 디지털 트윈한 후, 약간 변형해 형상을 구현하는 것이 일반적입니다. 흔히 언론에서 김선달의 대동강 물 팔아먹기보다 이상한 거래가 이뤄진다고 언급하는 것이 가상세계의 부동산 구매 플랫폼 '어스 2Earth 2'입니다.

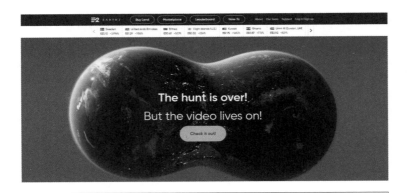

가상 지구 위 실제와 동일한 부동산과 입지를 반영하는 어스 2 시작 화면(ⓒ 어스 2)

어스 2는 두 번째 지구에 대한 미래형 개념으로, 지도 위에 펼쳐진 가상의 부동산을 소유, 구매, 판매할 수 있는 메타버스 플랫폼입니다. 그야말로 가상 부동산을 거래하기 위한 플랫폼이에요. 가상 토지가 시간이 지남에 따라 수요, 위치, 수입 잠재력을 기반으로 가치가 증가한다는 것이 어스 2의 비전입니다.

어스 2의 부동산은 아직 완판된 것은 아니지만, 만약 완판되어 신규 땅이 없다면 화성이나 안드로메다의 부동산을 거래하는 것도 괜찮지 않을까요? 애초에 디스플레이상의 한 그레이드에 해당하는 땅을 사는 거니까요. 그렇지는 않습니다. 어스 2의 매력은 현실에 기반을 두는 데 있기 때문입니다. 어스 2에서 자신이 디자인해 이름 붙인 땅, 예를 들어 '시한랜드'를 만든 후에 '시한랜드 분양이 있으니 사 가세요. 희소성이 있으니 엄청나게 오를 겁니다'라고 해봤자 아무도 사지 않을 것입니다.

어스 2 거래의 핵심은 그것이 현실에 존재하기에 의미 있는 것입니다. 디지털 세계에서 그저 그리드 단위로 부동산을 사는 것이라면, 강남에 해당하는 그리드를 사든 지방의 공터를 사든 차이가 없죠. 하지만 현실은 그렇지 않습니다. 어스 2에서도 이미 현실에서 비싼 지역은 비싸고, 쓸모없다고 여겨지는 지역의 땅은 싸지요. 현실의 욕망이 그대로 투영되는 것이 디지털 트윈입니다.

메타버스는 기본적으로 현실을 바탕으로 해야 합니다. 그런데 같은 부동산 거래지만 지구의 모습을 그대로 따라 하지 않은 부동산 거래도 있습니다. 예를 들어 '디센트럴랜드Decentraland'라는 메타버스가 그렇죠. 어스 2가 땅을 거래하고도 현금화하기 어려운 단점이 있는 반면, 디센트럴랜드는 '마나^{MANA}'라는 플랫폼 통화를 실제로 코인 거래할 수 있게 만들었습니다. 디센트럴랜드 코인은 실제 코인 거래소에서 거래됩니다. 코인 투자를 하는 사람이라면 쉽게 현금화할 수 있고, 평소 코인 투자를 하지 않더라도 증권 거래를 하듯이 코인 거래 계좌를 트기만 하면 누구나 현금화할 수 있습니다.

디센트럴랜드는 블록체인 기술을 활용한 가상화폐인 이더리움 기반입니다. 이더리움 기반이라는 의미는 중앙집권적 제어 장치가 없다는 것입니다. 모든 거래는 개인들 사이의 계약으로 끝이 나지요. 그것을 통제하거나 승인하는 중앙집권적 시스템의 제어가 없없으므로 실제 현실의 거래와 유사합니다.

메타버스는 현실과 유사하게 작동하는 경향이 있습니다. 우리가 아바타와 대화를 나누는 것도, 현실 어딘가에는 이 아바타와 연결되는 실제 사람이 있다는 믿음을 전제로 하기 때문에 소통이 가능한 것입니다. 그래서 낯선 아바타가 갑자기 말을 걸면 당황스러운데, 컴퓨터로 조정되는 NPC가 말을 거는 것과는 그 느낌이 다르기 때문입니다.

건국대학교는 2021년의 봄 축제를 메타버스에서 기획했습니다. 온라인 서버에 캠퍼스를 그대로 구현하고 각종 행사를 진행했는데, 학생들은 학교 아이디로 로그인을 해서 자신의 '아바타'를 생성한 뒤에 메타버스로 구현된 캠퍼스를 누볐습니다.

메타버스 안에 구현된 건국대학교 캠퍼스는 실제와 같았습니다. 아바타는 단과대 건물을 방문하거나 캠퍼스 곳곳에 만들어진 '방 탈출' 게임에 참여했습니다. 그리고 만나는 사람들과 채팅으로 소통하며 선후배나 타과 학생들과 친분을 쌓았습니다.

메타버스는 가상이지만, 현실에 기반을 둔 플랫폼입니다. 메타버스 내의 삶은 가상에서 이루어지지만, 그 삶 역시 어딘가에서는 현실적인 삶을 영위하는 누군가의 것입니다.

7.

동시성 At the same time

___

메타버스에서는 사공간을 초월한 경험이 가능합니다. 그런데 언뜻 보면 모순되어 보일 수 있지만, 메타버스에서는 시간을 초월할 수 있는 한편으로 '지금, 이 순간을 같이'라는 동시성을 누릴 수 있습니다. SNS상에서 소통할 때, 동시성은 필수적인 요소가 아닙니다. 반면 메타버스상에서 교류할 때는 동시성이 굉장히 중요합니다.

다른 아바타와 이야기 나누는 것이 메타버스에서는 큰 의미가 있는데, 아바타 너머에 누군가와 지금, 동시에 메타버스 공간에 존재하기 때문입니다. 그러다 보니 다른 아바타와 이야기하거나 채팅하는 과정에서 타인을 만나는 설렘이 느껴지는 거지요. 이런 대화나 교류는 메타버스 커뮤니케이션에 의미를 부여합니다.

커뮤니케이션은 기존의 SNS에서 얼마든지 이루어질 수 있습니다. 페이스북 피드나 인스타그램에 들어가면 지인들의 소식이 나옵니다. 댓글이라도 달면, 다시 그 밑에 댓글로 대화가 이루어지기도 하지요.

온라인 쇼핑몰에 원하는 물건을 찾아 들어가면 자세한 설명과 다른 사용자들의 후기가 있습니다. 후기를 보고 구매 여부를 결정할 수 있지만, Q&A나 챗봇을 통해 궁금한 것을 물어보고 결정할 수도 있지요. 챗봇이 아닌 사람이 직접 답을 달아줄 수도 있지만, 실시간 채팅이 아니라면 동시성의 느낌은 확실히 덜합니다.

메타버스상에서 만난 사람은 메타버스 공간에서 지금, 같이 존재하는 것입니다. 가령 그 사람이 물건을 파는 사람이면, 그 사람에게 상품을 문의하는 것은 게시판에 문의 글을 남기는 것과는 다릅니다. 실제 가게에 들어가서 스태프에게 문의하는 것과 같이 이야기를 나누게 됩니다.

메타버스의 여러 성격 중에서 동시성이 가장 크게 작동할 것으로 예상하는 것이 '메타버스 소셜 네트워킹'입니다. 페이스북이 베타테스트를 하며 준비 중인 플랫폼이 '호라이즌horizon'인데요. '사람들 간의 연결'이라는 비전을 가진 페이스북은, 이 비전을 메타버스에서도 실현시키기 원합니다. 페이스북의 CEO 마크 저커버그Mark Zuckerberg는 장차 메타버스가 중요한 산업이 될 거라면서 페이스북 인력의 20퍼센트 이상을 메타버스 준비에 투입하고 있습니다. 오큘러스 퀘스트 2를 통해 하드웨어적인 부분에서 성공을 거두고 있고, 소프트웨어적인 부분에서는 호라이즌을 준비하고 있지요.

호라이즌에서는 현재 최대 여덟 명의 아바타가 한 공간에 모여 활동할 수 있고, 물리적으로 멀리 떨어진 친구를 가상현실 세계에서 만나 함께 이야기하거나 게임을 즐길 수 있습니다. 저커버그는 페이스북 호라이즌을 "진정한 소셜 패브릭social fabric"이라고 설명했는데요. 소셜 패브릭이란, 동일한 문화 속에서 사람들이 함께 어울리는 것을 뜻합니다. 또 "가상현실의 모든 계층을 가로지르는 사회적 구조가 필요한 상황에서, 페이스북이 호라이즌으로 그 역할을 담당하고자 한다"라고 했는데, 이는 호라이즌이 페이스북의 완성형이자 메타버스 버전으로 론칭된다는 의미로 해석할 수 있습니다.

사용자들은 호라이즌에서 비행기를 타고 새로운 세계를 여행하거나 집을 짓거나 동호회를 만들 수 있습니다. 무엇을 할지는 사용자들 마음에 달려 있습니다. 용도에 따라 호라이즌은 '심즈'나

영화 〈레디 플레이어 원〉의 현실판인 소셜 VR 플랫폼 호라이즌(ⓒ 페이스북)

'마인크래프트' 같은 게임이 될 수 있고, 데이팅 앱인 '틴더'의 역할을 할 수 있지요. 또한 오큘러스 최신 버전을 사용하면 손가락의 움직임에 따라 아바타의 표정을 조절해 기분을 나타낼 수 있습니다. VR 기기를 쓴 상태에서 맨손으로 엄지손가락을 치켜들면 상대방에게 웃는 표정을, 엄지를 아래로 내리면 우는 표정을 전달할 수 있습니다.

이 모든 것은 지금 앞에 있는 상대방과 함께 진행됩니다. 페이스북 계정에 5,000명의 친구가 있어도 자신이 올린 피드에 '좋아요'를 눌러주는 친구는 매우 한정적입니다. 그러다 보니 5,000명의 친구를 실감하기 어렵습니다. 호라이즌에서는 두 명에서 최대 여덟 명까지 같은 공간 안에 있을 수 있습니다. 지금 여섯 명의 친구와 같은 메타버스 공간에서 놀이를 공유하고 있다면, 그 여섯 명은 동시간에 나와 같이 이 플랫폼에 접속하고 있다는 것입니다. 가상공간에 동시에 함께 있다는 존재감은 매우 높은 친밀감을 선사합니다. 호라이즌은 지금까지 나온 소셜 플랫폼의 완성형이 되리라 생각합니다.

메타버스 비즈니스 I: 메타버스에서는 어떻게 돈을 벌까?

3강

많은 사람이 메타버스에 관심을 갖는 이유는 간단합니다. 가상현실, 디지털 지구라는 개념도 흥미롭지만, 솔직히 말하자면 '돈 냄새'가 솔솔 나기 때문입니다. 2021년은 메타버스 초창기라 할 수 있는데, 사람들은 현재 상황을 보며 10여 년 전 아이폰의 탄생을 떠올리는 듯합니다.

10여 년 전 '아이폰 3'를 일찍 산 친구가 밖에서도 이메일을 열고, 답장할 수 있어 업무의 신기원을 연 것 같다고 이야기했습니다. 이때 스마트폰이 일으킨 변화에 동참하지 못한 사람들은 몇 년 후에 동참했지만, 그 변화에 동참하지 못한 기업은 몇 년 후 몰락했습니다. 피처폰 시장 1등이었던 노키아가 순식간에 무너지기도 했죠.

페이스북보다 먼저 론칭되어 선풍적인 인기몰이를 했던 싸이월드(저커버그가 페이스북을 만들 때, 싸이월드를 참조하기 위해 대한민국에 방문했다는 속설을 만든 전설의 SNS)가 몰락한 이유에 대해 여러 분석이 나오고 있습니다. 가장 설득력이 높은 이유는 스마트폰 대응이 늦었다는 것입니다. 싸이월드 미니홈피는 떠오르는데, 싸이월드 모바일용 화면은 전혀 떠오르지 않죠. 그만큼 모바일에서는 속수무책이었던 것이 싸이월드입니다.

반면 스마트폰이 일으킨 변화에 올라탄 개인들은 앱에서 큰돈을 번다든가, 스마트폰을 활용하는 새로운 사업을 론칭해서 신흥 부자가 되었죠. 인스타그램은 모바일 사용자의 특성에 초점이 맞춰져 개발된 SNS였어요. 2010년 10월에 처음 열었는데, 2011년

9월에 1,000만 명의 사용자를 모았고, 다음 해인 2012년 4월 페이스북이 10억 달러에 인수했습니다.

스마트폰의 변화에 적응한 기업은 글로벌 기업으로 성장했습니다. 페이스북이 그렇죠. 웹에서 앱으로 페이스북을 전환했고, 인스타그램을 인수하며 모바일에서 부족한 부분을 해결했어요.

스마트폰 기술 하나가 비즈니스의 판도를 바꾼 지난 10여 년의 역사를 아는 사람들은 메타버스를 기회라 생각합니다. 2011년에 피자 두 판 값에 불과했던 1만 비트코인은 10년 후 몇 천억 원이 되었잖아요. 혹시 이런 일들이 벌어지지 않을까, 눈앞에 뻔한 기회가 있는데 그 기회에 올라타지 못하는 게 아닐까 염려합니다. 그렇게 메타버스는 초미의 관심사가 되고 있습니다.

메타버스 시장 규모도 다양하게 예측합니다. 시장조사 기관 스태티스타Statista는 2021년 307억 달러 규모인 메타버스 시장이 2024년에는 2,969억 달러(약 336조 원)에 달할 거로 예측했어요. 그리고 글로벌 시장조사 업체 스트래티지 애널리틱스Strategy Analytics는 메타버스 시장이 2025년에 2,800억 달러, 그러니까 한화로 315조 원까지 성장하리라 전망했죠. 먼 얘기 같지만 불과 3~4년 안에 폭발적으로 성장할 거라는 말입니다.

10년을 후의 모습을 감히 예측할 수 있을까요? 스마트폰이 만들어낸 변화는 생활 자체를 바꿔버렸습니다. 이제는 스마트폰이 만들어낸 경제효과를 계산할 수 없는 지경에 이르렀습니다. 수많은 경제활동이 스마트폰과 연계되어 이루어지니까요. 마찬가지로 10

년 후에는 어떤 경제활동이 메타버스와 연관되어 이루어질지 모릅니다. 스마트폰 이상 가는 변화를 만들어낼 동력이 메타버스에 있다고 많은 이들이 예측하거든요. 그들은 지금 메타버스에 올라타서 약간의 시간과 비용을 투자하고 있습니다. 두 번 다시 '그때 비트코인을 샀어야 했어'라고 후회하고 싶지 않거든요.

글로벌 기업들은 메타버스 선점 경쟁에 이미 나섰습니다. 글로벌 시가총액 상위 열 개 기업 중 애플, 마이크로소프트, 아마존, 구글, 페이스북, 텐센트, 알리바바 등 일곱 곳이 이미 메타버스 공략에 나섰다고 밝힌 상태입니다. 페이스북의 대응은 충분히 설명했고요.

마이크로소프트는 마인크래프트라는 메타버스를 이미 가지고 있기에 플랫폼을 활용하고, 홀로렌즈라는 혼합현실 기기를 발전시키고 있지요. 최근에는 메시라는 플랫폼을 통해 VR, AR 기술이나

눈앞에 홀로그램 이미지를 펼쳐주는 혼합현실 디바이스 홀로렌즈(© 마이크로소프트)

장치에 상관없이 공간 기반 협업 도구를 제공하고 있습니다.

애플은 측정기술이 적용되는 AR 글라스 개발에 여념이 없습니다. 애플은 애플워치 같은 웨어러블 스마트 기기에 강점이 있고, 원래 혼자 움직이기를 좋아하니 어디서 몰래 '사과농장'이라는 메타버스를 개발하고 있을지도 모를 일입니다. 그만큼 메타버스를 본격적으로 개발할 때 강점이 큰 기업이라는 얘기죠.

중국 최대 IT 기업인 텐센트는 기조 강연에서 메타버스를 강조했습니다. 엔터테인먼트 기업인 텐센트 뮤직은 미국의 가상 콘서트 전문기업 웨이브의 지분을 사들였습니다. 라이브 플랫폼에 웨이브의 기술을 접목시킬 계획을 세웠다고 하지요.

글로벌 기업들은 메타버스에 올라타기 시작했습니다. 문제는 이런 기업이 아니라 아직 메타버스에 올라탈 준비를 하고 있지 않은 개인이나 기업이겠지요. 급변하는 메타버스 비즈니스 세계에서 자기 몫을 챙기기 위해서는 도대체 메타버스가 어떻게 비즈니스를 바꿀 것인가를 예측해야 합니다.

메타버스 비즈니스라는 범주를 생각해보면 너무나 다양합니다. 일단 거시적인 차원과 미시적인 차원으로 나눌 수 있는데요. 거시적인 차원은 메타버스라는 툴을 이용한 모든 사업을 말합니다. 오늘날에는 스마트폰 기반으로 사업이 이루어지기 때문에 스마트폰 비즈니스라는 말은 잘 쓰지 않지요. 마찬가지로 메타버스가 사람들 간의 연결 방식을 바꿔놓으면 거의 모든 사업의 매개로 메타버스가 들어갈 테니까요.

미시적인 차원에서 메타버스 비즈니스는 가상현실 플랫폼에서 일어나는 경제활동을 말합니다. 기본적으로 플랫폼 비즈니스이므로, 지금까지 여러 플랫폼의 흥망성쇠를 보면서 메타버스 비즈니스의 미시적인 전개 방향을 예측할 수 있습니다. 성격에 따라 세부적인 차이가 있겠지만, 플랫폼 비즈니스 대부분은 다음의 프로세스를 따릅니다.

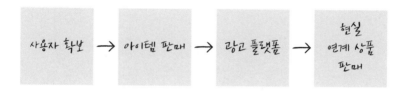

메타버스 비즈니스는 메타버스가 어떻게 발전하느냐에 따라 굉장히 다양하고, 규모가 큰 산업에 적용될 수 있으며, 당장 미시적인 차원에서 플랫폼 사업으로 접근할 수 있습니다. 이 두 가지 접근은 배타적인 선택의 상황이 아니라 기술 발전과 보급에 따른 단계의 문제입니다. 메타버스 비즈니스를 예측하고 대비하려는 우리로서는 둘 다 염두에 두고 예측해야 합니다. 몇 가지 분야를 선정해서 자세히 분석해보면, 메타버스의 발전과 그에 따른 비즈니스의 총체적인 모습도 그려질 겁니다.

이제 메타버스 내 경제 창출에 관한 내용을 살펴보겠습니다. 메타버스 비즈니스의 현재 모습이라고 할 수 있습니다. 메타버스 플랫폼 안에서 어떤 식으로 경제활동이 일어나며, 어떻게 전개되고 있는지를 한눈에 파악하실 겁니다.

분석하는 산업은 메타버스가 우선 적용되는 대표 사례지만, 결국에 스마트폰처럼 메타버스 역시 모든 산업에 적용될 것입니다. 개별 산업에서 메타버스의 비즈니스 적용 형태를 보면서 다른 산업의 예측 기준으로 활용하셔도 좋습니다.

1.

내 아바타는 구찌를 입는다:
아바타 아이템 거래

메타버스에서 현재 가장 손쉽게 경제활동을 할 수 있는 것이 바로 아이템 판매입니다. 메타버스에는 '내'가 존재합니다. 나의 공간적 존재감이 아바타로 드러나죠. 아바타는 메타버스 세상의 '나'인만큼 이왕이면 남들과 다르게 보이고 싶은 차별화 욕구를 불러일으켜요. 그래서 아바타를 치장하는 데 돈을 쓰는 거지요.

'과연 아바타에 사람들이 돈을 쓸까?' 하는 의문은 이제 유효하지 않습니다. 아바타에 돈을 쓰는 모습을 너무 똑똑히 목격했거든요. 한국의 사례를 보자면, 싸이월드 이전에 존재했던 커뮤니티 사이트 프리챌로 거슬러 올라갑니다. 프리챌 아바타는 지금 보면 촌스러운 모습인데, 이 아바타의 옷을 사는 데 사람들은 돈을 썼습니다. 2006년에 프리챌의 아바타 매출액은 1,000억 원 정도였습니다. 당시 아바타 시장이 형성된 나라는 한국이 유일했다고 합니다. 이때 아바타에 돈 썼던 사람들이 지금은 10대 아이를 둔 부모가 되었기 때문에, 아이들이 아바타에 돈 쓰는 것에 관대할 뿐만 아니라, 자신도 아바타에 얼마든지 돈을 쓸 수 있습니다.

아바타를 꾸미는 의류나 아이템을 '스킨'이라고 합니다. 메타버스에 접속해서 계정을 만들면 보통 아바타와 기본 스킨을 무료로 제공합니다. 그러니까 돈 한 푼 안 들이고도 메타버스에 입장해서 둘러볼 수 있는 기본 조건은 제공되는 겁니다. 그런데 메타버스 공간에 조금만 있어도 자신의 아바타가 제일 초라하다는 것을 알 수 있지요. 한번 스쳐 가는 사람이 아니라 메타버스에 자주 들어오는 사용자라면, 아바타에게 좋은 옷을 사줄 생각을 합니다. 아바타 꾸미기는 한번 지갑 열기가 어렵지, 일단 열린 지갑은 좀처럼 닫히지 않습니다.

제페토에는 선물하기 기능이 있습니다. 자신이 가지고 싶은 아이템을 위시리스트에 저장할 수 있는데, 생일이나 기념일에 다른 친구들이 그 위시리스트를 보고 그 사람이 가지고 싶은 아이템을 선물해줄 수 있거든요. 선물은 '자기 돈으로는 사기 아까운 것들을 남이 사주는 것'이라고 하잖아요. 제페토의 아이템은 선물로도 거래됩니다. 가격 부담이 크지 않으니까요.

개개인의 적은 돈이 쌓이면 그 덩치가 달라집니다. 포트나이트는 3억 5,000만 명의 사용자를 가지고 있는데, 이 중에 포트나이트 아바타 꾸미기에 돈을 쓰는 사람들은 평균적으로 한 달에 20달러를 지출한다고 합니다. 적은 돈 같지만 2019년 아바타 관련 매출을 총 합하면 10억 달러에 이를 정도로 큰 비중이에요. 1조 원이 넘습니다.

'D2A'는 '디렉트 투 아바타direct to avata'를 뜻합니다. 현실의 도소매 업체나 쇼핑몰 등을 거치지 않고 아바타에게 직접 다가간다는 의미입니다. 'D2C'는 '디렉트 투 컨슈머direct to consumer'인데, 소비자가 아바타로 바뀐 거지요. D2A는 코로나19로 외출이 힘들어 불황에 빠진 세계 패션업계에 희망처럼 등장한 말입니다.

패션 업체들이 아바타 디자인을 내놓으며 메타버스와 협업하기 시작했습니다. Z세대를 잡기 위해 35세 이하 직원들로만 구성된 그림자 위원회까지 구성하며 절치부심한 명품이 구찌예요. 구찌는 제페토에만 만족하는 것은 아니고요. 모바일 게임 회사 와일드라이프의 '테니스크래시'에 참여해서 게임 속 캐릭터에 구찌가 디자인한 의상을 입히기도 했어요. 루이뷔통은 게임인 '리그오브레전드LOL'에서 아바타 의상과 트로피를 디자인했고요. 발렌티노는 닌텐도 커뮤니티 게임 '모여봐요, 동물의 숲'에서 패션쇼를 했습니다. 명품 버버리는 플랫폼 자체를 만들었는데, 윈드서핑 게임 '비서프'를 만들고, 그 안의 게임 캐릭터에 자사의 옷을 입혔습니다.

메타버스의 경제 생태계가 잠재력이 대단한 이유는 유명 패션 업체의 참여에 있는 것은 아닙니다. 아바타 패션 판매에 일반 사용자도 참여할 수 있다는 것이 메타버스 잠재력의 진짜 정체죠. 일반 사용자들이 디자인하고, 그 옷을 직접 팔 수 있는 자유시장 경제를 만든 것이 메타버스입니다.

제페토는 제페토 스튜디오를 만들어서 전문적인 지식이 없어도 누구나 손쉽게 작업할 수 있도록 아이템 템플릿을 제공하고 있습니다. 이것을 이용하면 2D 이미지를 가지고 3D 디자인을 할 수 있습니다. 2021년 3월 기준으로 45만 명의 크리에이터들이 제페토 스튜디오를 이용하고, 이들이 생산한 아이템은 1,500만 개가 넘는다고 합니다.

유튜브는 전 세계적으로 독보적인 동영상 공유 플랫폼입니다. 유튜브의 성공 요인은 사용자들과 수익을 공유하고, 콘텐츠 공급을 사용자들에게 맡긴 데 있습니다. 운영사가 판만 깔아주고, 실제 내용은 사용자들이 만들어가는 게 특징인 메타버스는 사용자의 경제활동이 매우 중요합니다. 간단한 아이템 판매는 부담 없이 경제활동을 시작할 계기가 될 수 있습니다.

서양권과 동양권을 비교해보면, 아바타 꾸미기에 돈을 더 많이 쓰는 것은 동양권이라고 합니다. 말로 자신을 드러내지 않고 감추는 문화라서 외적으로 보여주는 것에 더 신경을 써서 그렇다는 분석이 있어요. 판매 타깃을 아시아권으로 맞추는 것이 성공 가능성이 크다고 볼 수 있겠네요.

아바타를 다 꾸미고 나면 주변 환경에 관심을 가지기 시작할 겁니다. 아바타가 메타버스에 사는 또 다른 나라고 인식하는 순간, 투자는 당연한 일이 됩니다. 지금까지는 의류나 간단한 액세서리에 그쳤지만, 자동차도 판매할 수 있습니다. BMW의 최신형 차를 5만 원에 살 수 있다면 지갑을 열 소비자는 얼마든지 있을 겁니다. 자동차를 이색적인 디자인으로 만들고, 메타버스상에서 3,000대 한정이라는 타이틀을 붙이는 순간 5만 원이 아니라 500만 원에 거래될 수도 있습니다.

자동차가 나왔으니 요트가 나올 수도 있고요. 반려동물도 아이템이 될 수 있습니다. 우리 집 강아지와 가장 닮은 강아지 한 마리를 메타버스에서 키울 수도 있습니다. 이 귀염둥이를 위해서 여러분은 애견용품 아이템에 또 기꺼이 지갑을 열 겁니다. 메타버스에서는 귀여운 용이나 아름다운 유니콘 같은 환상의 동물들도 반려동물로 키울 수 있을 겁니다.

메타버스가 사람들이 살아가는 터전을 목표로 삼는 한 다양한 아이템이 등장할 수밖에 없습니다. 아파트에 입주할 수도 있고요. 스타벅스 커피를 마실 수도 있습니다. 아바타가 소비하지 못할 것은 없습니다. 메타버스는 소비의 상상력에도 제한을 없앴거든요.

2.

메타버스에 내 가게가 나온다면: 가상공간 사용료

메타버스에서 이용자를 위한 공간을 활용해 수익을 창출할 수 있는 네 가지 포인트가 있습니다.

먼저 플랫폼 사업자 입장에서 가장 손쉽게 구현할 수 있는 수익 창출은 사용자들이 공간을 꾸미는 데 돈을 쓰게 만드는 거지요.

그리고 또 하나는 아예 공간에 대한 비용을 받는 겁니다. 공간 자체를 만들어주면서 받을 수도 있지만, 그냥 입점만 시켜주고 돈을 받기도 합니다. 마치 건물주가 월세 받듯이요. 인테리어는 들어오는 사람이 알아서 하잖아요.

여기까지는 플랫폼 사업자만 돈을 버는 구조인데, 사용자와 수익을 공유하는 구조도 있지요. 장기적으로는 이런 구조에서 더 많은 창작자를 유치할 수 있고, 다양한 콘텐츠를 제공할 수 있기에 오래 살아남을 것으로 보입니다. 사용자가 직접 창작한 공간에 다른 사용자들이 입장하면서 지불한 돈을 공간의 창작자와 분배해 나누는 구조입니다.

그리고 사용자가 만든 공간에 들어오는 것은 무료지만, 그 안에서 미션을 수행하거나 활동하려면 아이템에 돈을 써야 하는 구조도 있습니다. 주로 게임에 해당하겠지요. 이 역시 수익금을 아이템 창작자와 나누어야 합니다.

이제부터 메타버스에서 수익을 올릴 수 있는 네 가지 구조를 구체적으로 살펴보겠습니다.

공간을 꾸미는 데 소비하게 하는 구조

첫 번째는 자신의 공간을 만드는 데 비용을 들여서 공간에 채울 아이템을 사는 방식입니다. 사실 근래 메타버스 플랫폼에서는 찾아보기 어려운 구조입니다. 이 구조의 원조는 아마도 싸이월드입니다. 싸이월드 사용자들은 미니룸 꾸미기, 스킨, 배경음악에 돈을 지불했습니다. 정확하게는 '도토리'를 지불했죠. 그러고 보니 싸이월드는 오늘날의 가상화폐도 구현하고 있었네요.

최근 플랫폼 사업자들은 스튜디오 프로그램을 주고 공간을 만드는 데 비용을 발생시키지 않는 방식으로 플랫폼의 문턱을 낮추고 있습니다. 제페토는 공간까지는 아니어도 가구나 인테리어 소품의 구매를 유도하는 겁니다.

공간을 만들어주고 돈을 버는 구조

공간을 만들어주고 돈을 버는 구조가 다소 의아하게 느껴질 수 있습니다. 이는 네이버나 다음 포털에 광고하기 위해서 배너를 사서 광고를 내거는 것과 비슷합니다. 즉 마케팅 비용이라는 거지요.

서울시는 제페토에 '서울창업허브월드'를 개관했습니다. 서울창업허브월드에는 서울 우수 스타트업 64개와 창업지원시설을 소개하는 홍보 전시관이 마련되었고, 실제 전시관처럼 1인 미디어 방송을 할 수 있는 스튜디오, 스타트업 오피스 등을 구현했습니다.

이런 식의 비즈니스는 앞으로 계속될 것입니다. 기업은 기업관을 만들어서 브랜드 경험을 사용자들에게 주고 싶어 하니까요. 미래의 이야기가 아니고, 대기업이 앞다투어 차세대 플랫폼으로 유력한 메타버스에 자신들의 기업관을 만들고 있어요. 지자체가 관광 유도를 위해 가상공간을 만드는 경우도 있지요.

한국관광공사는 메타버스에서 한국의 대표 관광지로 한강을 소개한 적이 있습니다. 한국 관광 명예 홍보대사인 아이돌 잇지itzy와 함께 제페토로 한강을 홍보한 것인데요. 케이팝의 영향력을 활용해 세계인들에게 한국을 홍보했습니다.

이런 비즈니스 모델은 기업 대 기업, 또는 지자체 대 기업으로 연결되기 때문에 개인들이나 소상공인들에게 다소 생경한 비즈니스 모델로 다가올 수 있습니다. 여기에 한 가지 큰 기회가 있습니다. 게다가 돈만 버는 것이 아니라 직업적으로 발전할 여지가 있거든요. 바로 이런 공간을 설계하고, 만들어주는 디자이너와 빌더builder입니다.

과거 네이버 카페가 유행일 때는 기업의 의뢰를 받아 네이버 카페를 관리해주는 개인과 업체가 있었습니다. 그런 유행이 SNS로 넘어오자 기업은 SNS 관리를 외주로 내보냈지요. 하지만 지금은 SNS 담당 직원을 뽑습니다. 심지어 유튜브 운영까지 홍보실 직원들이 직접 해요. 심지어 출연까지요. 중요성이 커지고 비용이 늘자 담당 직무가 생긴 겁니다.

마찬가지의 변화가 메타버스에 있을 건데요. 지금은 본격적인 대행사가 생기기 바로 전 단계로 개인이나 혹은 소규모 기업 규모로 메타버스 내의 공간 디자이너와 빌더가 활동하고 있습니다. 더 전문화되면 기획자, 빌더 혹은 개발자, 디자이너, 영업자가 한 팀으로 움직이는 대행사가 생겨날 겁니다. 조금 더 전문화되면 전문 컨설턴트와 아티스트가 생길 겁니다. 공간 디자인이다 보니 거의 예술의 경지에 이르는 사람도 나오겠지요.

디자인 관련 지식이 있다고 해서 메타버스 공간을 디자인할 수 있는 것은 아니에요. 메타버스 사용자 행동에 대한 이해가 있어야 합니다. 그 때문에 심리학자, 인문학자, 골수 게이머 등 다양한 분야의 전문가들이 기획위원으로 참여하겠지요. 자기 공간을 만든 기업은 관리와 운영 차원에서 메타버스 담당이라는 직무를 따로 맡길 수도 있겠지요.

공간 입장료로 수익을 내는 구조

메타버스 공간에 입장하는 데 무조건 입장료를 받는다면, 그 공간은 사장될 가능성이 큽니다. 지천으로 널린 게 매력적인 무료 공간인데, 돈까지 내면서 누가 들어오겠어요. 하지만 그 공간에서만 만날 수 있는 사람이 있다면, 그 사람이 연예인이거나 자신에게 필요한 정보를 주는 사람이라면,

포트나이트에서 진행된 트래비스 스콧의 콘서트(© 트래비스 스콧 유튜브)

이야기는 달라집니다.

포트나이트에서 진행된 트래비스 스콧의 가상 콘서트는 총 45분 공연으로 2,000만 달러(한화 약 220억 원)의 수익을 올렸습니다. 1분당 약 5억 원을 벌어들였지요. 이 콘서트는 동시 접속자 수가 최대 1,230만 명이었고, 누적 관람자 수는 약 2,770만 명에 달했습니다.

포트나이트는 이후로 '파티로얄' 파트를 새로 만들어 이벤트를 본격적으로 시작했습니다. 유명 뮤지션들이 공연했고, 특히 방탄소년단도 여기서 신곡의 안무를 공개했죠. 파티로얄은 공연이나 이벤트를 즐기는 공간과 아이템을 파는 공간, 코트나 스카이다이빙을 즐기는 체험공간 등으로 구성되어 있습니다.

로블록스 역시 콘서트를 개최했는데요. 2020년 4월에, 세계보건기구를 지원하기 위한 콘서트 '원 월드: 투게더 앳 홈One World: Together At Home'을 로블록스 내 가상 극장에서 스트리밍했습니다. 10월에는 미국 팝스타 아바 맥스Ava Max의 신곡 기념 콘서트를 열었고요. 11월에는 힙합 뮤지션 릴 나스 엑스Lil Nas X의 싱글 공개가 있었는데, 총조회 수는 3,300만 뷰로 집계되었습니다. 로블록스 공연의 특징은 공연 이외에도 게임, 이벤트, Q&A 등을 마련해서 뮤지션과 팬이 소통하는 쌍방향 커뮤니케이션 장치를 마련한 것입니다. 메타버스에서 사용자들이 원하는 것이 무엇인지를 정확히 인지한 기획이지요. 앞으로도 메타버스 이벤트는 더 많아질 겁니다. 효과성과 대중성, 그리고 세계성을 이미 입증했거든요.

유명 뮤지션만 돈을 버는 구조처럼 보이지만, 인간은 전쟁터에서도 돈을 버는 방법을 찾는 존재입니다. 콘서트가 활성화되어 사용자가 늘어난다면 얼마든지 기회가 있습니다. 메타버스 비즈니스 이야기를 하면서 제페토, 로블록스, 포트나이트 같은 기업은 안끼는 데가 없다는 것을 느끼실 거예요. 게임 개발사라고 해서 게임으로만 수익을 내고, 아이템 비즈니스 기회를 두고만 볼 리 없다는 말이죠. 결국 사용자가 많다면, 할 수 있는 것은 다 할 겁니다. 그래서 사용자 확보가 제일 중요합니다. 한 메타버스에 어느 정도 사용자가 확보된 상태라면, 소극장 공연이나 버스킹도 분명히 생길 수 있습니다. 그런 공연을 애호하는 사람들도 있거든요.

그리고 제페토 드라마라는 유행도 있습니다. 제페토 안에서 정식 서비스되는 것은 아닌데, 10대들이 제페토 아바타로 연기하고, 그 장면을 찍어서 편집한 후에 배경음악이나 자막 등을 이용해서 드라마를 만드는 거예요. 제페토 아바타는 표정, 옷, 액세서리까지 외형적으로 꾸밀 수 있는 부분이 많고, 무엇보다 다양한 자세와 몸짓을 구현할 수 있어 연기가 가능합니다. 다른 아바타를 모집해서 진짜 드라마를 찍듯이 같이 완성해가는 거예요. 아쉽게도 제페토는 드라마 서비스를 정식으로 지원하지는 않기 때문에, 이렇게 찍은 드라마를 사용자들이 유튜브에 올리고 있습니다. 만약 제페토가 드라마 스튜디오를 제공하고, 사용자가 만든 콘텐츠를 판매한다면, 드라마 제작으로 큰돈을 버는 사람이 나올 것입니다.

10대들이 아바타로 만든 드라마를 누가 보겠냐고 하시는 분도 있겠지만, 그런 평가는 몇 년 전에 웹소설에 내려졌던 평가와 같습니다. 웹소설 역시 광적인 팬들이나 보는 이상한 이야기라고 평가받았는데, 2021년 5월에 국내 웹소설 1위 플랫폼인 '문피아'를 네이버가 2,000억 원에 인수했습니다. 1월에는 캐나다 웹소설 플랫폼 '왓패드'를 6,500억 원에 인수하기도 했죠. 카카오 역시 경쟁적 행보를 보이며 2021년 5월에 북미의 웹소설 플랫폼 '래디쉬'를 5,000억 원에 인수했습니다. 불과 몇 년 전에 웹소설에 가해졌던 평가를 생각해보면 상전벽해 같은 가치 상승입니다. 웹툰 역시 그런 취급을 당했죠. 하지만 네이버가 발굴한 『마음의 소리』 조석 작가는 큰 인기를 끌었습니다.

제페토 드라마 역시 그 길을 걸을 수 있습니다. 메타버스 입장에서는 그런 장르가 생긴다면 활용하지 않을 이유가 없죠. 드라마 방을 만들고, 방에 입장하는 사람들이 드라마를 볼 수 있게 시스템을 론칭할 수 있습니다. 대신 드라마를 만들기 쉽게 드라마 스튜디오라는 프로그램을 제공하겠지요. 방의 입장료를 받는 식으로 유료화할 수 있고요.

웹소설의 다음 타자는 아바타 드라마가 되지 않을까 싶습니다. 지금 제페토 드라마는 웹툰을 영상으로 만든 느낌이거든요. 아바타를 사진 찍어 연결해 붙이는 방식으로 영상을 만들다 보니 그렇게 되었는데요. 아바타 드라마 스튜디오로 아바타의 동작 연기가 가능해진다면, 초등학생이 만든 〈토이 스토리〉급 아바타 드라마가 세계를 휩쓸지도 모르는 일입니다.

공간은 무료지만, 아이템은 유료인 구조

메타버스와 가장 유사한 것은 역시 게임입니다. 게임 수익은 주로 아이템을 유료 구매하는 데서 비롯되지요. 사용자들을 확보한 후에 아이템 과금을 통해 돈을 버는 경우가 많은데요. 메타버스도 이런 수익구조를 가져올 수 있습니다. 그런데 아바타처럼 메타버스 전체 내에서 통용되는 아이템이 아니라 한 공간에서 통용되는 아이템을 위해 돈을 쓴다는 것은 대부분 '게임'에 해당합니다.

개인이 메타버스 경제 생태계에서 돈을 번 예로 가장 많이 언급되는 것이 로블록스입니다. 로블록스는 사용자들이 만든 게임을 서비스해서 거기서 나온 돈을 사용자들과 나누는 구조거든요. 로블록스 게임 중에는 무료로 입장해서 사용자를 늘린 뒤 아이템을 유료 판매하는 식으로 설계된 게임이 많습니다. 2020년을 기준으로 게임 개발자들이 나눠 가진 수익이 약 3억 2,800만 달러로 추정됩니다. 게임 개발자들이 대부분 18세 이하 미성년자들인데, 이들이 4,000억 원 가까이 수익을 올린 겁니다.

그리고 아바타를 꾸미는 아이템 판매로도 돈을 법니다. 아이템을 디자인해 판매하는 사람 중에는 이것만으로도 연간 1억 원 이상의 수익을 올리기도 합니다.

로블록스는 코로나19라는 격변기를 거치며 성장세가 두드러졌는데, 2021년 5월 기준으로 570만 명의 최대 동시 접속자를 달

이용자가 게임을 만들고 이를 공유하는 '게임판 유튜브' 로블록스(© 로블록스 블로그)

성했고, 1억 6,400만 명 이상의 활성 사용자를 보유하고 있습니다. 특히 북미권에서 인기가 많아 미국 초등학생의 절반 이상은 로블록스에 계정을 가지고 있습니다.

3.

광고, 메타버스에 스며들다: 가상과 현실을 잇는 마케팅

새로운 플랫폼이 열리고 사용자
들이 모였을 때 가장 손쉽게 수익을 내는 방법은 광고를 받는 것입
니다. 동영상 공유 플랫폼인 유튜브는 주로 광고로 수입을 창출하
고 있고요. 구글, 네이버 같은 검색엔진이나 페이스북, 트위터 같은
SNS도 광고가 주 수익원입니다.

메타버스는 성격상 국가를 초월합니다. 번역기의 발달로 언어
장벽이 급격하게 허물어지면 광고 효과도 꽤 광범위하게 나타날 수
있습니다. 예를 들어 인터넷을 통하여 영화나 드라마 등의 영상 콘
텐츠를 제공하는 서비스를 '오티티[over the top, OTT]'라고 하는데, OTT
의 대표 주자는 넷플릭스입니다. 넷플릭스에서 개봉한 영화는 전
세계 동시개봉의 효과가 나고, 짧은 시간에 한국 배우를 전 세계에

알릴 수 있습니다. 한국 최초의 우주 SF 영화 〈승리호〉는 넷플릭스에서 공개된 다음 날 16개국에서 가장 많이 시청한 영화 1위, 전체 총점에 근거해 넷플릭스의 인기 영화 세계 1위에 등극했습니다.

메타버스는 현실세계의 국가를 넘어서, 새로운 세계로 진입하는 만큼 기존 국가 개념은 큰 의미가 없습니다. 메타버스의 성격 자체가 국가를 초월하는 만큼 광고, 마케팅도 전 세계에 걸친 효과를 가질 수 있습니다. 다른 어떤 산업보다 광고나 마케팅 산업이 메타버스에서 폭발력을 가질 것입니다.

많은 사람이 기대하는 만큼 메타버스 내 광고나 마케팅 구조를 여러 가지 생각할 수 있어요. 직접적으로 광고하거나 은근하게 노출하거나 협업을 통해 브랜드 가치를 높일 수도 있습니다. 지금부터 몇 개의 광고 구조를 자세히 살펴볼게요.

광고를 봐야 하는 구조

페이스북이나 인스타그램을 하다 보면 유료 광고가 붙은 피드들이 보입니다. 우리가 SNS를 사용하는 대가로 이 피드를 봐야 하는 겁니다. 네이버나 다음 포털을 이용할 때 배너 광고와 검색결과에 노출되는 광고를 보는 것과 같습니다. 구글도 '구글 디스플레이 네트워크Google display network, GDN', 즉 검색결과로 들어가면 광고를 봐야 하는 구조로 되어 있습니다.

지금까지 이런 서비스를 무료로 이용한 것이 아니라 '광고를 보는 대가'로 사용료를 지불한 겁니다.

그러면 메타버스는 이런 광고 구조가 가능할까요? 아바타 이용이 중시되는 플랫폼의 특성상, 정적으로 텍스트를 읽는다든가, 사진을 봐야 하는 광고는 어울리지 않을 것 같습니다. 실제로 메타버스 사용자들에게 이런 광고를 보여주면 짜증을 유발하지 않을까 싶어요. 광고가 아예 없지는 않습니다. 메타버스 내에서도 정적인 순간이 있거든요. 아이템을 구매할 때 돈을 내야 하지만, 광고를 보면 그 아이템을 획득할 수 있습니다. 입장을 유도하기 위해 메타버스 내에서 쓰이는 재화를 지급하는 경우가 있는데, 이 재화를 광고를 보면 주기도 합니다. 제페토는 미션 수행으로 광고 시청을 유도합니다. 광고를 보고 재화를 모아서 아바타를 꾸밀 아이템을 사라는 건데요. 플랫폼은 아이템 값을 사용자에게 받는 것이 아니라 기업에 받습니다.

PPL형 광고 구조

PPL^{product placement}은 특정 기업의 협찬을 대가로 영화나 드라마에서 해당 기업의 상품이나 브랜드를 끼워서 노출하는 광고 기법을 말합니다. '손예진이 입었던 옷', '현빈이 신었던 구두' 하는 식으로 광고 효과를 얻는 거지요.

예능 프로그램을 보면, 진행자가 사용하는 책상 위에 탄산수나 커피가 올려져 있는데 이것 역시 PPL이죠.

메타버스에는 직접적인 광고가 아니라, 사용자가 헛갈릴 정도로 은근한 유형의 광고가 더 잘 어울립니다. PPL형 광고가 메타버스 광고에 어울린다는 거지요. 공간에 배치하는 것만으로 광고가 되는 겁니다. 브랜드나 제품을 공간 설계 자체에 끼워 넣음으로써 자연스럽게 홍보하고, 사용자의 체험을 유도하는 것이지요.

조금 더 과감하게 가상공간의 옥외광고로 배너를 걸 수 있습니다. 마스터카드는 리그 오브 레전드LOL를 후원하는데요. '소환사의 협곡'에 배너를 도입해서 '마스터카드' 브랜드를 노출했습니다.

LOL은 전 세계적으로 시청자가 가장 많은 게임이고, 유튜브나 트위치 재생 횟수도 엄청나서 올림픽 후원과 마찬가지의 효과를 얻을 수 있습니다. 오히려 올림픽보다 더 효과적일 수 있지요. 마

LOL 내 소환사의 협곡 아레나에 걸린 마스터카드 배너(ⓒ 라이엇게임즈)

스타카드뿐만 아니라 LOL을 후원하는 공식 후원사가 50개 이상인데, 이 후원사의 배너가 차례대로 걸린다고 합니다. '트랙 마니아 track mania'라는 레이싱 게임에서도 트랙에 옥외광고가 걸립니다.

시장조사 업체 '옴디아'에 따르면, 게임 내 광고 매출은 2024년 560억 달러(약 62조 원)에 달할 전망입니다. 게임 내 광고만 전문적으로 다루는 안주, 비드스택, 애드버티, 프레임플레이 등의 회사가 있고요. 오라클은 광고주들이 광고 노출 빈도와 무효 트래픽을 효과적으로 측정하는 기술을 개발했습니다. 그만큼 게임 내 PPL 광고 시장이 자리를 잡았다는 얘기입니다.

메타버스 역시 게임과 유사한 방식으로 공간 안에 녹아드는 광고가 성행할 것입니다. 메타버스는 사용자 경험을 제공하므로 광고 효과가 게임보다 좋을 수 있습니다. 코카콜라 광고판만 보는 것이 아니라, 북극곰과 함께 미끄럼틀을 타다가 승자가 코카콜라를 먹는 설정이 가능하다는 것입니다. TV 퀴즈 프로그램인 〈도전 골든벨〉 스타일로 1,000여 명이 한자리에 앉아 퀴즈를 푸는 방이 있다고 하면, 아바타들이 앉아 있는 바닥에 교육 업체나 스마트폰 광고를 깔 수도 있습니다. 참여한 사람의 정보나 문제의 성격에 따라 배너의 광고 내용이 맞춤형으로 바뀔 수도 있고요.

아직 메타버스는 PPL형 광고보다는 공간에 입점하는 구조의 광고가 더 많습니다. 그것은 수많은 사람이 들어와 있는 메인 공간이 없기 때문입니다. 그런 공간이 생긴다면, PPL로 들어가는 기업의 광고 수요는 예상을 넘어설 것입니다.

공간에 입점하는 구조

현재 메타버스 광고를 진행할 때 가장 많이 사용하는 구조 중 하나는 아예 공간을 설계하고 만드는 것입니다. 광고를 봐야 하는 구조나 PPL은 기존 미디어에서도 진행할 수 있고 또 이미 자리 잡은 형태지만, 공간을 만들고 찾아오게 만드는 것은 더 경쟁력 있는 광고 구조라 할 수 있습니다.

아바타가 집과 마을을 꾸미고, 다른 사람들과 교류하는 커뮤니티 게임인 '모여봐요 동물의 숲'에 LG전자가 올레드섬과 릿LIT섬을 만든 적이 있어요. 동물의 숲을 즐기는 사용자들은 방문 코드를 입력하면 누구나 올레드섬에 방문할 수 있었습니다.

시네마와 갤러리를 테마로 하는 올레드섬에서는 보물찾기하듯 올레드 TV를 찾을 수 있고요. 섬 안을 돌아다니며 힌트를 모으는 과정에서 올레드 TV 정보를 자연스럽게 접하게 됩니다. 릿섬은 활동적인 게임과 스포츠가 테마예요. 체육관, 농구장, 축구장 등이 있고요. 빨간풍선을 따라가며 아이템을 획득하는 미션을 진행합니다. 올레드 TV는 자체발광하는 특성이 있는데, 이것을 '셀프 릿Self-Lit'이라고 합니다. 이 말을 따서 릿섬이 된 겁니다. 섬 이름 자체가 브랜드이므로 섬에 들어오는 사람은 이 공간의 목적이 광고에 있다는 것을 알고 있어요. 그렇지만 게임과 미션을 즐기기 위해 방문합니다.

주의할 것은 광고와 게임의 적절한 균형입니다. 게임에만 치중

하게 되면, 굳이 섬을 만들어 광고한 효과가 없죠. 반대로 광고가 너무 많으면, 사용자들의 반발을 삽니다. 게임이나 미션에 적절하게 광고를 녹여내는 균형 감각이 중요합니다.

전문 마케팅 업무가 활성화되기 위해서는 해당 메타버스 내 사용자의 행동 특성을 잘 이해하는 사람이 사용자의 감정과 행동을 예측해서 공간과 미션을 설계해야 합니다. 어쩔 수 없이 광고를 시청해야 하는 유튜브의 시청자는 수동적인 광고 소비자들인데, 광고 효과는 낮을 수밖에 없습니다. 오히려 영상 시청을 지연시키는 해당 브랜드에 반감을 갖게 되는 역효과까지 염려해야 하지요. 하지만 메타버스 내의 브랜드나 제품이 입점한 공간을 찾아오는 사용자들은 능동적인 광고 소비자들이에요. 물론 광고 자체보다는 게임이나 미션 때문에 찾아오는 것이지만, 광고 공간으로 들어오는 것을 자신이 선택했기 때문에 게임이나 미션과 유기적으로 연결된다면 얼마든지 광고를 받아들일 수 있습니다. 그렇게 새겨진 정보는 오래 사용자의 기억에 남을 거고요. 이것이 메타버스에 공간을 만드는 광고, 마케팅의 장점이죠.

공간 자체를 만드는 것이 부담스럽다면, 공간 안에 브랜드를 끼워 넣는 방법이 있어요. 전체 공간의 한 부분을 차지하는 건데요. 기존의 인기 있는 메타버스에 약간 비중을 두고 공간을 공유하는 거지요. 비유하자면 한 건물 전체를 다 써서 사옥을 만드는 것이 아니라, 접근성 좋은 건물의 한 층을 빌려서 쓰는 거지요.

BGF리테일은 제페토에 가상현실 편의점 'CU 제페토 한강공원점'을 열었어요. 한강을 감상할 수 있는 '루프탑 편의점'인데, 한강 하면 생각나는 즉석조리 라면도 먹을 수 있고요. 다른 CU 상품도 즐길 수 있지요. CU 측은 한강공원점뿐만 아니라, 제페토 내의 인기 맵인 교실이나 지하철 등에 편의점을 늘리겠다는 계획을 세우고 있어요.

기존 공간에 입점하는 것이라면, 공간의 정체성과 인기 요소를 해치지 않는 범위 내에서 공간의 매력을 살리는 입점 설계를 해야 합니다. 인기 공간의 흉물이 된다면 브랜드 이미지는 오히려 실추되니까요.

단순히 브랜드를 노출하는 것은 배너 광고나 다를 바가 없습니다. 공간 안에 입점한다는 것은 공간의 한 부분이 되는 것이지요. CU는 사람들이 한강 편의점에 가면 할 만한 일들을 충실하게 재현하고, 거기에 가상현실이니까 가능한 경험을 조금 더 제공하는 식으로 편의점을 설계해야 하지요.

이런 광고 구조는 메타버스에 가장 잘 어울리지만, 대규모 마케팅은 그것을 감당할 수 있는 기업만이 할 수 있습니다. 기존 공간에 자연스럽게 입점하여 공간 구성과 공간이 제공하는 경험과 하나가 되는 것이 공간도 살고, 브랜드도 사는 길입니다. 이를 기획하고 구성할 수 있는 기획자나 전문 PD 직종도 앞으로 두각을 나타낼 것입니다.

아이템 협업 구조

광고 효과가 좋다고 해도 진입 장벽이 높으면 일부 대기업을 제외하고 접근조차 할 수 없는 것이 현실입니다. '아이템 협업'은 비교적 수월하게 광고 효과를 얻을 수 있어 현재 많은 광고주가 선호하고 있습니다. 론칭하기 쉽고, 사용자 입장에서 받아들이기도 자연스럽습니다.

가장 일반적인 아이템 협업은 브랜드 협업입니다. 아바타에 옷을 입히고, 신발을 신기고, 액세서리를 장착시키는 거지요. 나이키 신발을 신길 수도 있고, 디즈니 애니메이션이 그려진 티셔츠를 입힐 수도 있습니다. 이런 아이템은 유료 판매가 가능해서 광고·마케팅 겸 수익 모델로 기능할 수 있지요. 이런 모델은 아바타를 꾸미는 데 필요한 상품을 가진 기업으로 한정될 수 있습니다. 의류, 신발, 모자 등으로 말이죠. 그런데 조금만 더 생각해보면 다른 방법도 있습니다.

프로야구라면 아바타에 유니폼을 입히는 방법으로, 프로야구를 홍보할 수 있지요. SSG 랜더스의 추신수 선수 유니폼을 입고 야구장 메타버스로 갈 수 있으니까요. 〈스파이더맨〉 개봉을 앞두고 영화 홍보를 위해 스파이더맨이 그려진 옷 아이템을 일정 기간 무료로 나눠줄 수도 있어요. 도미노피자는 도미노피자만의 상징적인 색으로 옷을 디자인하거나, 아바타에게 피자 한 조각을 들게 할 수도 있겠지요. 점심으로 피자를 먹고 싶은 사람은 늘 존재하니까요.

아바타뿐만 아니라, 미션이나 게임에 아이템을 배치할 수도 있습니다. 극한의 배달 게임인 '데스 스트랜딩'에서는 플레이어의 체력 충전을 위해 에너지 드링크인 '몬스터 에너지'가 등장합니다. 실제 판매하는 캔 제품도 등장하지만, 수통에 넣어서 몬스터 에너지를 마신다는 설정도 있지요.

이벤트 광고가 메타버스에서 효과적인 이유

메타버스에 공간을 만들고 나면 오프라인 매장과 똑같이 공을 들여 운영해야 합니다. 이것은 양날의 검과 같아요. 브랜드 노출 효과는 있지만, 유지관리 비용이 들고, 끊임없이 매력적인 요소로 업그레이드해야 한다는 부담감이 생기겠지요.

메타버스를 운영하면서 아이템이나 다른 요소들로 돈을 번다면, 공간 유지 부담을 감당해볼 수도 있지만, 대기업 아니고서는 어려울 겁니다. 그래서 '치고 빠지기 전략'을 사용해야 하는 상품이나 서비스도 있습니다. 아직 특정 상품 이벤트는 메타버스에서 활성화되어 있다고 보기 어렵습니다. 두 가지 이유 때문인데요. 다시 말해 두 가지 이유가 해소되면, 브랜드와 이벤트는 상당히 활성화될 수 있습니다.

메타버스는 10대의 전유물이 아니다

지금까지 메타버스 내 이벤트는 케이팝 아이돌처럼 전 세계적인 파급력이 있고, 자체 흥행력이 있는 몇몇 사례로 국한되었습니다. 제페토에서 블랙핑크의 팬 사인회를 여는 식으로요. 그러한 이유 중의 하나는 메타버스는 10대의 전유물이라는 인식 때문이 아닐까 합니다. 현대자동차가 메타버스에 관심을 갖는 것은 미래 고객에게 브랜드 호감도를 심어주려고 하는 것이지, 당장의 판매 효과를 보려는 것이 아닙니다.

다양한 메타버스가 나올수록 사용자의 연령은 다양해질 것입니다. 페이스북이 만들어진 것이 2004년이고, 2006년이 되어서야 일반 사용자들의 이용이 가능했습니다. 젊은 연령층에 페이스북 사용이 국한되었다면, 지금 페이스북 사용자들은 40세 미만일 겁니다. 하지만 청년층은 주로 인스타그램을 하고, 장년층이 페이스북을 사용한다고 알려져 있습니다. 사용자의 연령층이 확대된 거죠. 메타버스의 주 사용층이 10대라고 해도 메타버스가 발전하고 그에 따른 인식의 변화가 수반될수록 메타버스 사용자는 전 연령층으로 확대될 것입니다. 신용카드를 재량껏 쓸 수 있는 구매력과 경제력이 있는 사람들로 말이죠.

사회적 연결에 강한 메타버스 특성

지금까지 등장한 메타버스의 성격을 보면 게임, 미션, 아바타 꾸미기 같은 미션 지향적인 성격의 메타버스가 많습니다. 미션보다 소셜 기능이 강조된 메타버스가 활성화된다면 다양한 이벤트가 가능할 겁니다. 대부분의 메타버스에는 사용자들끼리 대화를 주고받을 수 있는 소셜 기능이 있습니다. 소셜 기능 자체가 주가 되는 메타버스에 많은 사람이 참여한다면, 광고 이벤트가 론칭되기 딱 좋은 환경이 되겠지요.

마이크로소프트의 '알트스페이스 VR'은 소셜을 표방한 메타버스입니다. 2017년에 마이크로소프트가 인수했지만, 한동안 마이크로소프트는 이 메타버스를 제대로 활용하지 않았는데, 2021년 마이크로소프트 '이그나이트'라는 개발자 콘퍼런스 이벤트를 이 알트스페이스 VR로 진행했습니다. 콘퍼런스는 방별로 입장하기 때문에 한 방에 20~30명이 참여했지만, 전체 참석자를 합하면 2만여 명이 넘었습니다.

소셜 기능이 강조된 메타버스에서 진행되는 이벤트는 광고 효과가 큽니다. '소셜social'이라는 것이 결국 사람들 사이의 연결인데, 같은 관심사를 가진 사람을 모으는 이벤트니까요. 로블록스에서 게임하다가 신작 영화 발표회에 가는 것보다 소셜 기능을 통해 만난 사람들과 신작 영화 발표회에 가는 것이 더 자연스럽잖아요.

일회성 이벤트일수록 메타버스에서 공간 자체를 만들거나, 영구적으로 공간 안에 들어가는 방법보다는 기존 메타버스를 활용하는 방식으로 진행될 것입니다. 영상 콘텐츠 제작 발표회가 좋은 사례가 되겠지요. 드라마나 예능은 제작 발표회를 꼭 하는 편인데, 관계자만 초청해서 진행하는 경우가 대부분이거든요. 하지만 메타버스상에서는 인원 제한도 없고 공간 제한도 없습니다. 제작 발표회는 흥행을 고려해 진행하는 이벤트인데, 소수의 기자가 독점하기보다는 대중에게 직접 알리는 것이 홍보 차원에서도 훨씬 바람직합니다.

신차 시승회, 신작 스마트폰 시연회도 메타버스상에서 진행하기 좋은 이벤트입니다. 패션쇼도 그렇고요. 장소나 인원의 제한 때문에 한계가 있었던 이벤트를 대중에게 직접 보여줄 수 있습니다. 홍보 효과도 배가될 것입니다. 이런 이벤트가 소수의 매체에 실려 대중에게 공유되는 것보다 개인 블로그나 피드에 올려져 관심사가 같은 친구들에게 공유되는 마이크로 마케팅이 효과가 더 크니까요.

기업의 메타버스 건립 현황

　　　　　　　　　　희소하지만 과도기적으로 기업
마케팅을 위해 메타버스 자체를 만들려는 움직임도 있습니다. 이
것은 마치 메타버스를 SNS가 아니라 홈페이지나 개별 계정처럼
생각할 때 일어나는 일입니다. 개별 기업이 각자의 SNS를 가진 것
은 아니지만, 기업 홈페이지를 가지고 있잖아요.

　이렇게 만들어진 메타버스는 아바타라든가, 소셜 기능은 거의
빠진 채로 운영되기 때문에 메타버스라고 보기 힘든 부분도 있지
요. 그래도 과거의 홈페이지를 만들 듯이, 기업 중심의 정보를 일방
적으로 쏟아내기보다는 사용자 경험 기반의 콘텐츠를 제공하는 등
메타버스의 강점을 많이 취하고 있습니다.

　사실 메타버스의 핵심은 가능한 많은 사용자를 확보하는 것입
니다. 사용자들이 계속 기업 메타버스에 남아 있다면, 정식 메타버
스로 출범하는 것도 어려운 일이 아닙니다. 지금의 기술력과 네트
워킹이면 메타버스를 만드는 것은 그렇게 힘든 일이 아니거든요.
그 메타버스에 들어올 사람을 모으는 것이 훨씬 힘든 일이죠.

　일본 화장품 브랜드인 에스케이투는 'SK-Ⅱ City'라는 메타버
스를 만들었는데요. 도쿄 시부야 거리에 도쿄타워와 후지산이 보이
는 배경으로 SK 건물을 만들었습니다. SK 영화관이 있고, SK-Ⅱ
몰도 만들었어요. 영화관에 가보면 청중 사이에 앉아서 자신이 선
택한 영화가 스크린에 뜨는 것을 볼 수 있지요.

이런 메타버스는 기업의 홍보관 역할을 할 뿐, 메타버스 전체 생태계에서는 큰 비중을 차지하지 않습니다. 다만 인터넷이 보급되고 홈페이지를 만들어주는 업체들이 상당히 비싼 가격으로 기업의 홈페이지를 만들었다는 사실을 상기해보면, 기업 홍보용 메타버스 구축 업무는 초창기 메타버스에서 돈을 벌 수 있는 하나의 아이템이 될 것입니다.

증강현실의 활용

메타버스는 증강현실로도 구현될 수 있습니다. 마케팅 측면에서 보면 증강현실이 메타버스에 더 어울리는 옷인지도 모르겠어요. 상품에 스마트폰 카메라를 가져다대면, 스마트폰으로 여러 가지 정보가 뜨고, 게임이 나오고, 연예인이 해당 상품을 친절하게 소개하는 식으로 상호작용할 수 있습니다. 가장 간편하고 직관적인 마케팅 방식이지요. AR 렌즈나 글라스 장비가 꼭 필요한 것도 아니고, 모바일로 간편하게 접근할 수 있으니 장비의 문턱은 거의 없는 셈이거든요.

피자 업체 '반올림 피자샵'은 가수 아이유를 활용해서 마케팅을 펼쳤습니다. '아이유 AR 포토카드' 상품을 내놓은 건데요. 반올림 피자를 시키면 안에 아이유 포토 카드 네 개 중 하나를 무작위로 선물했습니다. '피플AR포토카드'라는 앱을 설치한 후에 그 카드를 찍으면 아이유가 카드 위에서 살아 움직입니다. 스마트폰으로 카드를 비추면 그 카드 위에 맞춰서 동영상을 내보내는 것이었죠.

아이유 카드를 받겠다고 반올림 피자를 시키는 사람들이 늘었다고 합니다. 안타깝게도 포토카드 시즌1의 마케팅 설계에서 아쉬운 부분이 있었죠. 피자를 주문한 분들 가운데 아이유 포토카드를 사면 구성품으로 피자를 준다고 말이 돌 정도로, 확고한 아이유 팬덤이 있었지요. 골수팬들을 위해 네 개의 카드에 전부 다른 메시지를 넣어야 했습니다. 그래야 카드를 다 모을 때까지 피자를 주문하겠지요. 하지만 카드는 네 장인데, 영상은 2개 정도 나와요. 그중 하나는 멘트도 아주 짧고요. 스타와 개별화된 만남을 기대한 팬들에게는 실망감이 생길 수밖에 없는 설계입니다. 포토카드처럼 네 개의 서로 다른 메시지를 영상으로 남겼다면 마케팅 효과는 더더욱 좋았을 것입니다.

AR은 원하는 위치에 원하는 콘텐츠를 합성할 수 있다는 것이 큰 장점입니다. 마케팅이나 광고 용도로 연결하기 가장 좋은 도구인데, 지금까지는 다소 천편일률적이었습니다. AR을 활용한 마케팅 방법을 재미있고 독특하게 설계한다면 당장 큰 효과를 볼 수 있지 않을까 합니다.

4.

디지털 강남 분양이 시작된다: 가상 부동산 거래

비트코인 이야기가 나오면 소환되는 인물이 '봉이 김선달'입니다. 대동강물을 팔아먹은 전설로 유명한데요. 가상화폐에 대한 일반인의 감각이 어떤 것인지 잘 보여주는 인물이죠. 그런데 메타버스에서는 공공재인 대동강물을 팔아먹은 봉이 김선달이 구상한 사업모델보다 더 의심쩍은 사업모델이 있습니다. 이게 무슨 말도 안 되는 장사인가 싶은데, 놀랍게도 거래가 잘 이루어지고 실제로 이득을 본 사람이 있습니다. 흡사 비트코인 초창기의 모습이 떠오르는데요. 그렇게 보면 메타버스라는 키워드에서 소위 '대박'을 노릴 수 있는 눈에 띄는 아이템입니다.

비트코인 초창기에 기회를 알아보지 못한 자신의 안목을 지금도 탓하는 사람이라면 지금부터 전개되는 이야기를 잘 보시기 바랍니다. 다만 이 사업이 '대박'일지 '쪽박'일지는 잘 판단하셔야 합니다. 여러 암호화폐 중에는 비트코인처럼 잘 된 것도 있지만, 소리 소문 없이 사라진 것도 많거든요.

이번 장에서 나눌 이야기는 메타버스로 구현된 부동산 거래 비즈니스입니다. 메타버스로 구현된 부동산이라는 것은 실제가 아닌 가상이라는 것인데, 이게 거래가치가 있는지 의아해하는 독자분이 분명 있겠지요. 따지고 보면 비트코인도 실물 없이 디지털상에만 존재하지요. 그래서 메타버스 부동산은 암호화폐와 자주 비견됩니다. 그만큼 위험하지만 성공하면 주식 수익률과는 비교도 안 되는 수익을 올릴 수 있는 아이템입니다.

메타버스 부동산은 크게 두 가지로 나뉘어요. 하나는 말 그대로 메타버스상의 부동산 거래고요. 또 하나는 '디지털 트윈'으로 구현된 지구를 기초로 해서 지구 위 실제 땅의 모델을 거래하는 방식입니다.

디지털 트윈 부동산

디지털 트윈은 현실세계를 그대로 복제한 가상의 세계입니다. 디지털 트윈에 부동산을 구축했다는 것은 현실세계를 바탕으로 부동산 거래를 한다는 것이지요.

부동산 메타버스는 땅 거래를 위한 플랫폼입니다. 이렇게 땅을 샀다가 시간이 지나서 가격이 올라가면 파는 거지요. 1대 1로 매칭되기 때문에 희소성이 생기거든요. 누군가 청와대 땅을 사면 다른 사람은 못 사는 거니까요. 어느 정도 시간이 지나면 그것을 원하는 다른 사람에게 자신이 산 가격보다 비싸게 되파는 겁니다. 이것이 비즈니스가 되는지 여전히 의구심을 가진 분이 있을 텐데, 다시 한번 말씀드리지만 잘 되고 있습니다. 가장 대표적인 예로 '어스 2'가 있습니다.

어스 2는 2020년 11월 호주 출신 개발자 셰인 아이작Shane Eisaac이 디지털 지도 '맵박스mapbox'를 기반으로 만든 가상 부동산 플랫폼입니다. 지구를 그대로 본떠 만들었는데 10제곱미터 단위 타일로 가상세계의 땅을 자유롭게 사고팔 수 있는 플랫폼이에요. 현실판 '부루마블'이라 부르기도 합니다. 토지는 가상이지만, 거래하는 돈은 진짜예요. 실제 미국 달러를 사용하며 선불 충전이나 신용카드를 이용합니다.

그런데 어스 2의 수익률이 어마어마합니다. 2020년 11월 서비스를 시작할 때 10제곱미터당 가격은 0.1달러였습니다. 8개월 만인 2021년 7월 기준으로 미국 땅은 평균 60.45달러, 한국 땅은 33.51달러로 뛰었습니다. 특히 청와대 일대 땅 5,060제곱미터를 중국인이 구입했는데, 이 땅의 시세는 1만 6,866달러입니다.

메타버스상의 '청와대라고 주장하는 코드'를 중국인이 샀을 뿐인데, 왠지 한국 사람으로 자존심이 상하고, 그것을 다시 사고 싶은 마음이 생깁니다. 그래서 가격이 올라가는 거지요. 유전이 나오는 중동이나 차기 월드컵 개최지 같이 현실에서도 메리트가 있는 곳이 어스 2에서도 가격이 오르고 있어요. 현재 네이버 카페에서 어스 2 가격이 급상승한 지역 정보를 공유하고 있습니다.

가상세계 부동산을 매매하는 또 다른 메타버스 플랫폼인 '업랜드'는 더 현실적인 모습을 구현합니다. 실재하는 부동산을 그대로 접목한 가상의 공간에서 부동산에 투자하고 경매하는 방식인데요. 운영사인 '업랜드미'는 보드게임인 모노폴리를 블록체인에서 재현한 게임이라고 공식적으로 설명합니다. 실제로 개발자들은 보드게임을 하며 넷플릭스 드라마 〈기묘한 이야기〉를 시청했는데, 평행우주에서 우리가 발 딛고 살아가는 땅을 사고파는 게임을 만들어보자는 생각이 떠올라 이 플랫폼을 만들었다고 합니다.

업랜드에서 초록색으로 표시된 곳은 매물로 나온 곳입니다. 클릭해보면 누가 소유하고 있으며 얼마에 내놓았는지가 표시되죠. '모어more' 버튼을 누르면 그 자리의 사진이 거리뷰로 보입니다. 이 부동산을 사면 진짜로 자신이 그 부동산의 주인인 것처럼 느껴져요.

업랜드에서 일어난 거래는 실제 돈이 오가는 거래입니다. 제시한 거래 가격에 부동산을 사가면 그 차익만큼 이익을 얻는 것입니다. 현재 업랜드는 미국 땅의 4개 도시로 한정되어 있는데, 도시도 더 많아지고 국가도 늘어나면 전 세계적 참여를 끌어낼 수 있을 것 같습니다. 그러면 땅의 가격은 더 올라갈 거예요. 업랜드가 전 세계적인 주목을 끈다면 그야말로 비트코인의 초창기에 해당하는 것이 지금인 셈입니다.

메타버스상의 부동산

어스 2는 사실 환금성 이슈가 있습니다. 현재 어스 2는 플랫폼에서 땅을 판 후 돈을 받는 과정이 다소 복잡합니다. 운영진에게 출금하겠다는 이메일을 보내고 운영진이 컨펌해야 출금이 이루어지는 시스템입니다. 꽤 많은 양의 정보를 작성해야 하고요. 출금액은 50달러 이상을 권장하는데, 대개 불편하고 늦습니다. 한 번에 안 될 때도 많고요.

이런 환금성 문제를 해결한 것이 디센트럴랜드입니다. 디센트럴랜드는 어스 2나 업랜드와는 달리 디지털 트윈으로 구현된 실재하는 땅을 기반으로 하지 않습니다. 정말로 가상세계의 땅을 거래합니다. 디센트럴랜드에는 싱가포르의 여섯 배 크기의 '랜드'라고 불리는 가상 부동산이 있습니다. 이 땅은 '제네시스 시티'라는 광장을 중심으로 펼쳐지는데요. 디센트럴랜드 안에서 구획된 약 9만 개의 랜드는 도로와 광장을 제외하고 모두 사고팔 수 있습니다. 사용자들은 '마나' 코인으로 랜드를 사고팔 수 있습니다. 땅을 산 뒤에는 원하는 건축물을 올리고 광고판을 달아 수입을 얻기도 합니다. 그리고 이를 거래하여 시세차익을 얻습니다.

디센트럴랜드에서 2021년 4월 11일에 4만 1,216제곱미터의 땅이 57만 2,000달러에 판매되었습니다. 가상세계의 땅이 6억 원이 넘는 거예요. NFT 분석 사이트인 넌펀저블닷컴NonFungible.com에 따르면, 디센트럴랜드 땅인 '랜드'는 개당 2019년 평균 780달러에서 2020년 894달러, 2021년에는 2,700달러까지 상승했다고 합니다.

디센트럴랜드의 환금성이 높은 이유는 디센트럴랜드에서 사용하는 가상화폐가 실제로 전자화폐 거래소에 상장된 코인이기 때문입니다. 마나를 거래소로 가져가서 돈으로 바꿀 수 있습니다. 디센트럴랜드는 암호화폐로 재테크하는 사람들에게는 매우 매력적인 메타버스 부동산입니다.

이 정도라면 메타버스상의 부동산 개발자도 생길 가능성이 큽니다. 메타버스의 땅을 사서 가지고 있다가 가치가 올라가면 파는 사람들이죠. 이미 그런 사람들도 많고요. 그런데 사서 가지고 있다가 시간이 지나 돈이 올라 파는 구조라면, 개발자라고 하기는 힘들고, 투자와 투기의 중간이 '투자꾼' 정도라고 할 수 있겠습니다. 아바타들이 마을을 개발하고, 그에 따라 땅의 가치가 올라가는 식의 게임적 요소가 있으면 디벨로퍼들도 충분히 생길 여지가 있습니다.

이렇게 부동산 메타버스도 있지만, 앞으로 생길 여러 메타버스에 제한된 공간이라는 요소를 넣고 거래를 유도한다면, 이 역시 큰 규모의 화폐가 오가는 거래 플랫폼이 될 수 있습니다. 부동산 메타버스가 아닌데, 부동산 메타버스의 기능을 부가시키는 거지요. 이런 요소를 메타버스에 넣는 것이 장기적으로 도움이 될지 설계자들이 판단해야겠지만, 아바타들이 살아가는 실제와 닮은 세상을 그리는 것이 메타버스라면, 부동산 거래 요소가 안 들어갈 이유도 없습니다.

5.

가상화폐가 돈이 된다!: 가상화폐의 도전과 금융권의 응전

요즘에 암호화폐 논란이 뜨겁습니다. 암호화폐는 '무가치한 것이다' 혹은 '미래의 화폐다'라는 논란인데요. 메타버스 세계에서는 이런 논쟁이 의미 없습니다. 메타버스에서는 대부분 암호화폐를 쓰거든요. 메타버스에서는 암호화폐 사용을 전제하고 이야기해야 합니다.

메타버스의 가장 큰 특징은 경제활동이 일어난다는 거잖아요. 메타버스가 상점이나 일터로 기능하기에 사람들은 메타버스로 들어와 생활합니다. 중요한 것은 경제활동의 결과로 주머니에 들어올 돈의 모양새입니다. 아바타의 주머니 속으로 들어오는 돈은 디지털 가상화폐(특히 암호화폐)입니다. 그래서 메타버스는 암호화폐와 밀접한 관련이 있을 수밖에 없습니다. 반대로 암호화폐의 미래를 긍정적으로 보는 사람이라면 메타버스에 관심을 가질 수밖에 없고요.

가상화폐는 화폐일까?

대표적 암호화폐인 비트코인은 화폐의 대체물일까요? 화폐는 교환, 가치척도, 저장의 세 가지 역할을 합니다. 원래 물물교환은 노력해서 얻은 결과물을 맞바꾸는 거잖아요. 물고기를 잡는 사람이 쌀이 필요하면 농부와 물물교환을 합니다. 매번 교환할 때마다 물고기와 쌀을 들고 갈 수 없으니 화폐라는 약속을 통해 교환의 매개체를 정해 놓은 거지요.

노동의 결과물이 어느 정도의 가치인지 화폐를 통해서 가늠하기도 하고요. 물고기는 하루, 이틀 지나면 썩어서 못 먹게 되니 화폐로 바꿔 저장하면 이익을 얻을 수 있지요.

비트코인은 화폐의 가장 기본적인 수단인 교환의 매개체로서는 조금 부적절하긴 해요. 자고 일어나면 가격이 변동되니까 안심하고 돈을 받기 어렵잖아요. 가령 레스토랑에서 만 원짜리 파스타를 시켰는데, 식사하고 나올 때 가격이 올라 1만 5,000원이 되면 너무 억울하잖아요. 반대로 가격이 폭락해서 5,000원이 되면 사장은 손해를 보겠지요.

2010년에 비트코인을 처음 거래하기 시작했을 때 1비트코인의 가격은 2.3원 정도였습니다. 라즐로라는 프로그래머가 1만 비트코인에 파파존스 피자 두 판을 사 먹었다고 해요. 2021년 비트코인의 가치를 보자면, 라즐로는 한 판에 5,000억 원어치 피자를 먹은 셈입니다.

변동성이 큰 자산을 거래에 쓰기는 쉽지 않죠. 비트코인의 자산 가치, 그러니까 가치의 저장이라는 기능을 부각하는 거예요. 비트코인은 화폐를 대체하기보다는 금을 대체하는 수단이라고 이야기하는 것이지요. 자산 투자를 할 때 금을 사용할 수는 있지만, 자동찻값으로 금덩어리를 내고 가는 사람은 없잖아요. 현대에 들어와서 금은 자산 가치만 인정받고 있지요.

금은 실물이라도 있지만, 비트코인은 실체 없는 허구의 약속일 뿐이니 가치가 없다고 하시는 분들이 있는데, 금의 자산 가치도 결국 하나의 약속에 근거합니다. 화폐 역시 하나의 약속일 뿐이죠. 화폐 자체만 놓고 보자면 종잇조각이잖아요. 유발 하라리^{Yuval Harari}는 『사피엔스』에서 인간을 인간으로 만드는 몇 가지 허구를 뽑았는데, 그중 하나가 화폐였습니다. 비트코인이 실체가 없으니 가치가 없다는 이야기는 화폐나 금을 생각해보시면 그다지 설득력이 없습니다.

그런데도 비트코인은 불안정한 자산입니다. 1비트코인에 몇 억 원까지 간다는 전망과 결국 사라질 것이라는 전망이 공존하거든요. 비트코인의 앞날을 예측할 때 중요한 것은 실체가 있느냐 없느냐가 아니라 비트코인의 의미인 것 같아요.

비트코인은 2008년 금융위기가 촉발한 금융 시스템에 대한 불신 가운데 생긴 가상화폐입니다. 화폐나 금이 교환이나 자산의 척도가 된 것은 국가가 보증해주기 때문이에요. 다시 말하면 화폐나 금은 국가가 통제할 수 있는 자산이라는 말이죠. 사실 돈이 없으면 찍어내면 되고, 나라 사이에 이동도 통제할 수 있고요. 금융은 국가의 통제를 뒷받침하는 시스템을 제공하지요.

국가와 금융이 대중 위에 군림하며 자기 이익만을 추구하자 모든 손해를 개인이 떠맡게 됩니다. 이런 행태를 목격하며 국가의 통제를 벗어난 화폐를 만들었는데, 그것이 바로 비트코인입니다.

국가가 보증하지 않기 때문에 허상에 불과하다고 말하는 사람들이 있지만, 한 국가가 통제하는 것이 아니므로 국가를 초월해 존재하는 것이 비트코인입니다. 달러가 없으니 찍어내면 그만이라는 식으로 한 국가가 세계경제에 지배적인 영향을 끼칠 일이 없어지는 거예요.

비트코인의 전망을 부정적으로 보는 이들은 미국 연방준비제도 의장이나 미국 재무장관, 한국은행 총재 등 국가기관 종사자들입니다. 비트코인은 이들의 감독을 벗어나는 거니까요. 그들은 나라에서 찍어내는 중앙은행 디지털 화폐Central Bank Digital Currency, CBDC는 괜찮다고 이야기해요. 그런데 이 역시 실체가 없는 것은 똑같잖아요. 다만 국가가 보증한다는 것이지요. 그 말은 곧 국가가 통제한다는 말과도 같습니다.

반면, 일론 머스크나 트위터 CEO 잭 도시는 암호화폐에 긍정적인 입장입니다. 심지어 마크 저커버그는 암호화폐를 만들려고 하고요. 그 외 젊은 금융인들 역시 비트코인을 지지합니다. 이들은 국가나 지역을 초월해 사업하는 사람들이죠. 국가라는 틀에 갇혀 있는 것이 답답한 세력은 비트코인에 긍정적 전망을 쏟아내는 거예요.

SNS는 이미 국가를 초월해 있고, 메타버스가 주도할 미래는 이미 예정되어 있습니다. 스티븐 스필버그$^{Steven\ Spielberg}$가 〈레디 플레이 원〉에서 그린 메타버스 세계가 이미 가까이 와 있거든요. 미국 아이들의 반 이상은 로블록스라는 가상세계에 가입되어 있어요. 이 세계에서는 국가가 필요 없죠. 암호화폐를 이야기할 때, 메타버스 가상공간의 화폐 이야기가 함께 나오는 것은 둘 다 기존 국가라는 통제 시스템을 벗어나는 것이라 그렇습니다.

앞으로도 이런 경향은 짙어지지 않을까 해요. 장기적으로는 암호화폐 역시 하나의 자산으로 인정받을 것 같고요. 하지만 그 전까지 폭락과 급등을 반복할 가능성이 있으니, 투자할 때는 이 부분을 정확히 명심하셔야 합니다.

메타버스에서는 왜 가상화폐를 쓸까?

암호화폐, 디지털화폐, 가상화폐의 공통점은 실물과 내재적 가치 없이 약속에 기반을 두고 거래되는 화폐라는 점입니다. 사실 이 정도면 화폐라는 말도 모호한 것이 아닌가 싶어요. 그저 약속과 신뢰의 숫자라고 할 수 있지요.

2009년 금융위기 때 당시의 연방준비제도 의장이었던 벤 버냉키[Ben Bernanke]가 〈60분〉이라는 유명한 프로그램에 출연해 인터뷰했습니다. 연방준비제도가 부도 위기 은행에 빌려주는 자금이 결국 납세자들의 혈세가 아닌가 하는 질문에 버냉키는 그렇지 않고 "컴퓨터로 은행의 연준 계좌 규모를 늘리는 방식으로 은행에 돈을 빌려준다"라고 답했습니다. 세금을 쓰는 것은 아니라는 말에 사람들은 안심했을지 모르지만, 사실 훨씬 충격을 주었습니다. 돈이라는 것이 화폐로 만들어서 실물로 발행되는 것이 아니라 누군가의 클릭 몇 번으로 얼마든지 만들어질 수 있다는 말이거든요.

비트코인이 이 무렵에 개발되기 시작했다는 것은 우연이 아닙니다. 기존 금융 시스템이 정부나 중앙은행, 금융기관의 이해관계에 따라 좌우되는 대단히 비민주적이고 지배적인 시스템이라고 생각하게 된 거지요. 그래서 개인들의 신뢰를 바탕으로 화폐 시스템을 만들고자 한 것입니다. 정치체제에서는 왕정이 사라지고 민주화가 전 세계적인 흐름이 되었지만, 금융에서는 이제야 권력을 대중이 가져오는 민주화의 움직임이 나타난 것이지요.

암호화폐에 대해서는 긍정적인 전망과 부정적인 전망이 여전히 공존합니다. 메타버스에서는 암호화폐가 궁극적으로 쓰일 수밖에 없습니다.

페이스북에 광고하려면 광고주들은 페이스북에 돈을 내고, 페이스북은 그 대가로 페이스북 피드에 해당 광고를 올립니다. 그런데 돈거래는 페이스북이라는 플랫폼 외부에서 일어납니다. 서비스는 플랫폼 안에서 일어나지만, 돈거래는 플랫폼 외부에서 일어나거든요. 현실의 금융 시스템과 연결되면서 은행 계좌든 신용카드든 거래의 도구는 제도권의 금융 시스템에 종속됩니다. 그런데 메타버스의 경제활동은 이런 식으로 이루어지면 한계에 부딪힙니다. 플랫폼과 일반 사용자의 거래뿐 아니라 일반 사용자들 사이에서도 자유롭게 경제활동이 일어나야 진정한 프리마켓이라 할 수 있습니다. 돈을 받는 모든 사람이 사업자 등록을 할 수는 없겠지요. 때문에 플랫폼 안에서 통용되는 화폐가 필요합니다.

메타버스에서 자유롭게 사용하는 화폐를 각국의 정부는 아주 못마땅하게 여길 거예요. 자료를 취합할 수 없으니 세금을 물리기도 어렵고, 무엇보다 국가가 돈의 흐름을 통제할 수가 없으니까요.

메타버스 플랫폼은 국가 간의 경계를 초월합니다. 국가적인 금융 거래가 자유롭게 이루어지다 보니 국가 간 돈의 유통을 국가가 좌지우지할 수가 없죠. 금융 면에서는 국가의 역할이 사라지는 것이나 마찬가지입니다.

페이스북은 암호화폐를 만들겠다고 선언한 적이 있습니다. 2019년 6월 페이스북이 '리브라Libra'라는 스테이블 코인stable coin 프로젝트를 발표했는데요. 미국 달러와 유로 등 주요국 통화를 바스켓 형태로 묶어 글로벌 시장에서 활용 가능한 코인으로 만들겠다는 포부였지요. 리브라는 페이스북만 사용하는 것이 아니라, 우버, 보다폰, 소포티파이, 이베이, 비자, 마스터, 페이팔 등에서 폭넓게 사용할 수 있게 연합의 형태로 기획되었죠.

이런 페이스북의 꿈을 미국 당국은 글로벌 기축통화에 대한 도전으로 받아들였어요. 페이스북의 생각대로 된다면, 27억 명이 넘는 페이스북 사용자들이 리브라를 손쉽게 소지할 것이고, 그것을 받아주는 가입사가 늘어난다면, 예를 들어 마스터카드나 비자카드를 쓸 수 있는 모든 곳에서 리브라를 사용한다면, 글로벌 기축통화의 개념과 기준이 바뀔 것이기 때문입니다. 그리고 국가 간 송금을 통해 상당한 수수료를 취한 전통 은행의 수익구조는 심각한 도전을 받을 것이 뻔합니다. 암호화폐를 이용한 국제 송금은 간편하고 저렴하고 빠르니까요. 결국 기존 금융권과 당국의 강력한 반발에 리브라 프로젝트는 좌절되고 말았습니다. 페이스북은 정보보안 문제로 조사를 받았고, 비자나 마스터카드 등 유력 회원사들은 당국의 협박에 못 이겨 탈퇴했습니다.

하지만 페이스북은 국가의 한계에 갇히지 않을 것입니다. 그런 식으로 장사하면 얼마 안 가 망할 게 뻔하니까요. 한국의 아이돌 그룹도 한국 시장이 아닌 세계 시장을 겨냥해 기획됩니다. 사업이나 플랫폼 역시 자국의 상황과 자국의 시장만 보고 기획하지 않습니다. 사실 그렇게 성공한 사업도 곧 글로벌 환경을 연구하지요. 내수 시장을 겨냥한 것으로 보이는 '배달의민족' 배달 플랫폼도 사세가 확장되니 베트남에 진출해서 사업을 펼치잖아요.

페이스북은 리브라를 '디엠'이라고 이름을 바꾸고 당국의 규제를 피하는 수준에서 다시 암호화폐의 사용을 준비하고 있습니다. 디엠은 달러화와 유로 등 몇몇 주요국의 통화와 연동된 스테이블 코인입니다. 디엠이 리브라와 다른 것은 리브라는 여러 나라의 돈을 취급해 주요국에서 리브라 자체로 사용할 수 있도록 설계됐지만, 디엠은 각국의 통화와 일대일로 연계됩니다. 가령 미국에서는 미국 디엠으로 달러와 매칭되고요. 한국에서는 한국 디엠으로 연계되지요. 스테이블 코인이기 때문에, 1 미국 디엠에 1달러, 1 한국 디엠에 1,000원 하는 식으로 가격 변동성을 고정합니다.

디엠 자체가 초국적으로 쓰이는 것은 아니고, 미국 디엠을 한국에서 쓰기 위해 한국 디엠으로 바꾸는 과정이 있을 겁니다. 물론 미국 달러를 한국 원화로 바꾸는 데 필요한 것들이 은행이 요구하는 과정과 수수료에 필적할 만큼은 아니겠지요. 국제기구들은 스테이블 코인의 명확한 지배구조 요건 정립과 자금세탁, 테러 자금 조달 방지를 위한 관리방안을 마련하고, 국가 간 규제 차이로 인한 차익 방지방안 등을 어떻게 확보할 것인가를 집중적으로 논의한다고 합니다.

페이스북이 자세를 낮추고 다시 도전하는 만큼 어떤 형식으로든 페이스북이 발행하는 암호화폐는 모습을 드러낼 것입니다. 페이스북이 사활을 건 메타버스 사업의 필수 요소기 때문이죠.

메타버스는 아니지만, '스타벅스 월드'라고 할 정도로 전 세계에 스타벅스 매장이 많습니다. 스타벅스는 선불 충전시스템을 활용해 스타벅스 카드에 미리 돈을 넣어 결제하는 서비스를 제공합니다. 그런데 이 스타벅스 카드에 쌓인 돈이 생각보다 많습니다. 2019년 기준으로 스타벅스아메리카, 즉 미국 스타벅스에만 카드

충전으로 쌓인 금액이 12억 6,900만 달러(약 1조 5,000억 원)였습니다. 스타벅스는 거의 전 세계에 있지요. 스타벅스코리아에 쌓여 있는 충전선급금은 2020년 기준으로 1,801억이었어요.

아쉽게도 한국에서 충전한 금액은 미국에서 사용할 수 없습니다. 스타벅스코리아로 주체 법인이 다른 사정도 있지만, 만약 같더라도 국가 간 거래를 허용하지 않는 모양입니다.

하지만 스타벅스가 가만히 있지 않겠지요. 스타벅스의 해법은 자신들이 투자한 '백트'라는 회사의 전자지갑 '백트' 앱을 활용하는 것입니다. 암호화폐 선물 거래소 백트 지갑을 통해 스타벅스는 비트코인으로 커피값을 지불할 수 있는 시스템을 구축하고 활용하기 시작했어요. 소비자들은 백트 지갑을 통해 비트코인을 달러로 변환해 스타벅스에서 음료를 사고, 스타벅스 앱에 금액을 충전한 뒤 사용할 수 있습니다.

조금 더 발전하면 스타벅스는 자신들만의 '스타코인'을 발행해서 그것을 암호화폐로 만들고, 그것을 저장하고 활용하는 방식으로 선불 충전시스템을 만들 수 있겠지요. 스타코인의 시세가 오르면 그 암호화폐는 투자수단이 될 수도 있고요. 무엇보다 전 세계 어디에서든 스타코인을 활용해 스타벅스 매장을 이용할 수 있을 겁니다. 스타벅스가 스타코인을 받는 가맹점을 늘린다면, 스타코인은 음료 결제를 위해 3~5만 원 정도 미리 결제하던 금액의 한계치를 높일 것입니다.

스타코인처럼 본격적인 암호화폐를 만들지 않더라도, 세계 공통화폐인 암호화폐를 사용해 예치금을 관리하기만 해도 나라마다 다른 환전의 문제, 자금 이동의 문제가 해결되거든요. 스타벅스 앱만 가지고 있어도 전 세계 매장에서 결제 가능하며, 스타코인에 가입한 호텔이나 음식점에서도 스타벅스 앱으로 결제할 수 있습니다. 신용카드 쓰듯이요. 그래서 스타벅스는 최근 들어 금융권의 견제를 받고 있습니다. 전 세계적으로 활용할 수 있는 예치금 자체의 금액이 높아지면 스타벅스는 쌓여 있는 예치금으로 대출, 자산관리, 보험 같은 금융사업을 할 수도 있으니까요. 게다가 은행처럼 지점을 따로 세울 필요도 없는 게 이미 전 세계 3만여 개의 스타벅스 매장이 있거든요.

메타버스의 미래는 스타벅스의 행보에서 충분히 읽을 수 있습니다. 성공적인 메타버스는 결국 하나의 건전한 경제 생태계를 구축할 것이고, 그 경제 생태계의 주요 매개체가 암호화폐 형태가 된다면, 그 메타버스는 이미 한 국가와 다름없습니다. 국가체제의 장벽은 경제 시스템, 언어, 국경 정도인데요. 메타버스는 국경과 언어를 초월하고, 경제 시스템도 넘어서니까요.

로블록스는 공식적으로 '로벅스'라는 화폐를 쓰고 있습니다. 게임 아이템 결제, 아바타 꾸미기에 쓰이는 화폐죠. 로벅스는 현실에서 쓰일 수 있는 화폐는 아니지만, 환전 과정을 거치면 현금화할 수 있습니다. 그렇게 보면 싸이월드 시절의 도토리와 크게 다르지 않습니다. 크게 다른 것은 쌍방향성과 거래액인데요. 거래액 규모로 보자면 싸이월드는 전성기에는 1년에 1,000억 원 정도의 매출을 냈거든요. 로벅스는 2020년 기준으로 약 19억 달러의 매출을 올렸습니다. 2조 원이 조금 넘는 돈이죠. 놀라운 것은 로블록스의 일일 활성 이용자 3,000만 명 중에 로벅스 결제자는 1.5퍼센트인 49만 명입니다. 유료 결제자를 15퍼센트로만 만들어도 한 해 약 20조 원이 로벅스 매출이 됩니다.

사실 로블록스 이용자의 약 70퍼센트가 16세 이하 청소년이다 보니 구매력이 떨어지는 게 사실입니다. 메타버스의 연령 자체가 높아져서 구매력 있는 사용자들을 유치한다면, 매출은 기하급수적으로 늘어날 것입니다.

싸이월드와 또 다른 점은 쌍방향성인데요. 로벅스를 실제 돈으로 바꿀 수 있다는 점이죠. 살 수만 있는 게 아니라 팔 수도 있습니다. 하지만 개인 간에 로벅스를 화폐 대 화폐로서 거래할 수는 없습니다. 개인이 로벅스를 팔려고 하면 로블록스 회사가 개입합니다. 이때 엄청난 할인율이 생겨요.

로벅스 판매금액은 구매 단위마다 다른데 평균적으로 1로벅스당 0.01달러입니다. 실제 돈으로 환전할 때는 1로벅스당 0.0035달러 정도예요. 사용자 입장에서 살 때는 11원인데, 팔 때는 3원 조금 넘게 받거든요. 로블록스는 환전차익 65퍼센트를 남길 수 있습니다.

불합리해 보이지만, 프로그램을 제공한 사용자들은 로블록스에 사용료와 마케팅 비용을 제공하고 약 35퍼센트의 수익을 가져가는 것이 합리적이라 인식하는 것 같습니다. 로블록스 사용자 대부분이 16세 이하의 청소년이고, 개발자 역시 마찬가지입니다. 2020년에 로블록스 게임으로 벌어들인 수입을 기준으로 상위 300여 명은 10만 달러(약 1억 1,300만 원)를 벌어들였어요. 초등학생이 말이죠. 이 정도면 부모가 이 아이들에게 용돈을 받아 쓸 정도가 아닐까 싶어요. 로블록스 대표 개발자 알렉스 발판즈는 연간 수십억 원의 수입을 올리는 것으로 추정되고 있습니다.

메타버스 화폐 시스템에서도 대규모 경제가 돌아가고 있습니다. 나이에 상관없이 말이죠. 만약 암호화폐와 연동되어서 자유자재로 경제활동이 일어나고, 세계 어느 나라에서든 쓸 수 있는 공용화폐가 생긴다면, 메타버스 경제의 힘은 국가를 초월할 것이 분명합니다. 사실 국가의 의미가 사라질 수도 있지요. 한국의 초등학생이 미국 사용자들을 대상으로 얼마든지 비즈니스할 수 있어요.

금융권은 메타버스의 이런 가능성에 주목하고 있습니다. 금융회사가 메타버스 플랫폼을 구축하는 것은 힘들지만, 메타버스 세상에서 금융 부분을 맡을 수는 있거든요. 그것이 금융권이 메타버스 발전에 촉각을 곤두세우는 이유입니다. 사용자와 돈이 있다면 메타버스 플랫폼을 운영하는 기업이 금융업을 하지 않을 이유도 없으니까요. 아직 금융권의 대부분이 관심을 가지고 메타버스를 지켜볼 뿐 본격적인 행보를 시작하지는 않았습니다. 아마도 접근 방향성을 세우는 데 어려움을 겪고 있는 것으로 보여요. 메타버스가 구축된 곳과 제휴하려고 눈치 보는 측면도 있지만, 어느 정도 사용자가 모이고 기반을 구축한 곳이 굳이 금융권의 회사들과 제휴할 이유가 없거든요. 조금 더 적극적인 접근, 손해를 감수하는 투자를 통해 같이 메타버스를 키우는 전략을 세워야 할 것입니다.

금융권은 메타버스까지는 아니어도 게임과 금융이 연계된 신규 서비스 사업을 추진하고 있습니다. 게임 콘텐츠를 활용하여 자산관리 서비스까지 제공할 예정인데요. 하나은행은 넷마블과 손잡고 게임과 자산관리를 접목한 신규 서비스를 2021년 하반기에 출시할 계획입니다. 신한은행도 넥슨과 제휴를 맺고 금융과 게임을 연계한 콘텐츠 개발과 공동 마케팅을 추진하고 있습니다.

금융권의 최대 관심 MZ세대를 공략하라

현재 금융권의 메타버스 대응 전략은 광고, 마케팅 수단 정도라고 할 수 있어요. 전통적인 은행과 그다지 친하지 않은 MZ세대를 공략하기 위한 마케팅 방안으로 메타버스에 관심을 두는 것이지요. 금융권의 수장들은 메타버스를 수시로 입에 올리며, 금융권 변화에 관해 이야기하지만 막상 눈에 띄는 행보는 없습니다. 2021년 5월에는 DGB금융 지주 그룹이 경영진 회의를 메타버스에서 개최하면서, 메타버스에 관심이 지대하다는 신호를 시장에 보내기도 했습니다.

현재 금융권 입장에서 메타버스에 가장 쉽게 접근하는 방법은 이미 구축된 메타버스에 은행 지점을 개설하는 것입니다. 물론 이 정도의 마케팅으로 기업의 미래를 좌지우지할 수는 없습니다.

은행은 빅테크·핀테크 기업과의 경쟁 차원에서 MZ세대와의 접점을 찾고자 합니다. 하지만 은행이 지금의 모습을 고수한다면 도태될 수밖에 없어요. 장기적으로는 메타버스 지점이 마케팅용이 아니라, 실제 은행 지점의 역할을 하겠지요. 은행의 오프라인 서비스 이용률은 한 해가 다르게 떨어지는 추세입니다. 2020년에는 인터넷뱅킹의 비중이 65.8퍼센트였어요. 에이티엠^{ATM}을 사용하는 비중은 21.6퍼센트였고요. 은행 창구를 활용하는 비중은 7.3퍼센트고, 텔레뱅킹은 5.3퍼센트였습니다. 은행 지점에 가서 업무를 처리하는 것은 10퍼센트가 안 된다는 말이죠. 더 놀라운 것은 조사대상이 기존의 은행이라는 것인데요. 20~30대들은 카카오뱅크나 토스를 이용하기 때문에, 기존 은행권 이용자들의 평균 연령이 꽤 높은 편인데 이런 결과가 나왔다는 것이지요.

현재 일부 글로벌 금융사는 메타버스를 접목한 디지털 금융 점포를 도입하고 있습니다. 캐나다의 토론토-도미니온 은행은 브이아이피^{VIP} 고객이 투자 상담을 요청할 경우 AR 기기로 투자 포트폴리오를 시각화해 오프라인 상담을 제공합니다.

이런 식의 접근은 향후 1~2년에 그칠 것입니다. 장기적으로 금융권은 메타버스에 적극적으로 올라타서 메타버스의 핏줄에 흐르는 암호화폐를 끌어안을 방안에 대해서 고민해야 할 것입니다.

6.

에술품 거래에서 게임머니까지:
NFT 거래

대체불가토큰**NFT**을 자세히 살펴
보면 기술적인 이야기가 될 수밖에 없습니다. 기술적인 이해는 기
술자가 하면 되고, 우리는 그런 기술이 어떻게 비즈니스에 적용되
고, 메타버스 라이프에 드러날 것인가를 고민해야 하겠지요.

NFT는 블록체인 기술을 활용해 디지털 콘텐츠에 고유한 인식
값을 부여한 것으로, 블록체인 토큰을 다른 토큰으로 대체하는 것
이 불가능한 가상자산을 말합니다. 소유권과 판매 이력 등의 정보
가 모두 블록체인에 저장되며, 최초 발행자를 언제든 확인할 수 있
어 위조할 수 없습니다. NFT는 별도의 고유한 인식 값을 담고 있
어 서로 교환할 수 없다는 특징이 있습니다. 조금 더 쉽게 말하면

NFT는 유일무이함의 증명입니다. 따지고 보면 NFT는 희소성을 만들어낸다고 할 수 있어요. 희소성이 있다면 가지고 싶은 사람의 수에 따라 그 가격은 올라갈 수밖에 없겠지요.

발터 벤야민^{Walter Benjamin}은 〈모나리자〉 같은 원본 그림과 복사본의 차이를 '아우라'라는 개념으로 설명했습니다. 원본만이 가지는 고유한 기운, 혹은 '영기^{靈氣}'라고 번역하는데, 우리도 뭔가 특징이 있거나 취향이 분명하고, 카리스마 있는 사람을 아우라가 있다고 표현하지요. NFT는 아우라를 객관적으로 만들어내고 증명하는 기술이에요.

NFT는 디지털 예술품, 온라인 스포츠, 게임 아이템 거래, 영상 작품, 메타버스 부동산 등의 기존 자산을 디지털 토큰화해서 유일무이한 것으로 만듭니다. 그래서 NFT를 일종의 '디지털 진품 증명서'로 부르는 사람도 있습니다. NFT는 메타버스의 경제를 더욱 풍성하게 해줄 기술입니다. 디지털로 똑같이 무한복제되는 아이템이 가치가 높을 수 없잖아요.

무엇보다 메타버스 플랫폼 사업자의 권한과 컨트롤에서 벗어날 기회를 주는 것이 NFT입니다. 중앙에서 통제하는 것이 아니라, 실제로 민간 거래에서 가치가 형성될 수 있는 매우 민주적인 경제활동이거든요. 메타버스 내 경제활동을 실제 경제활동에 가깝게 만들어줄 강력한 도구가 바로 NFT입니다.

그림을 거래하는 디지털 갤러리

NFT에 관한 이야기는 미디어에서 자극적인 기사로 접했을 가능성이 큽니다. NFT에 가장 관심을 기울이는 업계는 미술계가 아닌가 싶어요. 실제 미술작품이 디지털 갤러리에서 NFT로 팔리고 있고, 경매에서도 미술작품이 거래되고 있습니다. 경매 회사 크리스티는 앤디 워홀 재단과 협업해 1980년대 워홀이 자기 작품을 촬영해 플로피 디스크에 담아둔 다섯 점을 NFT화 해서 경매에 부쳤거든요. 그게 43억 원에 팔렸어요.

아마 지금까지 가장 큰 거래로 기록된 것은 디지털 아티스트 비플Beeple의 작품인데요. 〈매일: 첫 5000일Everydays: The First 5000 Days〉이라는 작품은 5,000개 이상의 이미지를 모은 작품인데, 약 6,930만 달러입니다. 우리 돈으로 750억 원을 가볍게 넘습니다.

사실 이런 거래는 예술작품에 국한되지 않습니다. 잭 도시가 처음 트위터에 올린 글 "지금 트위터 계정을 설정했다Just setting up my twttr"의 소유권이 33억에 팔리기도 했습니다. 우리나라 이세돌 9단과 알파고의 대결에서 이세돌 9단이 거둔 1승이 인류가 인공지능을 이긴 마지막 대국이라는 말이 있지요. 그 승리 기록을 NFT로 만들었는데, 그건 2억 5,000만 원에 팔렸다고 하네요.

즐겨 시청하는 프로그램 중에 〈전당포 사나이들〉이라는 프로그램이 있는데, 매회 여러 가지 물건이 등장합니다. 고물, 다 떨어진 정장, 닳아빠진 동전이 나오거든요. 물건 자체로만 보면 거저 가

져가라고 해도 안 가져갈 물건들이지만, 사연이 밝혀지면 가격이
천정부지로 치솟습니다. 다 떨어진 정장의 주인이 미국 초대 대통
령 조지 워싱턴이고, 출처가 분명하다는 것이 증명되니까 33억 원
의 가격이 붙었습니다. 희소성과 사연이 있는 진품이라는 두 가지
요소가 가격을 만든 것입니다. 그렇게 보면 NFT 역시 터무니없는
것만도 아니죠. 어떤 이야깃거리가 붙느냐에 따라서 (희소성과 원
본성은 NFT가 되었다는 사실만으로 이미 증명이 된 거니까요) 팔리는
NFT가 되느냐, 아니냐는 갈릴 것입니다.

NFT의 메타버스 적용

NFT는 메타버스의 경제활동에
의미를 부여할 핵심적인 기술입니다. 디지털상에서 일어나는 활동
은 언제든지 복사할 수 있고, 재경험 가능한 것들이 되는데, NFT
는 그것을 유일무이한 것으로 고정합니다. 사람들은 이런 희소성
에 돈을 기꺼이 내고요.

갤러리의 활성화
메타버스 공간에서 갤러리가 활성화될 수 있습니다. 현재 NFT
거래 사이트가 형성되는 중이죠. 2021년 5월에는 카카오 블록체
인 계열사인 '그라운드X'가 한국어 기반의 〈크래프터스페이스〉를

출시했는데요. 접근성이 좋은 NFT 제작 서비스입니다. 여기서 제작과 판매까지 가능해요.

NFT 거래소를 메타버스에 건립할 수 있습니다. 메타버스 갤러리라고 할 수 있지요. 메타버스로 들어가면 그 안에서 NFT 작품을 감상하고 거래할 수도 있지요. 부동산 메타버스인 디센트럴랜드는 NFT를 거래에 잘 활용하는 편인데, 경매업체 소더비는 디센트럴랜드에 가상전시장 '소더비 갤러리'를 오픈했습니다. 런던에 있는 갤러리를 그대로 복제하여 가상공간에 구현한 건데요. 사용자들이 와서 자유롭게 작품을 감상할 수 있고, 구매 역시 이 안에서 자유롭게 이루어지게 했어요. 디센트럴랜드는 디지털 갤러리를 미술품에만 활용하지 않습니다. 2021년 5월에는 미국의 유명 성인 잡지 「플레이보이」 갤러리를 오픈했습니다.

협업 메타버스인 스페이셜에도 갤러리가 있습니다. 협업 툴로 그치는 것이 아니라 NFT 거래도 하겠다는 얘기지요. 사실 메타버스에서 가장 쉽게 구현할 수 있는 것이 갤러리예요. 일회용 축제 메타버스나 이벤트 메타버스에서도 갤러리는 빠지지 않고 등장하는 공간이거든요. 여기에 NFT를 다룰 수 있는 기술만 있으면 얼마든지 거래가 일어나게 할 수 있으니까요.

미술관이나 박물관을 거닐면서 작품을 보고, 마음에 드는 작품을 구매할 수 있는 우아한 취미생활이 메타버스에서는 일상적으로 일어날 것 같네요. 물론 취미생활보다는 재테크에 가깝지만요.

지금은 기업 공간으로 갤러리가 오픈되지만, 개인의 작품이 거래되는 공간도 오픈될 겁니다. 그러면 갤러리에 작품을 전시하는 것도 개인이 알아서 하고, 판매 역시 알아서 하는 프리마켓 형식이 될 것이고, 메타버스 예술가들도 등장하겠네요.

아이템 거래와 디지털 영토의 소유 증명

메타버스상의 NFT는 메타버스 내의 아이템이나 공간에 대한 소유 증명으로 적용됩니다. 지금도 게임 아이템이 수백만 원에 거래된다고 하지만, 사실 그 거래는 게임 밖에서 이루어지는 것입니다. 그래서 문제가 생기죠.

하지만 NFT로 아이템에 희귀성을 부여하고 개인 간 거래를 허용한다면, 메타버스 안에서 안전한 거래가 일어날 수 있어요. 시간이 걸리는 미션을 수행하고 희귀한 아이템을 거래할 수 있다면, 현실에서 먹고사는 데 충분한 돈을 벌 수 있습니다. 그러면 메타버스 안에서 직업이 생기는 셈입니다.

게임에 NFT를 적용해서 경제 생태계를 만들려는 움직임이 활발합니다. 한국 게임 회사인 위메이드는 2021년에 블록체인과 가상자산 등 NFT 기술을 갖춘 국내외 메타버스 관련 100개 기업에 본격 투자할 계획을 밝혔는데요. 하반기에 출시되는 모바일 게임 '미르 4'에 NFT 기술을 적용하여 게임 캐릭터와 아이템을 토큰화한 뒤, 특정 가치를 매겨 거래할 수 있게 할 예정이라고 합니다.

현재 메타버스에서 현실경제와 가장 밀접하게 움직이는 것이 부동산이라고 했는데요. 메타버스 부동산 거래에 NFT 기술을 적용하면 확실한 신뢰감을 줄 수 있습니다. 개인들 간의 거래가 증명되고, 유일성을 보장하기 때문이죠. 디센트럴랜드의 땅이 철저하게 NFT화 되어 있는데, 약 9만 개의 랜드는 도로와 광장을 제외하고 모두 사고팔 수 있습니다. 랜드 소유권은 이더리움 블록체인 표준 'ERC-721'을 따라 NFT로 기록됩니다. 개인의 소유권이 블록체인 내에서 입증될 수 있거든요. 업랜드 역시 블록체인 기반으로 거래가 이루어집니다. 땅문서 거래 내역은 모두 EOS 블록체인에 기록되며, 땅의 주인은 땅문서를 가진 사용자입니다. 개발사가 장난칠 여지가 없고, 개인 간 거래가 얼마든지 가능하다는 얘기입니다.

부동산 메타버스뿐 아니라, 일반적인 메타버스도 공간을 사고파는 일이 가능해질 것입니다. 사용자가 많은 메타버스라면 자신들의 공간을 사고파는 일에 나서는 것은 금융을 접목하는 것보다 쉬운 일이기 때문입니다.

게임 아이템뿐만 아니라 아바타의 의류에도 NFT는 적용될 수 있지요. 유명 디자이너가 디자인한 아바타용 의류에 NFT를 적용해서 대체 불가능한 의류를 만들면 현실의 옷보다 비싸게 팔릴 수 있습니다. 의미 있는 아이템에 NFT를 적용할 수도 있지요. 예를 들어 방탄소년단이 콘서트할 때 입었던 공연용 옷을 NFT화해서 경매에 부치는 것도 수익 창출 아이템이 될 수 있습니다. 원래 사람은 유일무이한 것, 전 지구상에 나만이 가질 수 있는 것, 다른 사람들에게 자랑할 만한 사연이 있는 것에 지갑을 열기 때문에 NFT는 메타버스 경제를 활성화시키는 열쇠가 될 것입니다.

메타버스 비즈니스 II: 메타버스는 산업에 어떤 기회를 가져올까?

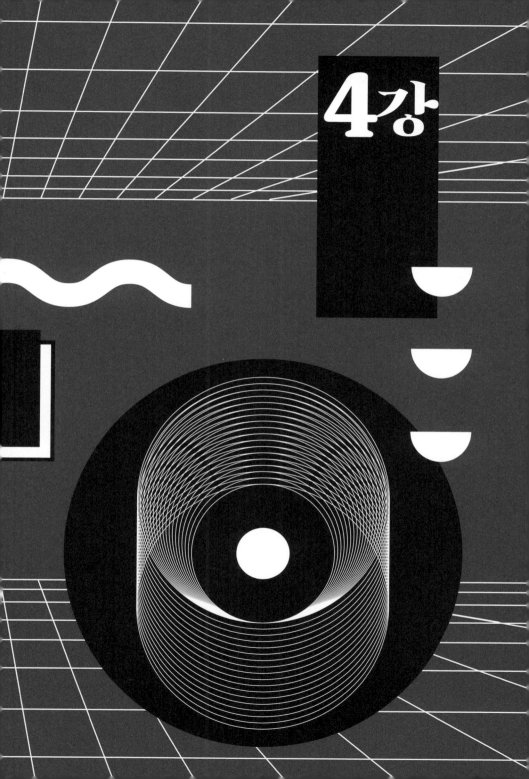

4강

1.

역사상 교육에 가장 최적화된 플랫폼: 가상 교실과 비대면 교육

마크 저커버그는 2015년에 딸이 태어났을 때, 재산의 1퍼센트만 딸에게 물려주고, 99퍼센트는 사회에 환원하겠다고 말한 바 있습니다. "네가 지금보다 더 나은 세상에서 자라기를 바란다"라며 딸에게 쓴 편지는 화제가 되었는데요. 챈 저커버그 이니셔티브라는 기부단체를 설립해서 당시 시가로 52조 원 정도 되는 돈을 기부할 것이라고 공개적으로 약속했지요. 저커버그가 설립한 챈 저커버그 이니셔티브가 주요 사업은 '개인화된 맞춤 교육 사업'입니다.

지금의 학교 교육은 상당히 불합리한 구조입니다. 30명이 한 반에 있다고 하면 평균점수를 내서, 그 평균에 맞는 수준으로 교육합니다. 따지고 보면 그 반에 실제 평균점수에 맞는 실력을 갖춘 사람은 4~5명밖에 안 되는 거지요. 다른 학생들은 실력 수준이 더 높거나 낮습니다. 학교 교육이 어떤 학생에게는 따분하고, 또 어떤 학생에게는 외계어처럼 들리는 이유입니다. 하지만 AI가 실력을 진단하고, 수준별로 맞춤 학습을 추천해 공부한다면 교육이 무척 효율적으로 이루어질 것입니다. 이것이 개인화된 맞춤 교육입니다.

개인의 수준을 정확하게 진단해서, 그 수준에 맞는 교육을 제공한다는 것은 선생님 한 명이 여러 명의 학생을 통제하고 가르쳐야 하는 기존의 오프라인 교육 시스템으로는 불가능한 일입니다. 데이터, AI, 머신러닝 같은 IT 기술이 개입될 수밖에 없어요. 문제는 기술력이 아니라 공교육 시스템이죠. '시스템'에 적응된 사람들의 의식을 바꾸는 작업에는 결단과 시간이 필요합니다.

하지만 교육계의 이런 사정에도 어쩔 수 없이 코로나19로 비대면 교육을 해야 하는 상황이 되었고, 그동안 계발되었으나 보급이 더뎠던 여러 교육 도구가 활용되고 있습니다. 코로나19를 극복하면 대면 교육으로 전환되겠지만, 비대면 교육의 편리함을 간과할 수 없는 것도 사실입니다. 이를 경험한 사람들의 요구 역시 강력하게 반영될 전망입니다.

제가 가르치는 대학의 학생들도 비대면 교육에 의구심이나 반감을 품고 있다가 1년 반 정도 진행된 실시간 라이브 강의에 익숙해지니, 계속 비대면으로 강의를 했으면 좋겠다고 하더라고요. 특히 등하교에 네 시간을 쓰던 학생은 간절하기까지 합니다. 메타버스에서 이루어지고, 또 메타버스를 활용하는 교육은 전망이 밝습니다.

비대면 교육에 대한 요구는 편리함에 비례해서 점점 상승하고 있고, 비대면 교육의 경험적 학습은 이미 이루어진 상태입니다. 중요한 것은 실제 그런 교육이 효율적일까 하는 점인데, 단순히 동영상 강의로 정보만 전달하면 자기주도 학습에 적극적이고 능한 학생들이야 문제가 없겠지만, 그렇지 않은 학생은 소외될 수 있습니다. 그렇게 양극화 현상이 심화되겠지요. 비대면 교육에서 중요한 것은 효과적인 교육 관리입니다.

그래서 메타버스 플랫폼이 교육에서 크나큰 의미가 있습니다. 동영상 강의를 통해서 필요한 정보를 전달하는 일은 꽤 정착이 되어 있습니다. 메타버스 교육의 장점은 학습 관리에 있습니다. 동영상 강의는 지식의 전달에는 효율적이지만 학습 관리 기능은 거의 없으므로, 학습자들의 굳은 의지가 없으면 끝까지 강의를 듣지 못하는 것이 사실입니다. 수능 동영상 사이트에서 강의를 모두 들은 학생의 비율이 10퍼센트가 안 되거든요(사실 이것보다 훨씬 낮아요).

줌zoom이 대표하는 실시간 화상 강의는 댓글을 통해 질문이 오갈 정도의 양방향성은 있지만 '관리'할 수 있는 툴 자체가 없습니다. 줌 교육의 결정적인 단점은 서로의 얼굴을 보며 강의하는 시스템을 실제 사용자들이 매우 피곤해한다는 사실입니다. 학생이나 선생이나 얼굴을 정면으로 마주 보는 상황이 부담스러운 거지요.

실제로 대학에서 줌 수업을 진행할 때는 대부분 화면이나 음성은 해제 상태로 놓고 댓글로 소통하며 이야기합니다. 특히 40~50명 이상이 참여하는 강의일수록 그렇습니다.

메타버스는 자신이 아닌 아바타가 수업을 듣는다는 점에서 부담감이 덜합니다. 조금 더 적극적으로 수업에 참여할 여지가 있어요. 지금 이 시간 같은 교실에 들어와 있다는 실시간의 존재감은 유효하고요. 쌍방향으로 소통하고 있으므로 선생에게서 학생으로 흐르는 정보의 일방 흐름만 나타나는 것이 아니라, 상호 간에 정보가 교환됩니다. 교단의 권위적인 부분이 없어지기 때문에, 소통이 더 원활하게 이루어지고, 공감대가 더 쉽게 형성됩니다. 그러면서도 교단을 재현해놓은 디자인적 요소들이 선생과 학생이라는 최소한의 역할 구분을 하는 데 도움을 줍니다.

그리고 약간의 게임적 요소를 넣으면 학습효과를 높일 수 있지요. 출석, 쪽지시험, 심지어 댓글이나 문답 횟수로 학습성장 미션을 주고, 이를 수행하는 방식으로 교육 설계를 할 수 있습니다.

가상 교실

교실이 온라인으로 간 것은 꽤 오래된 일입니다. 특히 사교육에서는 온라인 교육 업체들이 호황을 누렸습니다. 이것은 한국만의 특수한 상황은 아닙니다. 미국도

대학 진학에 필요한 SAT 점수를 받기 위해 칸 아카데미[Khan Academy]의 비영리 교육 동영상 서비스를 이용합니다. 초·중·고교 수준의 수학, 화학, 물리학부터 컴퓨터공학, 금융, 역사, 예술까지 미국 내 2만여 개 학급에서 교육 자료로 쓰일 만큼 풍부하고 체계적인 영상을 갖추고 있어요. 어정쩡하게 SAT 학원에 다니느니, 칸 아카데미로 공부하는 것이 낫다고 할 정도지요.

대학에서는 미네르바 스쿨이라는 돌연변이가 돌풍을 일으켰습니다. 2014년 문을 연 미네르바 스쿨은 미래 대학의 대안으로 떠오르는 교육기관인데요. 하버드대학교보다 들어가기 어렵다고 알려져 있습니다. 미네르바 스쿨의 특징은 모든 수업이 온라인으로 이루어진다는 것입니다. 세계 7개 도시에 흩어져 있는 교수와 학생들이 시간에 맞춰 접속하는데요. 이 접속 시간에는 강의보다는 토론이 이루어집니다. 강의는 영상으로 미리 들어야 하고요. 책이나 논문을 읽어 와야 토론할 수 있고요.

미네르바 스쿨의 장점은 교육 방식뿐만이 아닙니다. 교육의 내용이 미래 인재를 양성하는 데 유리하다는 것이지요. 만들어놓은 지식을 받아들이는 방식으로는 절대로 미래 인재를 양성할 수 없습니다. 기존의 대학들은 대량으로 지식을 전파하는 19세기 대학 교육 시스템을 여전히 따르고 있습니다. 이 시스템은 산업혁명 시대의 노동자들을 만들어내는 데 적합한 방식입니다. 저명한 미래학자 토머스 프레이[Thomas Frey]는 "2030년 전에 세계 대학의 절반이 사라질 것"이라고 말했습니다.

이미 메타버스를 접한 우리로서는 자연스럽게 메타버스상의 만남이 떠오릅니다. 서로 멀리 떨어진 공간에서 아바타로 접속해서 토론과 협업을 통해 수업하는 것이 미래 교육의 주요 방향일 겁니다. 아바타는 인종, 성별, 나이 등 선입견이 생길 정보까지 차단할 수 있으니, 서로 간의 의견은 더욱 존중될 것이며, 토론은 매우 창발적일 것입니다.

메타버스로 교육을 구현하기 좋겠구나 하고 생각만 하고 있을 때 누군가는 이미 움직였습니다. 그 누군가는 순천향대학교인데요. 2021년 3월에 순천향대학교는 2021년 신입생 입학식을 에스케이텔레콤SKT의 메타버스 플랫폼 '점프 VR'에서 진행한 바가 있습니다. 순천향대학교 대운동장을 메타버스로 구현한 뒤 점프 VR의 소셜월드에 적용해 입학식을 진행한 것입니다.

메타버스 입학식이 열린 공간은 실제 운동장처럼 꾸며졌지만, 실제에는 없던 대형 전광판이라든가, 하늘 위에 나타난 휘장은 가상공간의 장점을 십분 살린 연출이었습니다. 신입생들은 자신의 아바타를 만든 뒤 과별로 개설된 방으로 입장해서 같이 입학식을 경험했습니다. 아바타로 과별 맞춤 점퍼도 입었고요. 공식 일정 후에는 과별 방에 입장한 신입생들과 교수들, 그리고 재학생 선배들까지 아바타로 인사를 나누고 소통했습니다.

그런데 이렇게만 하면 교육이라기보다는 그냥 행사거든요. 순천향대학교는 메타버스의 성공 경험을 썩히지 않고 강의를 메타버스상에서 구현하기 위한 행보에 들어갔어요. 2021년 6월부터 기

존 온라인으로 진행됐던 '피닉스 열린 강좌' 교양 강의를 메타버스로 개설했거든요. 국내외 주요 인사들로 이뤄진 특강 수업을 학생들이 각자의 아바타로 출석하며 강의가 진행됩니다. 커뮤니케이션도 가능하고요.

SKT는 '버츄얼 밋업Virtual Meetup'을 대대적으로 업데이트하여 만든 '이프랜드ifland'라는 플랫폼을 가지고 있는데요. 아바타를 만들어 가상공간에 최대 120명까지 동시 접속해 콘퍼런스, 회의, 공연 등 다양한 모임을 갖는 소셜 커뮤니케이션 서비스입니다. SKT는 이 경험을 바탕으로 앞으로는 각 대학교에 메타버스 공간 만들기를 확대할 계획을 가지고 있습니다. 그러니까 순천향대학교의 메타버스 교실은 한 번의 이벤트가 아닌 큰 물결의 시작점이라는 것이지요.

메타버스에 올라타 있는 계층이 청소년들, 어린이들이라는 점에서 교육 분야에서 적용되는 메타버스는 매우 빠르고 넓게 퍼질 것입니다. 그리고 메타버스 교육 시스템의 발전 형태는 AI와 머신러닝을 이용해서, 사전 교육은 사람이 아닌 AI가 제공하는 수준별 영상이나 글로 이루어질 것입니다.

숙지한 교과 내용을 가지고 아바타가 한자리에 모여 토론하는 식으로 학습 이해가 심화되겠지요. 수업시간은 새로운 지식을 일방적으로 선생님에게 배우는 시간이 아닌, 자신이 아는 지식을 정교화시키고 확장하고 새로운 관점을 발견하는 시간이 됩니다. 수업을 진행하는 선생님은 모종의 사회자 역할을 합니다.

학습 참여와 학습 성취는 가벼운 테스트와 미션으로 측정되고, 관리 프로그램이 적용되어서 학습을 도와줄 것입니다. 이런 관리가 나머지 학습의 느낌이 아니라, AI 비서가 부족한 부분을 챙겨주는 느낌으로 진행되겠지요.

이것이 메타버스에서 이루어지는 교육의 대략적인 형태입니다. 세부 사항이 조금 다를 수 있겠지만, 이미 존재하는 기술이거든요. 필요한 것은 우리 사회 구성원들의 결심입니다. 늦으면 안 됩니다. 이렇게 학습한 인재와 19세기식 대학교육으로 암기식 지식을 쌓은 인재가 경쟁한다고 생각해보세요. 교육은 선제적으로 바꾸어야 할 필요가 있는 매우 절실한 분야입니다.

직무교육

　　　　　　　　　정기 교육 외에 이벤트성 교육
도 있습니다. 신입생 오리엔테이션, 신입사원 연수, 승진 교육이 그
렇죠. 이런 이벤트성 교육은 이론만이 아니라 견학, 미션, 게임 등
이 복합된 경우가 많습니다. 지식이나 정보를 전달하는 것 외에도
팀워크를 다진다든가, 유대감을 형성한다든가, 책임감을 증진하는
방향으로 프로그램이 짜여 있습니다.

　사실 신입사원 교육이나 승진자 교육 같은 기업 교육은 HR 시
장에서는 꽤 규모가 큰 편입니다. 보통 지자체에서 진행되는 교육
보다 기업에서 진행되는 교육에 책정된 교육비가 더 큰 편이고, 대
기업부터 중소 규모의 기업까지 일회성 교육이 필요한 곳은 많기
때문이죠. 기업 교육 강사도 꽤 많은 편인데요. 기업 교육 강사분들
의 일거리는 점점 줄어들 것 같습니다.

　날이 갈수록 비대면 교육의 규모가 커지고, 프로그램화되고 있
습니다. 가장 대표적인 것이 메타버스로 구현된 신입사원 교육입
니다. 네이버는 2021년 1월에 신입사원 교육을 위해 네이버 사옥
인 '그린 팩토리'와 똑같은 디자인의 가상 사옥을 제페토에 만들었
습니다. 정확하게는 2020년 12월에 만들었죠. 이때는 경력사원
교육을 했거든요. 신입 직원들은 제페토 아바타로 이 가상 사옥에
모여서 신입사원 교육을 받았어요. 신입사원들은 각자 아바타를
만들어 팀별 미션을 수행하고 네이버 사옥 투어도 했습니다. 재미

있는 것은 공간 제약이 없는 메타버스의 특성 덕분에 다양한 프로그램이 가능했다는 것입니다. 교육 프로그램 중에 팀 대항 스키점프 대회도 있었거든요.

미션을 수행하며 함께 경험한 팀워크는 강력할 것입니다. 메타버스로 신입사원 교육에 참여한 사람들은 기대 이상으로 강력한 유대감을 느낄 수 있었다고 하니까요. 그래서 신입사원 교육 같은 일회성 이벤트 교육은 메타버스상에서 프로그램으로 정착될 가능성이 큽니다.

기업의 직무교육 역시 메타버스를 이용하기 좋습니다. 직무교육은 실제 업무 상황에서 부딪히기 쉬운 문제들을 실습하는 데 초점이 맞춰져 있습니다. 그런데 이런 상황을 메타버스로 구현하고 AI와 대화를 통해서 풀어나가면 이론으로 배우는 것보다 더 강력한 교육 효과가 나지요. 예를 들어 승진자 교육에서는 팀장으로서 팀원과 커뮤니케이션하는 기술을 배웁니다. 팀원이 막무가내로 팀이 마음에 안 들어 나가겠다고 할 때 어떻게 대화할 것인가, 이런 상황을 가정하고 강사에게 코칭을 받고 옆 사람과 짝을 이루어 실습해보는 식인데요. 이걸 메타버스에서 구현하고, 팀원을 닮은 아바타와 AI를 통해 대화를 나누다 보면 그야말로 실감 나는 실습을 할 수 있습니다.

미국의 슈퍼 체인 월마트는 코로나19 이전부터 VR을 이용해 직원교육을 해왔습니다. 신입사원은 가상공간에서 고객 응대법을 익히고, 매장에서 벌어질 수 있는 여러 돌발상황을 미리 경험했습니다. 고객 응대 실전적인 훈련을 받고 실전에 임하게 함으로써 리스크를 최소화한 것이지요.

월마트는 중간관리자 승진 교육 때도 가상상황을 사용합니다. 화가 난 고객을 상대하고, 실적이 저조한 근로자를 코칭하고, 지저분한 매장을 관리하는 등 중간관리자 업무를 가상공간에서 체험하게 하는 것이지요.

서비스업에서 직무교육은 응대 매뉴얼을 익히는 것뿐 아니라, 제조업에서 안전교육을 받는다든가, 기술이 필요한 업무에 효과적으로 기술 코칭을 받는 식으로 확대될 수 있습니다. AR·VR 리서치 회사 아틸러리 인텔리전스Artillery Intelligence는 기업용 VR 시장 규모가 2018년 8억 2,900만 달러에서 2023년 42억 6,000만 달러까지 네 배 이상 팽창하리라 전망했습니다.

지금까지 강사나 사회자가 진행하는 워크숍으로 이루어졌던 직무교육은 메타버스에 적응할 필요가 있습니다. 메타버스로 구현하는 프로그램을 만들 필요가 있는 것이지요. 처음 개발할 때는 비용이 들 수 있는데, 개발 후에는 오히려 고정 비용이 줄어 이득을 볼 수 있습니다.

홈 트레이닝

운동 분야는 커뮤니티가 중요합

니다. 같이 운동하는 사람들끼리 선의의 경쟁을 펼치고, 대화하고 어울리는 모습이 운동을 지속하게 하는 비결이니까요. 그렇게 보면 메타버스로 구현할 때 효과적인 것이 운동 분야입니다. 메타버스는 다른 사람들과의 연결을 효율적으로 하는 툴인데, 운동 콘텐츠는 다른 사람들과 같이하는 게 굉장한 매력 요소거든요.

그래서 홈 트레이닝을 메타버스로 구현하면, 보통은 구독경제 체제를 도입하게 됩니다. 다른 사람들과의 연결을 구현하며, 그 과정에 메타버스를 활용해 '같이 운동하는' 효과를 낼 수 있으니까요. 구독경제가 된다는 것은 안정적으로 현금을 확보할 사업구조를 만들 수 있다는 얘기예요. 그런 면에서 교육 분야는 대부분 구독경제 시스템을 갖추기 유리한 구조입니다. '같이 공부하는' 효과를 생각할 수 있으니까요. 운동은 한번 빠지면 헤어 나오지 못한다는 특징이 있는 만큼 충성 독자를 타깃으로 사업하기에 더욱 좋습니다.

'즈위프트zwift'는 실내 사이클링 시뮬레이션 앱입니다. 200개국 250만 명이 이용하고 있어요. 실내 자전거가 있거나 일반 자전거라도 실내 자전거처럼 바퀴를 공회전하게 만들면, 센서를 장착해서 바로 즈위프트를 사용할 수 있어요. 세계 각국에서 자전거 코스로 유명한 장소를 달릴 수 있지요.

즈위프트는 운동의 경험을 실제 경험처럼 구현하는 데 힘쓰고 있습니다. 달릴 때 나타나는 길은 물론이고, 야외 느낌이 나도록 자전거를 타고 달리다 페달을 멈추면 바퀴와 바닥의 마찰이 일으키는 소리마저 들리게 설계되었습니다. 또 커뮤니티를 만들고, 훈련

'방구석 라이딩'을 가능하게 한 즈위프트의 버추얼 라이딩 서비스(ⓒ 즈위프트)

이나 경기, 이벤트를 제공합니다. 이런 행사를 통해서 운동뿐 아니라 실제 야외에서나 할 법한 경쟁이나 교류의 경험을 실내에서 구현한 것이지요. 즈위프트는 전 세계 곳곳에 있는 수백 명의 사람과 언제든지 사이클링은 물론 러닝을 함께 즐기는 경험을 선사합니다.

즈위프트는 2021년 6월 기준으로 한 달 구독료로 사용자들에게 14.99달러(약 1만 7,000원)를 받고 있어요. 250만 명의 회원들이 매달 내는 돈입니다. 홈 트레이닝은 팬 베이스가 가능하므로 일단 메타버스를 구축하면, 안정적인 비즈니스가 가능합니다. 운동으로 다져진 멤버십은 다른 영역으로 확장하는 데 꽤 단단한 초석 역할을 합니다.

실습교육

메타버스에서 이루어지는 교육의 가장 큰 장점은 교구의 자유로운 사용에 있습니다. 상상할 수 있는 모든 것이 교구가 될 수 있고, 상상을 초월한 모든 곳에도 가 볼 수 있습니다. 폼페이의 비극을 이야기하며, 폼페이 유적 사이에서 수업을 진행할 수 있고, 화성에 대해 배울 때는 스페이스X 로고가 찍힌 화성 기지 안에서 멀리 보이는 지구를 보며 수업을 진행할 수도 있습니다.

2021년 5월에 포스텍은 가상현실, 증강현실, 복합현실을 동시에 활용할 수 있는 신개념 강의실을 개설했습니다. 포스텍은 이 강의실을 활용해서 "위험하고 접근하기 어려운 곳, 직접 갈 수 없는 곳 등 다양한 콘텐츠를 시간과 공간의 제약 없이 눈앞에서 보는 것처럼 체험할 수 있을 것"이라고 강조했어요. 포스텍은 2021년 3월에 신입생 320명에게 VR 기기를 제공했습니다.

AR 기기를 활용한 교육은 비용이 막대해서 좀처럼 접근하기 어려운 매체를 교육하는 데 큰 도움을 줍니다. 예를 들어 비행기가 있습니다. 비행기 운전은 메타버스 안에서 가상현실로 구현해서 배울 수도 있는데요. 비행기 운전 교육은 원래 시뮬레이터를 사용했죠. 그래서 메타버스로 운전 교육을 구현하는 것이 그렇게 획기적인 일은 아닐 거예요. 하지만 비행기 정비는 다릅니다. 비행기 정비를 제대로 하려면 기종별로 다 갖춰서, 실제로 뜯고 만져보고 해야 하는데, 그 많은 비행기 기종을 다 눈앞에서 볼 수 없잖아요.

증강지능Augmented Intelligence을 대표하는 국내 기업 '증강지능'에서는 항공기 교육 및 현장 정비를 위한 AR 플랫폼을 개발했습니다. 현행법상 항공기 교육을 위해서는 실제 항공기를 3대 이상 갖추고 있어야 하는데 그게 쉽지 않죠. 그리고 그렇게 기체가 있는 기관조차도 사실은 비용 문제로 낡은 항공기 위주로 사용하는 형편입니다. 그런데 VR, AR에서는 비용 부담 없이 첨단 항공기를 재현할 수 있습니다.

'증강지능'에서는 "인공지능을 통해 가상의 항공기digital aircraft와 사람이 대화하며, 교육이 가능한 시스템 및 언택트 시대의 원격교육 및 원격 워크 플랫폼 등의 개발에 박차를 가하고 있다"라고 합니다. 항공기 정비 교육을 받을 때 교사가 필요 없고 항공기 자체가 교사가 된다는 겁니다.

한편 AR을 활용한 교구 분야에서 가장 큰 수혜를 받은 분야가 의료 교육일 것입니다. 인체를 해부하거나 외과수술을 참관하는 것은 매우 제한된 기회입니다. 특히 희귀한 수술은 더 그렇지요. 의료 기술의 발전을 위해서는 메타버스의 교육이 활성화될 필요가 최우선인 곳입니다.

의료 교육에서 VR, AR을 이용하려는 시도가 발 빠르게 이루어지는 중입니다. 2021년 5월에 열린 2021년 아시아 심장혈관흉부외과학회ASCVTS 학술대회에서 XR 기술 플랫폼을 활용한 '제6차 아웃리치 프로그램'이 소개되었습니다. 참석자들은 각자 연구실에서

HMD를 착용하거나 노트북으로 현실 장소를 체험했어요. 본인의 아바타를 설정하고, 가상 강의실에 입장해서 폐암 수술 기법과 가상융합기술 트렌드를 주제로 한 강의를 수강하고요. 그 후 수술 과정까지 참관했죠. 실시간 대화도 가능해 자연스레 수술에 대한 토의가 이루어졌습니다.

세브란스 병원, 국립중앙의료원 등 전국 200여 개 의료시설과 교육기관은 가상 의료 실습실인 '뷰라보'를 도입했는데요. 코로나19로 대면 실습이 어려워지자 메타버스를 통해 비대면 의료 훈련을 진행하고 있습니다. 환자의 정보를 가상, 증강현실 기술로 구현해 가상환자를 만든 덕분에 실제 실습하는 것처럼 몰입감이 높아지고 의료 실습교육의 공백을 메울 수 있을 것으로 보입니다.

의대생들은 AR, VR 등을 이용해 책의 그림만 보는 것이 아니라 생생하게 구현된 인체를 보면서 의료 기술을 배울 수 있습니다. 인체의 뼈, 근육, 혈관도 자세하게, 그리고 정확하게 배울 수 있죠.

2.

100년 전 확립된 시스템을 바꾸다: 가상 오피스와 재택근무

페이스북 CEO 마크 저커버그는 2020년 5월 "향후 5~10년 이내에 사원의 절반이 원격으로 일할 것"이라고 말했습니다. 앞으로는 "원격근무를 전제로 고용할 것이며, 기존 사원도 재택근무를 할 수 있다"라고 발표했습니다. 2030년까지 안경형 웨어러블 기기를 통해서 출근하고, 고객과도 만날 거라고 예측했습니다.

트위터 CEO 잭 도시는 직원들에게 이메일을 보내 재택근무할 수 있는 선택권을 주겠다고 했죠. 코로나로 재택근무를 할 수밖에 없는 상황에서 "집에서 처리할 수 있는 업무를 맡은 직원들은 그들이 원하면 계속 재택근무할 수 있다"라고 했거든요. 영구적인 재택근무를 도입하겠다는 것입니다.

일본은 2020년 11월 기준으로 재택근무를 하는 회사가 전국 12,000개 조사 기업 중 52.7퍼센트였는데, 상당수가 코로나 이후에도 재택근무를 도입하겠다는 의사를 밝혔습니다. 6개월 전쯤에 '일본에서 직장인으로 살기'로 브이로그를 찍던 한 한국인 유튜버가 '이제 회사를 그만 나갑니다'라는 제목으로 영상을 올렸습니다. 코로나 때문에 인력조정이 된 게 아닌가 하는 걱정스러운 마음으로 보았는데, 회사가 재택근무를 해본 결과 퍼포먼스에 큰 차이가 없어 항구적 재택근무를 결정했다고 합니다. 그래서 도쿄 도심에 있던 본사 건물을 매각하기로 해서, 본사에 마지막으로 출근한다는 내용이었어요. 그야말로 '회사(건물)에 그만 나가게' 된 거지요.

SKT는 한국 대기업 최초로 전면 재택근무를 시행했습니다. 하지만 한국은 전면적 재택근무보다는 재택근무와 일반적인 근무가 적당히 섞인 혼합형의 재택근무가 트렌드가 될 것이라는 한국은행의 진단이 있습니다. 날짜를 정한다든가, 육아와 병행하기 위해 일정 기간 재택근무를 한다든가 하는 식으로 말이죠.

기업들이 재택근무의 장단점을 알게 된 후에 약점이 충분히 보완 가능하다고 느꼈는지, 재택근무의 비전을 가지기 시작했습니다. 재택근무는 ESG 경영 측면에서도 좋거든요. ESG는 기업의 비재무적 요소인 환경environment, 사회social, 지배구조governance를 뜻하는 말로 기업 경영과 투자의 기준이 되고 있는데요. 그중에서도 환경적인 면에서 재택근무가 주목받고 있습니다. 재택근무를 전면적으로 실시하면 교통, 공간 등의 사용이 줄어들면서 탄소 사용이 줄어들고 사회적 비용이 상당히 절감됩니다. 재택근무는 저출산, 고령화, 도농 격차 등 사회문제를 해결할 수도 있어요.

기업 입장에서도 인재 고용의 폭이 훨씬 넓어집니다. 지방의 인재를 적극적으로 채용할 수 있지요. 그리고 해외 진출 시에는 외국에 사무실이나 업장을 개설할 필요 없이 현지의 인재만 채용하면 됩니다. 해외 인재를 본사에 채용할 때도 훨씬 자유롭고 폭넓은 채용이 일어날 수 있고요. 도심 한복판에 본사 사옥을 유지할 필요도 없지요. 고정비를 절약하는 것은 모든 기업의 일차적인 목표입니다.

물론 재택근무의 단점도 존재합니다. 우연한 만남과 대화에 기인한 창의적인 생각이 부족해진다는 것이지요. 넷플릭스 CEO인 리드 헤이스팅스^{Reed Hastings}는 "새로운 발상을 떠올리려면 구성원끼리 둘러앉아 토론해야 하는데 재택근무를 하면 서로 모이기가 어렵다"라고 이야기했습니다. 애플의 CEO였던 스티브 잡스도 "이메일과 인터넷 채팅만으로 아이디어를 개발할 수는 없고, 창의성은 즉흥적인 만남과 임의로 이뤄지는 토론에서 나온다"라고 말한 바가 있습니다. 사티아 나델라^{Satya Nadella} 마이크로소프트 CEO도 "직원들이 회의실에서 회의 전 2분 정도 잡담하는 시간을 빼앗기고 있다"라고 말했는데요. 우연히 창의적인 아이디어를 얻을 기회가 없어진다는 얘기였지요.

재택근무에 부정적인 CEO들의 반응을 보면, 우연한 만남과 자유로운 대화, 창발적인 생각이 없어질 것이라는 우려가 가장 큰 것으로 보이네요. 그런데 우연한 만남, 수평적인 만남, 편견을 배제한 만남을 통해 자유롭고 창발적인 대화를 나눌 수 있는 것이 메타버스의 특징이라고 이야기했잖아요. 사실 CEO들이 공식적인 자리에서 이야기하지 않지만 재택근무 시 태만하게 요령 피우는 직원이 늘고 있다는 현실적인 이유도 있지요. 메타버스에서는 같은 공간은 아니지만, 같은 시간대에서 근무하고 있다는 일체감이 있으므로, 근무 태만을 일삼기에는 무리가 있습니다. 갑자기 부장님 아바타가 말을 거는데, 대꾸도 안 하고 그야말로 아바타만 덩그러니 있으면 눈치가 보일 수밖에 없잖아요. 메타버스에서는 버튼을 한 번만 누르거나, 고개를 돌리는 동작 하나만으로도 바로 옆 사람한테 말을 걸 수 있거든요. 이런 동시성은 역시 자칫 단절되기 쉬운 재택근무의 근무 환경을 보완할 수 있는 메타버스의 특성입니다.

줌이나 구글미트 같은 화상 회의 시스템이 주지 못하는 메타버스의 장점은 구성원 간 의사소통이 어렵다고 느끼는 CEO의 생각을 돌릴 수 있습니다. 그래서 메타버스는 재택근무를 활성화하는 데 큰 역할을 할 것으로 기대됩니다.

재택근무 툴

메타버스의 가능성을 재택근무 툴로서 살펴볼 수 있습니다. 먼저 옛날 전자오락실 게임의 비주얼이지만, 강력한 재택근무 툴인 게더타운을 사용한 직장인들의 평가가 좋습니다. 사무실로 출근할 때는 물론 그냥 재택근무할 때와도 일하는 방식이나 느낌이 완전히 다르다고 합니다.

게더타운에서도 다른 메타버스처럼 아바타를 꾸밀 수 있습니다. 출근 차림새를 매우 멋지고 화려하게 할 수도 있지요. 하지만 누구도 "오늘 데이트 있나 봐요?"라고 쓸데없는 소리를 하지 않습니다. 자신의 책상에 앉는 것이 곧 출근인데, 책상에 화분을 놓는 등 구미에 맞게 장식할 수도 있어요.

부서 공지사항은 게시판에서 확인합니다. 게더타운의 특장점은 아바타를 움직여서 다른 사람 옆에 가면 바로 화상 채팅이 켜져서 대화할 수 있다는 것입니다. 그리고 아바타가 서로 멀어지면 바로 화상 채팅이 꺼지고요. 대화가 곤란하거나 바쁘면, '업무 모드'나 '바쁨 모드'로 설정해놓으면 됩니다. 직장에서는 의례적이고 무의미한 대화가 많다 보니 업무 몰입 시간을 따로 정해서 대화를 금지하기도 하는데, 그보다 훨씬 자연스럽게 실행할 수 있는 기능이지요.

일하다가 동료들과 카페테리아에서 차를 마시며 대화를 나눌 수도 있고, 회의실에서 회의하는 일도 물론 가능합니다. 직장에 있을 만한 장소로 아바타를 이동시키면 그 장소에 어울리는 기능을 수행하는 겁니다. 게더타운은 같은 시간에 함께 근무하는 동시간성과 자연스럽게 쌍방향 대화를 하게 하는 소통성이 강화된 메타버스 업무 툴입니다. 직장에서는 위계나 나이 때문에 생기는 소통의 벽도 메타버스에서는 낮게 느껴지죠. 부장님의 아바타를 보면 부장님 개그가 권위적이지 않고 귀엽게 느껴진다고도 하네요.

'스페이셜'은 협업 툴의 강력한 장점을 가진 메타버스입니다. 스페이셜은 모든 VR, AR 기기에서 작동하는 혼합현실 협업 플랫폼인데, 2021년 4월에 페이스북코리아는 기자간담회를 스페이셜 상에서 진행했습니다. 스페이셜을 통해 사용자들은 한 공간에 모여 회의나 간담회 같은 비대면 모임을 진행합니다. 그런데 스페이셜은 현실의 나와 닮은 3D 아바타를 구현합니다. 또 지금은 웹으로도 가능하지만, 원래는 VR, AR로 회의를 구현했습니다. 그렇다 보니 일반 영상회의보다 영화 〈킹스맨〉에서 보던 3D 홀로그램 회의에 더 가깝습니다. 그래서 회의의 몰입감이 상당합니다.

몰입감 있는 회의 형식 때문에 실제로 회의를 같이하는 느낌이 드는 게 스페이셜의 장점입니다. 회의를 하다 보면 자료를 공유하도록 준비하는 일이 상당히 번거롭습니다. 스페이셜에서는 자료 공유가 손쉬울 뿐만 아니라 필요하면 그 자리에서 웹브라우저를 검색해서 결과를 같이 보면서 이야기할 수도 있고요. 그림이나 영상도 같이 볼 수 있습니다. 구글 드라이브 같은 외부 앱과도 연동이 쉽고요. 또한 3D 데이터를 기반으로 이미지를 생성하는 3D 렌더링을 실시간으로 확인하거나 2D, 3D 디자인을 공유할 수 있습니다.

이런 도구는 특히 디자인 작업이나 설계 작업하는 사람들에게는 매우 요긴합니다. 페이스북은 VR·AR 기기, 호라이즌 출시계획에 스페이셜을 파트너로 초청해 밀어주고 있습니다. 그 정성을 보면 메타버스 리더의 지위를 확실히 하려는 페이스북의 야심을 엿볼 수 있습니다.

앞으로 재택근무 툴은 계속 출시될 것입니다. 어떤 업무 협업 툴이 대세가 될 것인가는 현실적으로 상품들이 나와서 많은 회사가 써봐야 알 텐데요. 업무에 가장 최적화된 메타버스 툴이 시장을 장악하겠지요. 한번 대세가 되면, 회사들 사이의 호환성 문제 때문에라도 한쪽으로 쏠릴 가능성이 있습니다. 좋은 건물에 여러 회사가 입점하려는 것이나 비슷하지요. 같은 공간에 있으면 은근히 협력하기도 쉽고요. 실제 부동산에서는 아무리 좋은 건물이라도 면적의 한계가 있잖아요. 하지만 메타버스상의 가상 사무공간에는 그런 한계가 없습니다.

그래서 글로벌 기업은 앞다투어 재택근무 메타버스를 구축하려고 애씁니다. 마이크로소프트는 2021년 3월에 복수의 사람이 가상공간을 공유할 수 있는 '메시mesh'라는 기술을 개발했습니다. 메시를 활용하면 서로 다른 대륙에 있는 사람들이 같은 방에 모여 3D 콘텐츠를 함께 보며 공동작업도 할 수 있다고 합니다.

한국 기업으로는 프론티스가 3D 메타버스 솔루션으로 기업용 협업 툴을 서비스합니다. 회사 공간을 가상공간에 만들어놓고 아바타들이 사무실로 출근해 일하는 식으로 구축되죠. 기존에 세팅이 완료된 사무실을 임대하면 일주일 만에 개별 기업을 위한 사무공간이 마련되고, 맞춤형으로 제작하더라도 두 달 정도면 사무공간을 마련할 수 있다고 합니다.

재택근무를 하게 되면 단절감에서 오는 여러 문제와 소통문제가 발생할 수 있지만, 메타버스의 가상 오피스는 이런 문제를 잘 해결할 수 있습니다. 화상 회의 툴을 도입해 기계적으로 회의하고, 카톡이나 업무 툴에 시간별로 보고서를 작성하는 방식의 감시 체제에 비하면, 메타버스의 가상공간은 재택근무의 저력을 촉진할 힘을 가졌습니다.

재택근무가 가져올 산업의 변화

헨리 포드^{Henry Ford}는 자동차 제조에 컨베이어 벨트를 도입했는데, 이에 노동자들이 항의하자 노동시간을 줄이고 임금을 올렸습니다. 그렇게 1914년에 일당 5달러 짜리 임금이 탄생했어요. 지금이야 큰돈은 아니지만 당시에는 '황제 노동자'라는 말을 들을 정도로 많은 임금이었습니다. 결과적으로 포드 자동차에서 일하는 사람들은 다른 노동자에 비해서 꽤 잘살게 되었습니다. 포드가 만들어낸 것이 오늘날 근로자들의 노동 형태예요. 포드는 노동시간을 줄여서 주 5일제 40시간 근무를 시작했습니다.

포드 이후로 100여 년인 지난 지금까지 근무 형태에는 큰 변화가 없었습니다. 사무실에 컴퓨터가 도입되는 정보화 혁명이 있었는데도, 일정한 시간에 출근해서 일정한 시간에 퇴근하는 근무 형태는 바뀌지 않았습니다. 메타버스로 인해 재택근무가 새 표준이 된다면 그건 100년 만의 큰 변화가 될 것입니다. 그런 의미에서 재택근무가 가져올 산업별 변화를 예측해보고, 그에 대비하는 것은 매우 절실한 일입니다.

상업용 부동산

상업용 부동산 수요는 떨어질 수밖에 없습니다. 건물주가 최고의 직업으로 주목받는 시대가 저무는 거지요. 임차인을 구하고 공실을 메꾸기 위해 스트레스를 받겠지요. 여전히 목 좋고 유망한 지역에 있는 건물은 수요가 있겠지만, 대부분 예전보다 공실률이 꽤 높아질 거예요. 글로벌 부동산회사인 콜리어스 인터내셔널이 조사한 결과에 따르면, 2021년 5월 뉴욕 맨해튼 사무실 공실률은 17.1퍼센트로 역대 최고치라고 합니다.

서울 시내를 보면 굳이 수치를 들먹이지 않아도, '임대' 간판이 걸려 있는 빌딩이 몇 년째 계속 증가 추세였다는 것을 알 수 있습니다. 인터넷을 활용한 비즈니스가 증가하면서 오프라인 공간이 필요한 사업이 점점 줄어들고 있어서죠. 코로나 이후로 사무실이 그다지 필요하지 않다는 것을 알게 된 기업들이 공간을 점점 줄여가고 있습니다.

재택근무로 직장인들이 출근을 안 하게 되면, 사무실만 없어지는 게 아닙니다. 회사 근처의 음식점, 카페 등을 비롯하여 출퇴근하는 유동인구들을 겨냥해 만들어진 소상공 업종이 모두 타격을 받는 것입니다. 그러니 그런 상업용 부동산 가격도 내려가겠지요. KB경영연구소의 보고서에 따르면, 2021년 1분기 전국 상가 임대가격지수는 모든 상가 유형에서 전기 대비 하락해서 전국 중대형 상가 공실률은 역대 최고 수준인 13퍼센트라고 합니다.

주거용 부동산

강남이 인기 있는 이유는 일자리를 주는 회사들이 몰려 있기 때문이라고, 부동산 전문가 김학렬 스마트튜브 소장이 진단했습니다. 그런데 전면적인 재택근무는 회사 근처의 비싼 부동산을 굳이 찾지 않게 만들 수 있어요. 재택근무는 교외의 단독주택에서 살고자 하는 직장인의 꿈을 가능하게 만들죠. 최근 젊은 층을 중심으로 단독주택 수요가 늘고 있는데, 그 이유 중 하나로 재택근무를 꼽을 수 있습니다.

메타버스 재택근무 덕분에 출퇴근 시간과 체력을 절약하게 된 직장인들은 인테리어에 신경을 더 쓰면서 자신만의 개성 있는 공간을 만들기 시작했습니다. 인테리어 소품에도 신경 써서 개성이 담긴 것으로 구매를 하지요. 집에서 많은 시간을 보내야 하므로 인생에서 집이 굉장히 중요한 부분이 되었거든요.

화장품, 의류 소비 감소

요즘 직장인들에게 정장은 더는 일상복이 아닙니다. 결혼식, 장

례식 등의 경조사용으로 쓰일 때가 많습니다. 캐주얼한 일상복 때문에 신사복이 몰락하는 추세였는데, 재택근무는 거기에 쐐기를 박았습니다. 재택근무할 때는 주로 아주 편한 운동복을 입거든요.

그런 탓에 화장품 업체는 어려움을 겪고 있습니다. 차려입고 밖에 나갈 일이 별로 없어 의류 매출도 줄고 있고요. 외식도 덜하게 됩니다. 반면 스포츠 의류라든가, 취미생활에 연계된 지출은 늘고 있습니다. 음식 배달 서비스는 재택근무 최고의 수혜산업이라고 볼 수 있지요.

메타버스는 재택근무를 촉진할 것입니다. 메타버스로 구현되는 재택근무 툴도 많이 나오고 있고요. 이는 100여 년 만에 시도되는 직장인 근무 형태의 변화입니다. 재택근무가 일상화될 때 어떤 것이 지고 어떤 것이 뜰지는 이미 코로나 사태를 겪으며 경험했습니다. 그 경험을 잊지 않고, 코로나 이후 상황에 대비하는 지혜가 필요합니다.

3.

연결의 방식을 재정의하다:
새로운 꿈의 무대

코로나로 인해 가장 영향을 많이 받은 산업은 단연코 문화계입니다. 모든 공연, 행사, 이벤트, 포럼, 스포츠 경기 등이 취소되었습니다. 기본적으로 많은 사람이 모여서 복잡하게 진행되는 행사의 특성상 코로나 사태에 가장 취약할 수밖에 없었지요. 무엇보다 이런 행사에 가지 않는다고 해서 당장 먹고사는 데 지장이 있는 일은 아니거든요. 그래서 수많은 회의나 행사 전문 업체들이 파산하고, 축제는 취소되고, 여러 이벤트는 기약 없이 연기되었습니다.

하지만 그 상황에 적응하는 업체들이 생겨났습니다. 처음에는 오프라인 행사를 온라인으로 중계하는 수준이었지만, 그 정도로는 참여하는 사람의 만족도를 충족시킬 수가 없었죠. 온라인 행사는 온라인만의 특성이 있어야 하거든요. 메타버스를 활용한 행사나 이벤트가 조금씩 개최되면서, 메타버스 행사의 기준이나 방향성이 잡혀가고 있습니다. 메타버스의 특성을 이해해서 그에 맞는 행사나 이벤트들을 개최한다면, 기존의 공간적 제약을 뛰어넘어 행사에 초청할 수 있는 사람이 기하급수적으로 늘어날 수 있습니다.

롯데면세점은 매년 패밀리 콘서트를 개최하는데요. 2019년에는 서울 올림픽 체조 경기장에서 열렸습니다. 거기서 방탄소년단, 트와이스 등의 인기 아티스트들이 공연을 펼쳤는데, 3만여 명이 참여해 성황리에 개최되었어요. 2021년에 방탄소년단은 다시 롯데면세점의 패밀리 콘서트에 출연했는데, 이때는 코로나로 인해 비대면 공연으로 진행했습니다.

롯데면세점은 CJ ENM과 협업해 증강현실 등 가상융합 기술을 활용했습니다. 외국인 관람객들을 위해 한국어는 물론, 영어, 중국어 간체자와 번체자, 일본어, 베트남어 등 총 6개 언어를 제공했어요. 콘서트의 총조회 수는 300만 뷰였습니다. 이것이 한 기업의 행사라는 점을 생각해보면 놀라운 성과입니다. 롯데면세점이 방탄소년단이 출연하는 '랜선 패밀리 콘서트' 효과로 모은 신규 회원 수는 약 70만 명이라고 합니다. 이 중 90퍼센트 이상이 외국인이었습니다. 면세점에서 외국인 신규 회원 63만 명을 모았다는 것은 그야말로 '대박'이거든요. 이것이 비대면으로 콘서트가 진행된 효과입니다. 공간적인 한계가 없어진 거지요.

메타버스는 빈익빈 부익부의 공연 생태계를 만들 것입니다. 현재 메타버스로 구현되는 콘서트를 할 만한 비용과 기술적 역량이 충분한 주체는 많지 않습니다. 공연뿐 아니라 이벤트, 행사, 포럼 같은 부분에서도 이런 변화가 일어나고 있어요. 공간을 초월해서 지구 반대편에서도 학술대회에 참여할 수 있다는 편리함이 사람들을 사로잡고 있거든요. 게다가 메타버스에서 이런 행사들은 진화하고 있습니다. 메타버스에서는 기존의 형식이 아닌 새로운 형식을 찾아가고 실험하는 중입니다. 가장 많은 변화가 기대되고, 그 변화만큼 막강한 파급력이 예상되는 것이 바로 엔터테인먼트, 행사, 이벤트, 스포츠 분야입니다.

공연 전문 플랫폼

대규모 팬 기반 메타버스

메타버스에 가장 먼저 출연할 것으로 예상하는 형태는 공연 전문 플랫폼입니다. 그런데 그저 공연만 한다면 인터넷 중계를 하는 것이나 다를 바 없잖아요. 엔터테인먼트 메타버스의 핵심은 팬입니다. 팬과 아티스트의 유대감, 일체감, 동시감을 극대화하는 방향의 설계가 이루어져야 하지요.

방탄소년단의 소속사는 빅히트엔터테인먼트였어요. 그런데 이 소속사의 이름이 '하이브^{HYBE}'로 바뀌었습니다. 하이브는 '연결, 확장, 관계'를 상징한다고 해요. 하이브는 '위버스^{weverse}'라는 자체 팬 플랫폼을 만들어서 운영 중입니다. 이 위버스에서는 팬들과 뮤지션의 소통이 일어나고요. 1년에 2,000만 건의 피드백이 오가는데, 자동번역 서비스를 제공하기 때문에 베트남어, 중국어로 후기를 올려도 한국어로 볼 수 있습니다. 위버스에서는 티켓이나 상품을 살 수도 있습니다.

하이브는 월 활성 이용자 수가 3,000만 명에 달하는 글로벌 팬 커뮤니티 플랫폼 '네이버 V Live'를 인수했습니다. 위버스와 경쟁 관계에 놓일 우려가 있었던 매체를 통합해서 덩치를 키운 것이지요. 하이브는 네이버와 YG엔터테인먼트에서 투자를 받기도 했습니다. 그리고 2021년 초에 미국 연예기획사 이타카 홀딩스를 인수하면서 팝스타 저스틴 비버^{Justin Bieber}와 아리아나 그란데^{Ariana Grande} 등의 콘텐츠 지식재산권^{Intellectual Property, IP}도 확보했습니다. 케이팝 전용 플랫폼에서 글로벌 플랫폼으로 변화한 거지요. 아직은 사업 초창기라서 공격적인 투자로 저변을 넓혀가고 있는데, 곧 플랫폼을 유료로 전환할지도 모릅니다.

한편 엔씨소프트와 카카오가 손을 잡고 위버스의 대항마로 탄생시킨 플랫폼이 '유니버스'입니다. K팝 팬의 커뮤니티 활동을 중심으로 K팝 가수의 각종 콘텐츠를 즐길 수 있는 유니버스는 온라인 콘서트 관람, 독점 영상, 아티스트 기반 인공지능 서비스 등을 주요 콘텐츠로 합니다. 아직은 위버스보다 뮤지션의 인지도나 사용자 수는 부족한 편이지만, 공격적인 투자를 통해서 또 다른 메타버스 팬 플랫폼을 만들어나갈 예정입니다.

중소 규모 공연 기반 메타버스

글로벌 공연 플랫폼으로 팬과 같이 만들어가는 스타의 메타버스는 엔터테인먼트 관계자에게 행복과 절망을 동시에 안겨줍니다. 자본이 충분하거나 대규모 투자를 받는 것이 아니라면 접근조차 쉽지 않으니까요.

지금은 초창기라서 대형 플랫폼 위주로 생길 수밖에 없지만, 조만간 공연을 전문으로는 하는 메타버스 플랫폼이 생길 것입니다. 그 플랫폼의 베이스가 약할 수 있으니, 처음에는 아티스트의 재능과 실력에 의지해 경쟁하겠지요. 실력이 출중한 아티스트에게 팬덤을 만들어주는 것이 이런 플랫폼의 핵심 경쟁력이 될 것입니다. 팬이 생겨야 상품부터 사인회까지 여러 가지 수익 활동을 할 수 있으니까요.

중소 규모의 공연 기반 플랫폼이 론칭할 때는 콘텐츠 확보가 핵심 경쟁력이 될 것이니, 초창기에는 콘텐츠를 가진 사람이 우위에 설 것입니다. 그래서 중소 규모의 엔터테인먼트 업체들이 어느 정도 기술력을 가진 IT업체와 연합할 가능성이 큽니다. 하지만 한정된 아티스트만으로는 기반이 약하기 때문에 웹툰이나 웹소설이 초창기에 그랬던 것처럼 공개경쟁을 통해 옥석을 가리고, 경쟁에서 승리한 새로운 뮤지션들이 생기겠지요.

버스킹도 메타버스 안에서 할 수 있어요. 네이버의 제페토는 버스킹 공간을 공개할 예정입니다. 한강 공원 한쪽에 버스킹 공간을 마련하겠다는 것이지요. 버스킹이 입소문을 타고 인기를 끌면, 플랫폼 차원에서 콘서트를 열어줄 것이 분명합니다. 높은 수익이 보장되고, 팬이 모일 수 있는 기회를 플랫폼이 마다할 리 없거든요.

아예 콘서트 자체가 가능하다고 못 박은 메타버스도 있어요. 2021년 출시 예정인 엑스버스의 블록체인 기반 메타버스 서비스 '로몽RO: MONG'은 아바타를 꾸미고 평소에 원했던 것들을 실현할 수 있는 메타버스입니다. 세컨드 라이프처럼 자신의 카페를 꾸미고, 건물이나 자동차를 살 수도 있습니다. 중요한 점은 가상화폐를 통해서 실제적인 경제활동이 일어난다는 것입니다. 로몽에서는 버스킹을 하거나 소규모 콘서트를 열어볼 수도 있습니다. 콘서트 입장료를 받으면 현실에서 콘서트를 개최하는 것이나 똑같지요.

메타버스에 최적화된 또 다른 형식의 공연

엔터테인먼트 메타버스는 일반적인 공연의 형식까지 바꿀 수 있습니다. 메타버스만의 공연 형태를 만들어내는 거지요. 노래 가사에 맞춰 아마존 정글에서 공연하거나 순식간에 화성으로 이동할 수도 있습니다.

아주 귀여운 형태의 공연도 있을 수 있습니다. AR을 활용해서 우리 일상에 아티스트를 등장시키는 것입니다. 실존 혹은 가상 인물을 디지털화하는 기술인 디지털 휴먼 기술을 사용하는 것인데, 디지털 휴먼을 AR로 구현해 스마트폰 하나로 언제 어디서나 좋아하는 메타버스 콘텐츠를 즐길 수 있습니다.

SKT는 K팝 아이돌을 앞세운 디지털 휴먼 콘텐츠 제작에 들어

점프 AR 앱을 통해 구현된 아이돌 '스테이씨'의 디지털 휴먼 콘텐츠(ⓒSKT)

갔는데요. 'K팝 메타버스 프로젝트'를 통해서 아이돌 그룹 위클리, 스테이씨 등의 디지털 휴먼 콘텐츠를 자체 플랫폼인 '점프 AR'에 공개한 바 있습니다. 디지털 휴먼으로 구현된 아이돌 그룹이 대표 곡에 맞춰 안무를 선보이는 모습 등을 통해 K팝 메타버스 환경을 구현했습니다. 사실 그룹의 인지도가 약한 편이어서 시범 운영의 성격이 강하지만, 기술이 안정되고 수익구조가 마련되면 많은 뮤지션이 시도할 만한 메타버스만의 공연이 될 수 있습니다.

단, 이런 경우는 막대한 공연 수입을 기대하기 어려울 수는 있지요. 디지털 휴먼은 공연이나 상영이 아닌 일상에서의 만남이라는 전제로 만들어질 가능성이 크기 때문이죠. 그래서 각종 광고나 뮤지션들이 입고 있는 옷과 신발 등을 판매하는 커머스와 연결되는 식으로 수익구조를 설계해야 합니다. 좋아하는 스타가 디지털 휴먼의 방식으로 휴대전화에 등장해서 노래를 불러준다든가, 모닝 콜을 해주는 펜 베이스의 수익 모델도 가능합니다.

메타버스 기술이 발달하고, 사용자의 다양한 니즈를 충족시키는 여러 세계관의 메타버스들이 등장할수록 그에 맞는 공연 콘텐츠가 개발될 것입니다. 중요한 것은 어떤 메타버스든 그 메타버스의 규칙이나 설정에 최적화된 콘텐츠가 성공 확률이 높다는 점이겠지요.

이벤트 대행 메타버스

코로나는 많은 산업에 타격을 주었지만, 가장 피해가 심한 산업은 이벤트, 행사 대행업입니다. 일단 이벤트나 행사가 다 취소되었거든요. 아무리 업계 1위라 하더라도 전부 개점 폐업일 수밖에 없는 상태였고요.

이런 회사들은 코로나가 지나면 다시 원래대로 복구될까요? 안타깝게도 아닙니다. 폐업 상황이 6개월, 1년이 넘어가자 과거로 다시 돌아갈 수 있는 유효기간이 지나버리기 시작했습니다. 이벤트, 축제 등은 새롭게 진화를 할 수밖에 없었고요.

예를 들어 교보생명은 분기별로 사회 명사 특강을 진행합니다. 광화문 교보빌딩 23층에 있는 300~400석 규모의 강연장에서 진행했는데, 인터넷 중계로 형식을 바꿨습니다. 원래는 초청 연사들이 PPT를 보여주며 강의 형식으로 진행하는데, 인터넷 생중계로 바뀌자 문제가 생겼습니다. 인터넷 생중계는 실시간으로 올라오는 댓글을 보며 소통하는 게 중요하잖아요. 참여자들과 실시간으로 의사소통한다는 것이 라이브의 핵심인데, 강연하랴 댓글 보랴 연사분들의 부담이 늘어난 거예요. 또 댓글에 하나하나 반응하다 보면 준비한 강연 내용은 미처 전달하지 못할 수도 있고요. 그래서 특강을 토크쇼 형식으로 바꿀 수밖에 없었습니다. MC와 연사가 이야기를 주고받는 식으로요. 토크쇼 형식이지만 강연을 대체하는 것이니만큼, 전문적인 내용이 전달되어야 하기에 사회자의 역량이 중요해졌습니다. 또 사회자는 댓글을 보면서 적절하게 연사의 견해와 참여자들의 반응도 이끌어야 합니다.

이렇게 새롭게 정비된 환경에서는 기존의 방식이 아닌 새로운 방식이 요구됩니다. 코로나 이후에 행사나 이벤트 업계는 양분될 것입니다. 기존의 오프라인 행사가 아예 없어지지는 않겠지만 메타버스를 활용한 새로운 형식은 공간을 초월해 다양한 사람이 행사에 참여할 수 있다는 장점이 있으므로 이 역시 같이 발전할 것입니다. 행사나 이벤트라는 것은 참여도 중요하고, 본래 목적인 홍보가 더 넓은 범위에서 더 효과적으로 각인되어야 할 필요가 있습니다.

메타버스의 이벤트 형식은 크게 두 가지입니다. 처음부터 가상의 세계 안에서 펼쳐지는 메타버스 오리지널 이벤트와 실제 세계를 메타버스 안에서 구현하는 현실 기반의 메타버스 이벤트입니다.

메타버스 오리지널 이벤트

카카오게임즈가 2021년 6월에 업계 최초로 버추얼 쇼케이스 진행을 했습니다. 증강현실과 확장현실 기술을 접목해 실제에 가까운 그래픽과 세계관을 전달했습니다. 그런가 하면 아예 행사 자체를 메타버스상에서 진행한 사례도 있습니다.

2021년 5월에 개최된 '2021 인디크래프트 온라인 가상게임쇼'는 국내 최초로 메타버스를 활용한 게임 전시회였습니다. '2021 인디크래프트'는 메타버스 플랫폼인 '디토랜드'에서 열렸는데요. 가상공간에서 펼쳐지니 24시간 전시가 가능했고요. 국내뿐 아니라 해외에서 접속하는 이용자도 많았습니다.

가상 전시회 공간은 마치 게임처럼 구성되었는데요. 관람객이 아바타를 부스 앞에 세우면 해당 부스에서 전시 중인 게임 영상이 흘러나옵니다. 번역이 지원되는 채팅을 통해 개발자와 소통할 수도 있고요. 방명록을 남길 수도 있습니다. 비즈니스 미팅을 하면 음성 채팅과 번역 기능도 지원했고요. 관람객들은 각기 다른 테마의 전시회장을 구경하며 미니게임을 즐겼습니다. 부스에 방문하거나 게임을 통해 별을 획득한 후에 그 별로 경품에 응모해서 상품도 받았습니다.

메타버스 행사의 가장 큰 장점은 24시간 오픈, 글로벌 참여, 입장객 제한 없음, 관객의 적극적인 참여에 있습니다. 오프라인 행사의 한계와 난점을 극복한 메타버스 이벤트에 호감을 나타내는 관객이 늘고 있고요. 긍정적 피드백이 이어지면 오프라인 행사가 줄어들고 메타버스 행사로 전환될 여지는 충분합니다.

현실 기반의 메타버스 이벤트

2021년 5월에 개최된 '2021 서울 장미축제'는 온라인과 오프라인 행사로 이루어졌습니다. 기존에는 장미공원을 크게 조성해서 3일 동안 축제를 진행했지만, 코로나 시국에 대규모로 사람이 모이는 것은 부담스러워서 16개의 작은 장미정원을 조성해서 축제를 나눠서 열었습니다. 메타버스 게임 플랫폼인 '마인크래프트'에 서울 장미축제 지도를 접목해서 장미공원을 체험하게 했습니다.

사실, 현실의 축제나 이벤트가 메타버스로 구현 혹은 대체되어야 메타버스의 진가를 알 수 있습니다. 대표적인 메타버스 축제는 2021년 5월에 건국대학교에서 개최한 'Kon-Tact 예술제'입니다. 축제를 오프라인이 아닌 온라인상에서 진행한 것이지요.

VR 게임 기업 플레이파크와 함께 건국대학교 가상 캠퍼스인 '건국 유니버스'를 구축해 축제를 개최한 것입니다. 학생들은 각자의 아바타로 건국 유니버스를 찾았고, 현실의 학교가 거의 그대로 재현된 공간을 돌아다니면서 선후배들과 만남을 가졌습니다. 실시간 채팅으로 소통할 수 있었거든요.

건국대학교 축제는 아바타들이 여러 가지 체험을 할 수 있게 구성되었습니다. 무작위로 출현하는 길고양이, 거위, 자라 같은 학교 명물을 발견해 인증하는 이벤트도 있었고요. 가상 학생회관에서 퀴즈를 푸는 방탈출 게임도 있었습니다. 게임 상품으로 주는 캠퍼스 머니로 옷이나 액세서리를 구매해 각자의 아바타를 꾸밀 수도 있었고요. 그 외에도 1인칭 가상공간 갤러리, e스포츠 대회, 전시회, 공연들이 다양하게 마련되었어요.

이 축제는 이메일 계정 인증을 통해서만 참여할 수 있었는데, 총 5,500여 명이 방문했다고 합니다. 재학생 세 명 중 한 명은 축제에 참여한 것이고요. 기존 오프라인 축제의 재학생 참여도를 생각해보면 엄청난 성공입니다. 축제 때 학생들이 학교에 안 나오면 진행이 안 되니, 총학생회 학생들이 교수님들을 찾아다니며 휴강하지 말아 달라고 부탁하던 게 기존 축제의 현실이었거든요. 다만 오프라인 축제에서는 다른 학교 학생들도 많이 참여하는데요. 건국대학교 축제에는 다른 학교 학생들은 참여하지 못해서 아쉽다는 이야기가 많았습니다.

건국대학교 메타버스 축제는 실제 캠퍼스를 기반으로 불특정 다수가 아닌 건국대학교 학생이라는 명확한 대상을 타깃으로 하다 보니, 그 어느 행사보다 결속력이나 공감도가 높았습니다. 이렇게 실제 축제라든가 분명한 대상을 상대로 이벤트나 행사를 기획하면, 타깃 적합도와 구체성이 높으므로 만족도 높은 메타버스 행사를 열 수 있습니다.

스포츠 관람

　　　　　　　　　VR이나 AR의 활약이 스포츠 분야에서 두드러질 거라 예상합니다. VR로 1인칭 시점에서 실감 나는 영상을 볼 수 있고, AR을 통해 실시간으로 분석되는 여러 정보를 바로바로 확인하면서 경기를 관람할 수도 있습니다.

메타버스로 구현되는 스포츠 중계

　SKT-카카오 VX는 2021년 6월 개최된 'SK텔레콤 오픈 2021' 골프 대회에서 국내 최초로 메타버스 중계를 도입했습니다. AI 미디어 및 3D 그래픽 기술을 활용하여 골프 중계를 한 건데요. 가상의 3D 코스 위에 볼의 낙하지점, 볼 궤적, 비거리, 남은 거리, 샷 분포도 등의 각종 데이터를 보여주는 것이지요. 레이더 기술을 활용하여 가상공간에서 선수의 티샷 궤적을 실감 나게 보여주고, 마지막 홀에서는 AI가 선수들의 퍼팅선을 예측하고 실제 선수의 퍼팅과 비교해 결과를 보여주지요.

　이 자체로는 메타버스라기보다는 3D 그래픽을 활용해 정보가 다양하게 주어지는 조금 더 잘 만든 방송 아닌가 하는 의문이 들지요. 메타버스가 자칫 마케팅용으로 쉽게 소비되는 사례가 아닌가 하지만, 현재까지도 메타버스의 정의나 범위가 확정된 것은 없으니까요. 다만 가상의 영상, 실감 나는 영상 정도만 가지고 메타버스라고 홍보하기보다는 메타버스의 기본 형태인 아바타의 존재감을 부각시키고, 소통의 욕구를 충족해서 실제 메타버스다운 모습으로 발전해가는 계기가 되기를 기대해봅니다.

메타버스가 스포츠에 적용되면 일반적으로는 어떤 모습일까요? 우선 생각해볼 형태는 경기장에 찾아가서, 자신이 선택한 좌석에 앉는 것이 아닐까 합니다. 자신이 선택한 좌석의 시점에서 보고자 하는 스포츠 영상이 나오는 것이지요. 다음 단계는 자신이 선택한 주체의 시점에서 경기를 보는 것이지요. 선수나 심판, 혹은 벤치 시점에서 마치 자신이 경기의 일원인 양 참여할 수 있습니다. 세번째 단계는 함께 경기를 보는 경험이지요. 메타버스의 쌍방향성과 동시간성이 활용된 커뮤니티 기능을 활성화하는 겁니다. 원래 스포츠 경기장은 친구나 가족, 연인과 같이 가는 재미가 있잖아요. 그래서 SK의 문학야구장은 바비큐존까지 운영하면서 사람들과 함께 관람하는 것을 권장합니다. 메타버스상에서 역시 사람들과 함께 스포츠를 관람하는 서비스를 기대할 수 있습니다. 그리고 팬끼리 모여서 무조건 우리 팀만 응원하는 편파 중계방은 반드시 나올 것입니다. 이렇게 커뮤니티 기능이 활성화되면 선수와 만난다든가, 상품을 판다든가 하는 기능도 추가될 것이고요.

2021년 한국 프로야구 올스타전에 적용될 메타버스 기술을 살펴봅시다. 고척돔에 360도 3D카메라와 이동형 와이어캠 등을 설치하고, 중계하는데요. VR 기기로 누구나 원하는 위치에서 실시간 경기를 관람할 수 있습니다. 투수, 타자, 포수, 내야수, 외야수, 심판 등 자신이 원하는 위치로 이동해서 실제 경기에 참여하듯이 프로야구 올스타전을 시청할 수 있어요. 가상공간에서 아바타를 만들어 중계하고 야구선수와 친선경기를 하고, 관련 상품을 사고파는 장터까지 개설됩니다.

골프나 야구는 다른 스포츠들에 비해서 조금은 정적인 느낌이라 카메라를 설치하기가 쉬운데요. 예를 들어 축구는 선수 시점에 카메라를 설치하고 중계하기가 쉽지 않을 거예요. 하지만 이런 것들은 카메라가 소형화되고 휴대성이 강화되면 얼마든지 개선 가능합니다. 앞으로는 축구, 배구, 농구 등 여러 스포츠에 이러한 기술을 응용하고, 스포츠 관람에 VR을 접목한다면 폭발적인 시너지가 날 것으로 보입니다.

팬 기반의 메타버스 스포츠팀

단지 경기의 중계를 위한 것이 아니라, 특정 선수나 팀을 응원하는 메타버스를 만들려는 움직임도 있습니다. 축구를 열광적으로 좋아하는 것은 아닌데, 축구선수 손흥민의 팬일 수는 있거든요. 손흥민 선수의 소식을 발 빠르게 접하거나 선수와 소통하기 위해 손흥민 선수가 속한 팀의 메타버스로 찾아가는 거지요.

쓰리디팩토리는 '레알 마드리드 가상세계^{Real Madrid Virtual World,} ^{RMVW}'를 만들고 있습니다. 레알 마드리드는 명문 축구팀이죠. 전 세계 스포츠팀의 가치를 측정할 때 전 종목을 합해서 1위에 자리매김하는 인기 팀입니다. RMVW는 전 세계 4억 5,000만 레알 마드리드 CF 팬에게 가상공간에서 레알 마드리드에 와 있는 듯한 체험을 제공하는 플랫폼입니다. 레알 마드리드 메타버스에서 제공되는 장소는 실제 레알 마드리드에 있는 장소를 그대로 가상세계에 구현한 것입니다. 실제 훈련 장소, 선수들이 묵는 호텔 등을 디지털 트윈으로 메타버스상에 구현하고 있습니다.

이는 또한 전 세계에 있는 120개국의 레알 마드리드 팬들을 위해 번역 서비스를 제공합니다. 언어가 다른 팬들도 실시간으로 소통하며 레알 마드리드를 응원할 수 있지요. VIP룸도 운영한다고 합니다.

실제처럼 구현되는 것은 매우 강력한 매력이지만, 메타버스의 진짜 매력은 실현 불가능한 것들을 구현한다는 것이지요. 예를 들어 현실과 똑같이 구현된 레알 마드리드 박물관에 들어가보면 우승 트로피가 있는데, 실제 우승 트로피를 스캔해서 제작했기 때문에 실제와 완전히 똑같습니다. 하지만 현실의 박물관에서 우승 트로피를 보면 '그냥 트로피구나' 하고 지나가는데, 메타버스 안에서는 그 우승 트로피를 클릭하면 그 우승 트로피를 안겨주었던 과거의 경기가 재생됩니다. 우승하는 순간의 감격을 다시 한번 그 자리에서 느낄 수 있지요.

스포츠팀을 위한 메타버스는 전 세계적인 팬덤을 가진 팀을 위한 것입니다. 하지만 이것의 인과가 바뀔 수도 있습니다. 경우에 따라서는 메타버스 서비스를 구비한 팀이 그렇지 않은 팀보다 인기를 얻을 수가 있겠지요. 미국의 NBA나 메이저리그가 세계적인 인기를 끌었던 것은 전 세계에 그들의 경기가 중계되었고, 그만큼 중계료가 올라갔으며, 그렇게 벌어들인 돈으로 세계적 실력을 갖춘 선수들을 스카우트했기 때문이기도 합니다. 선수들이 세계 최고 수준의 경기를 보여주면서, 세계인들을 사로잡는 순환이 일어난 것입니다.

각 팀이 구축한 메타버스를 통해 경기를 전 세계에 노출한다면, 한국의 프로야구팀 중 하나인 한화 이글스를 응원하는 아르헨티나 사람이 생길 수도 있습니다(아마 그분도 보살이겠지요).

메타버스 포럼

행사나 이벤트 중에는 능동적이고 적극적인 참여보다는 수동적이고 소극적인 참여로도 충분한 행사들이 있지요. 포럼, 세미나, 설명회, 발표회 같은 행사들입니다. 이런 행사들이 지나치게 많은 참여를 유도하는 쪽으로 설계되면, 참여자들은 오히려 부담감을 느낄 수도 있습니다. 이런 행사들의 핵심은 체험이나 경험 아닌 정보 전달입니다.

홀로그램 회의

포럼과 세미나는 여러 사람이 한 곳에 모여서 정보를 공유하고 그에 따라 의견을 나누는 자리입니다. 홀로그램을 활용해 포럼에 생동감을 주고, 포럼을 중계하는 메타버스를 구현할 수 있습니다.

2021년 5월 서울 종로구 KT스퀘어에서 '2021 글로벌 청년 기후환경 챌린지[GYCC]' 타운홀 미팅이 열렸습니다. 한국 패널은 실제 무대에 등장하고, 스위스와 덴마크 패널은 홀로그램으로 등장했습니다. 이들은 약 20분간 기후와 녹색성장에 대한 의견을 주고받았습니다. 타운홀 미팅에는 '홀로그램 텔레프레전스' 기술이 적용됐는데, 이는 현장감이 극대화된 홀로그램입니다. 대형 전시물, 콘텐츠 복원, 공연 등에 주로 쓰인 기술인데요. 국제 포럼에서도 훌륭하게 활용되었습니다.

이를 통해 기존의 화상 회의보다 발표자와 토론에 집중할 수 있고, 행사의 생동감도 온전히 느낄 수 있습니다. 앞으로 이런 포럼이나 토론의 참여자들은 세계 여러 나라의 행사에 더욱 본격적으로 참여할 것입니다.

가상 강연장 회의

포럼이나 세미나를 진행하다 보면 참여자 중에 자신의 신원이 직접적으로 드러나는 것을 부담스러워하는 경우가 종종 있습니다. 경우에 따라 참석자 자신보다 아바타를 앞에 세우는 방식이 더 적극적인 참여로 이어질 수 있습니다.

대형스크린이 있는 강당이나 무대가 있고, 그것을 바라보는 객석 정도가 기본 세팅이 될 것 같네요. 아바타로 입장한 개인들은 자신들이 원하는 위치에 앉아서 무대를 바라보면서, 발표나 PT를 들을 수 있습니다. 음성 채팅이나 문자 채팅으로 질문할 수 있고요.

만약 다른 사람과 교류를 원한다면 별도의 방으로 입장합니다. 방에 입장한 이들과 채팅하며 발표를 들을 수도 있습니다. 실제 세미나에서도 연사가 발표하는 중에 지인들 간의 대화가 조용하지만 활발하게 일어나는 것과 같지요.

세미나와 포럼은 연사의 강의, 토론이 핵심이고, 설명회와 발표회는 정보 전달이 핵심입니다. 가볍게 참여하고자 하는 사람들도 있겠고요. 그런 면에서 설명회와 발표회는 메타버스상에 구현될 때 그 이점이 더 클 수도 있습니다.

'버추얼 밋업'은 이프랜드로 이름을 바꾸기 전에 SKT가 운영하던 소셜 메타버스 플랫폼입니다. 아바타로 최대 120명까지 모이는 가상의 소셜월드죠. 콘퍼런스, 공연, 전시 등 많은 사람이 모이는

'점프 버추얼 밋업' 앱을 활용한 메타버스 채용 설명회의 시연 장면(ⓒ SKT)

행사를 가상세계에서 진행할 수 있습니다. 비대면 회의를 원하는 사람은 버추얼 밋업 모임을 주관하고 지인을 초대할 수 있습니다. 대형 스크린, 무대, 객석 등을 삼차원으로 상세하게 구현해 실제 같은 현장감도 충분히 느낄 수 있습니다.

SKT는 2021년 4월에 채용 설명회를 여기서 열기도 했습니다. 600여 명의 취업대상자를 대상으로 열린 이 채용 설명회에서 취업준비생들은 아바타로 참여해서 채용 담당자를 만나 소통하고 정보를 얻었습니다. 아바타로 만나다 보니, 소통에 부담감이 덜해 더욱 자유롭고 편한 상태에서 질의응답이 활발히 이루어졌어요.

대학생 연합 IT 창업 동아리 SOPT는 2021년 1월 400명 규모의 데모데이(사업 모델 공개행사)를 메타버스로 진행했습니다. 리셉션부터 서비스 발표, 네트워킹 홀까지 협업 플랫폼인 게더타운을 활용했고요. 외부인 접근이 차단된 발표 홀에서는 참가자들이 발표하고, 멘토들이 실시간 음성 채팅으로 질의응답했습니다. 이 발표 홀을 벗어나서 행사장으로 가면 참가한 다른 사람들과 자유롭게 대화를 나눌 수도 있었죠. 마치 실제 행사처럼요.

4.

무거운 산업에 가벼움 입히기: 제조 및 건설 혁신

메타버스는 최신 기술의 집합입니다. IT나 통신, 혹은 콘텐츠나 엔터테인먼트 산업에서는 굉장히 잘 맞을 것 같지만, 제조업이나 건설 산업에서의 활용도는 조금 떨어지리라 생각하기 쉽습니다. 하지만 제조업이나 건설업에서 응용되는 메타버스는 그 효율성 때문에 매우 큰 비용을 절감시켜 줍니다.

영화 〈아이언맨〉의 주인공인 토니 스타크는 천재 엔지니어인데요. 기계를 설계하고 조립하는 데 처음부터 물리적인 재료를 가지고 하지 않습니다. 허공에 XR 형태로 구현되는 시뮬레이션 기능을 이용해서 설계하고 조립한 다음에 실제 제작을 명령합니다. 그러면 시뮬레이션까지 끝내서 작동 가능성이 확인된 기계가 그 자리에서 제작되는 거지요.

설계, 제조, 시뮬레이션

메타버스의 가상현실 시스템은 설계 작업에 많이 적용되고 있습니다. 테스트가 필요한 물건의 물리적 수치와 특성을 입력해 현실과 유사한 가상공간에서 실험을 진행하는데요. 시간과 공간의 제약을 뛰어넘을 수 있고, 개발 시간과 비용을 크게 단축할 수 있습니다. 특히 여러 명이 협업을 할 때 설계된 결과물을 보며 바로바로 수정할 수도 있는데요. 이들은 한 공간에 있을 수도 있지만, 메타버스의 장점을 발휘하면 서울, 뉴욕, 파리, 뭄바이의 작업자들이 모여 협업 설계를 할 수도 있지요.

'더 와일드'는 VR 기반 원격 건축 설계 협업 플랫폼입니다. 가상공간에서 설계된 건축물을 고객에게 보여주고, 고객의 피드백을 받아 바로 시각화하고 공유하는 건축 설계 특화 서비스인데요. 하나의 가상공간에 총 여덟 명까지 협업할 수 있습니다.

원격으로 만나 VR을 활용해 몰입감을 높여 설계를 같이하고 검토하고 수정하지요. 동료가 설계를 수정하는 모습을 실시간으로 보고, 피드백 역시 실시간으로 전달합니다. 예전에는 아크릴로 모형을 제작해서 고객에게 보여주고, 피드백을 받았는데요. 이는 제작하기도 힘들지만, 수정하기도 쉽지 않았습니다.

자동차 설계에도 메타버스 설계 플랫폼이 쓰이는데요. 특히 시뮬레이션을 통해 설계와 디자인, 주행 감각 등 세밀한 조정이 필요한 부분에서 메타버스를 적극 이용 중입니다. 포르쉐는 가장 적극적으로 가상공간에서 자동차 주행 실험을 진행하는 기업 중 하나입니다. 포르쉐는 최근 연구 개발 중인 신형 마칸 전기차를 가상공간에 배치해 다양한 주행 시뮬레이션을 진행한 후에 실제 도로 주행을 했습니다.

특히 공기저항을 고려한 설계를 시뮬레이션하면서 바로바로 수정할 수 있습니다. 포르쉐는 '가상 르망 24시' 등 메타버스 공간에서 펼쳐지는 레이스 대회에 출전하는 E-스포츠팀을 따로 구성할 정도로 메타버스를 잘 활용하고 있어요.

BMW는 에픽게임즈로부터 언리얼 엔진 기반의 BMW 맞춤형 엔진을 따로 받고 있습니다. 이는 BMW 개발 차량의 테스트를 하기 위해 실제처럼 게임 환경을 구현한 것입니다. 메타버스 환경을 십분 활용해 시뮬레이션을 진행하고 있는 것이지요.

이렇듯 제조 및 건설업에서 메타버스는 현실의 경험을 재현하는 데 초점을 맞춥니다. 그래서 현실의 물리법칙과 환경까지 충실히 재현하며 효과적인 시뮬레이션을 가능하게 해주죠. 양자컴퓨터라든가, 디스플레이 기술이 조금 더 발달하면, 복잡하고 어려운 과학 실험까지도 메타버스로 가능할 것입니다. 우주의 탄생까지 메타버스의 시뮬레이션 실험을 통해 재현할 수도 있을 거라 기대하니까요. 여러 제조업체에서 메타버스 시스템을 활용할 수 있으면 설계하고, 만들어보고, 시뮬레이션을 통해 다시 수정하는 과정에 걸리는 시간과 비용을 획기적으로 단축할 수 있습니다.

가상 공장

제조업에서는 물건을 만들 때뿐 아니라 수리하고 관리할 때도 메타버스 시스템을 이용하고 있습니다. 전반적으로는 가상 공장을 구축하고 공장에서 물건이 만들어지고, 관리되어 출시되는 과정까지, 그리고 수리에 이르기까지 전 과정을 메타버스로 구축하려고 하는 것이지요.

유럽 최대 항공기 제조사 에어버스는 '미라MiRA'라는 AR 시스템을 통해 이 회사가 제작하는 항공기의 모든 정보를 엔지니어들에게 삼차원으로 제공합니다. 스마트글라스, 태블릿을 이용해 작업 중 필요한 부품 정보, 재고 현황, 전체 조립도면, 공장 가동 현황 등을 파악할 수 있는데요. 이를 통해 A380 기종의 일부 부품 검사 기간을 3주에서 3일로 단축하는 데 성공했지요. 전체 공장에서 이루어지는 공정을 메타버스 시스템에 넣은 겁니다.

이와 관련해 정부는 2024년까지 XR 학교를 세운다는 계획을 발표했어요. 확장현실은 가상현실과 증강현실을 아우르는 혼합현실 기술을 망라합니다. 메타버스 시대에 제조업도 본격적으로 산업의 진화를 도모하는 행렬에 뛰어들어야 한다고 선언한 거지요. 그 이유는 제조업의 생산성 향상 때문입니다. 자동차, 화학, 조선·해양 등의 중공업 분야에 가상 공장을 구축하는 건데요. 협력을 통해 가상 환경에서 설계를 같이하기도 합니다. 여기서 그치는 것이 아니라, 가상 공장에서의 시뮬레이션을 통해 품질 검증도 수월하게 하고요. 제조 공정의 운영도 효율적으로 관리하게 하지요. 각종 부품에 대한 정보, 재고 현황, 공장 가동 현황 등을 한눈에 판단하고, 그에 따라 작업 과정을 조정합니다.

증강현실이 적용되는 제조업 분야의 메타버스는 제조 현장의 작업 환경까지 스마트하면서도 직관적으로 바꿀 것입니다. 빅데이터, AI, 머신러닝에 의한 공장 운영을 보기 좋게 가시화해서 우리에게 보여주는 형태가 바로 메타버스로 구현되는 스마트 공장입니다.

가상 주택

건설업 역시 설계 부분이 가장 눈에 띄게 빨리 메타버스 시스템을 적용할 것 같은데요. 그 외에도 건축물을 만드는 과정이나 소비자에게 선보이는 과정에도 메타버스는 활용될 것입니다.

가상 주택 전시관

건설사는 건물을 짓기 전에 견본관을 만들고 그다음에 분양하는데요. 이 견본관을 운영하는 것은 비용이 드는 일입니다. 지었다 허물었다 하는 것도 자원 낭비고요. 하지만 소비자로서는 일생일대의 큰 소비인데, 눈으로 확인하지 못하고 물건을 살 수는 없잖아요. 그래서 디지털 트윈으로 가상 주택 전시관을 구현하는 겁니다.

고객들은 여기에 들어와서 삼차원으로 구현된 주택을 구경하고, 옵션을 선택할 수 있습니다. 벽지나 마감재도 적용해보고 선택하고요. 난간을 어떻게 할지 가상공간에 실현해보고 직접 눈으로 본 뒤에 좋은 것을 선택할 수도 있을 것입니다. 제휴가 가능하다면 가구나 전자제품도 여러 브랜드의 제품들을 이것저것 배치해보면서 어울리는 것으로 미리 살 수도 있겠지요.

포스코건설은 2021년 4월에 더샵 송도 아크베이 가상 주택 전시관을 열었습니다. 실제 견본주택에 방문한 듯한 생생한 느낌을 기반으로 분양정보를 체험할 수 있도록 서비스를 제공했어요. 견본주택에 입장하면 단지 소개부터 입지 투어, 내부 투어, 상담 예약까지 경험할 수 있도록 구성되어 있습니다. 단지 내 다양한 커뮤니티 시설까지 3D VR 투어를 통해 확인할 수 있습니다. 아직 메타버스가 적용된 형태라고는 할 수 없지만, 메타버스가 적용되면 어떻게 될지 예측해볼 기초 자료는 마련된 상태입니다.

시공 관리 플랫폼

건축은 설계도 중요하지만 시공이 그 설계대로 되는 것도 매우 중요합니다. 그런데 현장에서는 제대로 시공이 되었는지 정확하게 검수하기는 어렵습니다. 일일이 작업자가 확인하면서 진행하기에는 시간과 비용도 만만치 않거든요. 이런 시공 과정에서 AR 기술을 도입해 작업하면, 효과적으로 시공 관리가 가능합니다.

현대건설은 'AR 품질관리 플랫폼'을 자체 개발했는데요. 건설

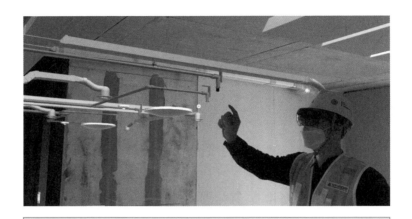

AR 웨어러블 기기 착용 후 시공 위치 및 작업 환경을 점검하는 장면(ⓒ 현대건설)

현장에서 작업 환경과 내용을 직관적으로 파악하고, 시공품질 검수도 보다 효율적으로 수행할 수 있습니다. 이때 마이크로소프트가 개발한 AR 웨어러블 기기 '홀로렌즈'를 통해 객체 정보 확인, 길이 측정, 3D 모델 조작(이동, 복사, 스케일, 회전, 모델필터, 숨기기) 기능을 활용할 수 있습니다. 쉽게 말하면 실제 건축물 위에 3D 모델을 증강해 시공 후의 품질을 효과적으로 예측하는 거지요. 이렇듯 건설업에서 메타버스를 활용하면 시공뿐만 아니라 시공 후 품질관리, 안전 점검 등에도 활용할 수 있습니다.

5.

메타버스의 진정한 포텐셜: 무한히 확장하는 커머스

플랫폼은 결국 커머스와 연결됩니다. 미국에 상장된 유통기업인 쿠팡의 2020년 거래액은 24조 원이었습니다. 그런데 네이버 쇼핑의 거래액은 28조 원입니다. 검색 플랫폼을 기반으로 압도적인 사용자를 확보한 네이버는 쇼핑 전문기업이 아닌데도 쇼핑 전문기업보다 더 많은 매출을 올리고 있습니다.

사람들이 있는 곳에는 상품과 유통이 있습니다. 넷플릭스는 콘텐츠에 집중하기 위해 광고도 안 받는 기업인데, 2021년 6월 온라인 스토어를 연다고 밝혔습니다. 넷플릭스닷숍^{Netflix.shop}을 열고 수개월 안에 다른 나라로 운영을 확대하겠다는 건데요. 품목은 시계, 보석, 수집용 캐릭터, 홈데코, 일상복 등 다양합니다. 넷플릭스 인기 콘텐츠의 IP를 활용해서 관련 제품들을 선보일 예정이라니 〈더 위쳐〉의 헨리 카빌이 들고 나오는 칼을 판다거나 〈승리호〉의 김태리가 입었던 항공 점퍼를 파는 식으로 사업을 벌이겠지요. 넷플릭스의 온라인 스토어 사업 진출은 OTT 시장에서 경쟁자들이 늘어 회원 증가가 한계에 다다랐을 때 기존 회원을 활용하여 매출을 증가시킬 수 있는 전략으로 평가받고 있습니다.

현재까지 현실의 커머스와 물 흐르듯이 연결되는 메타버스는 많지 않지만, 결국 메타버스도 사람들이 모이면 커머스로 연결이 될 수밖에 없습니다.

쇼핑 체험

오프라인에서 쇼핑할 때는 상품을 눈앞에서 본다는 점이 가장 큰 매력입니다. 특히 옷이나 신발, 액세서리는 모델이 입은 것과 자신이 입은 것에는 차이가 있습니다. 온라인 상거래 초창기에는 규격화된 전자제품은 쉽게 거래가 이루어졌지만, 패션 아이템들은 거래가 잘 이루어지지 않았습니다.

지금은 온라인 쇼핑이 자리를 잡아서 의류 역시 무척 활발하게 거래가 이루어지지만, 여전히 많은 사람은 입어 보기 전까지는 확신할 수 없다는 태도를 보이지요. 본격적인 메타버스로 가기 전 단계에서는 우선 AR을 이용해서 옷을 입어보고, 액세서리를 착용해

보는 서비스가 눈에 띕니다. 파인주얼리 브랜드 '골든듀'는 주얼리를 가상으로 착용해볼 수 있는 'AR 가상 착용' 서비스를 선보였어요. 이 서비스를 이용하면 소비자는 가상으로 여러 제품을 번갈아 착용해보며 자신에게 어울리는 제품을 고를 수 있습니다. 그리고 반지의 경우에는 인공지능이 손가락 위치, 포즈, 길이 등을 실시간으로 인식해 사이즈 오차를 줄여줍니다.

증강현실을 이용한 쇼핑은 옷을 입어 보고, 신발을 신어보는 체험형 고객 경험을 선사합니다. 업체의 홈페이지에 걸려 있는, 아무거나 걸쳐도 태가 날 모델들의 사진을 참고해 쇼핑하면 실패 확률이 높아지는 것이 현실인데요. 나 자신에게 적용해보는 AR 기술은 쇼핑의 유용성과 실용성을 담보합니다.

AR 기술을 접목해서 옷을 입고 신발을 신어보는 것보다 조금 더 진일보한 쇼핑 경험은 쇼핑 공간을 메타버스에 구현하는 것이겠지요. 실제로 매장을 3D 형태로 구현해서 현장감을 높이려는 다양한 시도가 이루어지고 있습니다.

패션 브랜드 발렌티노는 크리에이티브 디렉터인 피에르파울로 피치올리Pierpaolo Piccioli의 집을 디지털 트윈 기술로 구축했습니다. 실제 집과 똑같은 이 가상의 집에서 하우스 투어를 하다가 눈에 띄는 신발, 옷, 가방 등의 제품을 클릭하면 쇼핑몰로 연결되도록 설계했습니다.

버버리와 돌체앤가바나는 지역별로 매장을 그대로 3D 스캔해서 디지털로 구현했습니다. 신세계인터내셔널은 폴스미스와 맨온

더분 등 패션 브랜드를 중심으로 3D 스캐닝 기술을 적용해 오프라인 매장을 온라인에 구현했고요. 코오롱인더스트리는 자사 캐주얼 브랜드 럭키마르쉐를 활용해 가상현실을 접목한 VR 상점을 선보여 고객 유입을 증가시키는 성과를 냈습니다.

개별 브랜드뿐 아니라 백화점도 이런 쇼핑 경험 구축에 동참했는데요. 현대백화점은 2021년 5월 VR로 매장을 둘러볼 수 있는 'VR 판교랜드'를 운영했습니다. VR 판교랜드는 VR 기술을 적용한 가상의 백화점인데요. 판교점을 디지털 복사해서 가상의 공간으로 구현한 것으로, 판교점의 지하 1층부터 10층까지 50여 곳을 360도 둘러볼 수 있었습니다. 특히 페라가모, 발망, 아미 등의 명품 매장은 'VR 쇼룸'을 따로 운영해 매장에 진열된 상품을 자세히 볼 수 있게 했고요. 온라인 구매는 물론 카카오톡을 이용한 구매 상담도

현대백화점 판교점이 선보인 가상 백화점 'VR 판교랜드'(ⓒ 현대백화점)

가능하게 했습니다. 점원에게 물어보고 살 수도 있는 거지요.

화면을 통해 백화점을 걷다 보면 미니게임도 나오고, 미니게임을 즐기다 보면 쿠폰도 받을 수 있어, 어떤 면에서는 실제 쇼핑보다도 실속 있고, 재미있는 방식으로 쇼핑을 경험할 수 있습니다.

쇼핑에서 무엇을 사느냐도 중요하지만 어떤 고객들은 쇼핑 체험 자체를 중요시하고, 거기서 즐거움을 찾습니다. 아직 본격적인 메타버스 커머스의 시대라고 할 수는 없지만, 우리는 분명 메타버스 커머스를 향해가는 단계의 노력과 시도, 실험이 이루어지는 단계에 살고 있습니다.

메타버스 커머스

완전하게 구현된 커머스는 어떤 모습일까요? 메타버스에서 실현되는 커머스는 메타버스에서 아바타를 통해 가상매장에서 간접적으로 상품을 사용해보고, 경험을 쇼핑에 연결시켜 구매하고, 실물 배송까지 이어지는 구매 시스템을 일컫습니다.

일본의 미쓰코시 이세탄 백화점은 2021년 3월 'Rev Worlds'라는 메타버스를 통해 신주쿠점의 쇼핑 서비스를 개시했습니다. 온라인 쇼핑몰에서 판매하는 상품들을 가상세계에서 미리 경험한 후 구매할 수 있는데요. 일본인뿐만 아니라 해외 소비자들도 가상세계의 백화점에 방문해 쇼핑할 수 있게 했습니다.

현재 입점한 사람들과 대화도 가능해 자유롭게 소통하며 쇼핑할 수 있습니다. 물론 일본어를 잘하면요. 아직은 동시통역 서비스가 기술적으로 구현되지 않은 상태입니다. 현재는 베타버전으로 한정된 공간만 공개하고 있지만, 다른 공간과 더 많은 점포를 공개한다고 합니다.

아무래도 커머스 메타버스의 아바타는 현실적으로 자신과 닮은 모습으로 설정될 가능성이 큽니다. 그래야 옷도 입어 보고, 화장품을 써볼 때 현실적인 느낌을 알 수 있으니까요. 디지털 휴먼 기술을 활용해 진짜 사람처럼 아바타를 만드는 겁니다. 사실 지금의 메타버스는 일반 사용자의 컴퓨터 성능이나 인터넷 속도를 고려할 때, 부담이 없는 유니티 엔진으로 구현됩니다. 아바타들이 귀엽지만 그렇게 진짜 같지는 않지요. 반면 언리얼 엔진으로 메타버스를 구현하게 되면 제작 비용도 많이 들고 무엇보다 사용자의 사용환경에서 구동이 안 될 가능성도 생깁니다. 굉장히 실사에 가까운 게임을 구현할 때 이 언리얼 엔진을 툴로 쓰거든요.

이렇게 볼 때 쇼핑 메타버스는 본격적인 구현에 시간이 조금 더 걸릴 수도 있어요. 5G는 4G인 LTE보다 데이터 용량은 약 1,000배 많고, 속도는 200배 빠른 차세대 이동통신입니다. 세계적으로 보면 5G는 이제 인프라가 깔리며 본격적으로 상용화되고 있는데요. 5G의 최대 속도 20Gbps보다 다섯 배 빠른 100Gbps의 전송 속도로 구현할 것으로 예상하는 것이 6G입니다. 6G는 2030

년쯤 실현될 것으로 예측합니다. 바로 이때 쇼핑 메타버스가 폭발적으로 성장하겠지요. 휴대용 장비로도 현실과 구분이 안 되는 시각효과가 끊김 없이 구현될 수 있다는 얘기니까요(하지만 5G 상황에서도 최적화 기술을 통해 얼마든지 이 시기가 앞당겨질 수 있으니, 6G가 상용화되는 시점이라는 예측은 '최대치로 잡았을 때'라는 전제가 붙어야 할 것 같네요). 이때가 되면 〈레디 플레이어 원〉의 메타버스인 '오아시스'가 구현될 수도 있습니다. 메타버스에서 일하고 번 돈으로 현실에서 쇼핑하는 거지요. 현실 금융과도 잘 융화되어 있다는 뜻입니다.

메타버스 커머스의 성장 속도와 발달 속도는 누구도 쉽게 예측할 수 없습니다. 다만 우리는 스마트폰의 사례를 알고 있습니다. 스마트폰이 처음 나온 2007년 이후, 대중에게 보급되기 시작한 것은 2009년 '앵그리버드'라는 게임이 히트하면서부터입니다. 그때까지 스마트폰은 게임이 되는 핸드폰으로 여겨졌지요. 그러다가 '모바일 쇼핑이 대세'라는 기사가 나오기 시작한 것은 2014년입니다. 이때 모바일 쇼핑 매출액은 10조 원 정도였고, 2020년의 모바일 쇼핑 거래액은 108조가 조금 넘습니다. 11년 전인 2009년에 30억 원이었는데 말이지요.

메타버스 커머스가 어디까지 성장할지는 아무도 모릅니다. 하지만 쇼핑 경험까지 제공하는 가상공간의 커머스가 모바일 커머스보다 파괴력이 덜하지는 않으리라는 점은 분명합니다.

메타버스 리딩 기업의
생존 전략

5강

대메타버스 시대를 맞아 비즈니스 주체로서 기업이 해야 할 일은 무엇일까요? 말하자면 어떤 역량을 갖춘 기업이 돈을 벌 수 있을까요? 메타버스 시대는 초기인 만큼 현재까지 메타버스로 돈을 번 기업은 다국적 대기업밖에 없습니다. 메타버스의 플랫폼을 만드는 데 실제로 막대한 자본과 기술이 필요하기 때문이지요. 그래서 대기업, 특히 대기업도 IT 분야나 참여할 수 있다고 생각하기 쉽죠. 그래서 중소기업이나 IT기업이 아닌 경우는 마케팅으로나 접근하지 메타버스 자체로 돈을 버는 것은 힘들다고 느낄 수 있어요. 하지만 스마트폰을 생각해보시면 됩니다.

스마트폰 초창기에는 삼성, 애플처럼 스마트폰 생산 회사들만 돈을 벌 수 있었죠. 2~3년 지나니까 스마트폰 초창기 인기 게임인 '앵그리버드' 앱이 나와서 스마트폰이 본격적으로 보급되는 동시에 앱으로 돈을 버는 개인과 기업이 나오기 시작했습니다. 그 후에 소셜 미디어가 광고로 돈을 버는 구조를 스마트폰에 구축하더니, 'O to O'라는 개념으로 상업적 거래가 스마트폰상에서 일어나기 시작합니다. 지금은 어떤 비즈니스를 하든 스마트폰 없이 설계하기 어려워졌어요. 철강을 만들어 기업에 파는 업체도 일할 때는 스마트폰을 사용합니다.

비즈니스적 측면에서 메타버스에 관심을 가지는 것은 메타버스가 비즈니스의 툴로서 기능할 가능성이 충분하기 때문이거든요. 그러니 당장 눈앞에 돈 될 거리가 보이지 않더라도 메타버스 흐름 밖에 있어서는 안 됩니다. 한번 놓친 흐름을 따라잡는 것은 여간 어려운 일이 아닙니다. 지금 당장 최고 선도기업의 자리에 있다고 해도 말이죠. 웹의 시대가 열리던 때 IBM이 그랬고, 스마트폰의 시대가 열리던 때 노키아가 그랬듯이 말이죠. 한순간의 뒤처짐 때문에 1등 기업이 순식간에 몰락해버리는 게 지금 비즈니스의 속도감이거든요. 그 역사를 알고 있는 기업은 다가오는 메타버스의 시대를 놓치지 않으려고 선제적으로 관심을 기울이고 투자하고 있습니다.

중소 규모의 기업, 혹은 자영업자라고 해도 메타버스 시대를 준비해야 합니다. 앞서 이야기한 스마트폰으로 인한 비즈니스 패러다임의 대전환은 불과 10~12년 사이에 일어난 일입니다. 예전처럼 한 기업이 일어나서 대기업으로 자리 잡기까지 50~100년 걸리는 때가 아니라는 거지요.

메타버스의 변화나 방향을 눈여겨보고 있다가, 굽이치는 변화의 흐름에 탑승하여 비즈니스계의 거대 흐름을 놓치지 말아야 합니다. 그러기 위해서는 비즈니스를 준비하는 입장에서 기본적으로 취해야 할 자세가 있습니다. 출발할 때가 되어서야 배낭을 꾸리는 것이 아니라 언제든지 출발해도 괜찮을 만큼 배낭을 미리 꾸리는 것입니다.

1.

메타버스 인문학:
문제는 기술이 아니라 사람이다

메타버스를 이야기할 때 자꾸 빠지기 쉬운 함정이 기술입니다. 어떤 기술 위에 메타버스가 세워졌으며, 구체적인 작동원리에 관심이 있는 것은 메타버스의 개발자들이겠지요. 일반적인 사용자들에게는 지루하기 짝이 없는 설명입니다. 우리가 아파트에 살고 있지만 아파트가 어떤 식으로 건설되고, 구체적인 구조는 어떻게 되며, 단열을 위해 벽 시공을 어떻게 했는지 모르는 것이나 마찬가지죠. 아파트 100채를 가진 부동산계의 거물이라도, 아파트 시공 원리를 다 알고 있지는 않을 겁니다. 그것에 관심을 가진 사람은 건설업자죠.

메타버스의 기술적인 토대는 전문 엔지니어의 영역으로 남겨놓으면 됩니다. 비즈니스에 임할 때는 엔지니어링의 영역이 있다는 것을 염두에 두고 시작하시면 됩니다. 기술적 측면을 사용자들에게 일방적으로 설명하며 전문가임을 자랑하는 순간 사용자들의 관심에서 멀어질 수밖에 없습니다.

의외로 많은 비즈니스맨이 사용자들을 설득하려고 해요. 스티브 잡스처럼 '사용자들은 자신들이 원하는 것을 모르니, 설문 조사하지 말고 좋은 것을 제시해주면 된다'라는 식으로 생각하는 것 같습니다. 이 말에 저도 일부분 동의합니다. 아직 세상에 없는 것에 대해서는 사용자들이 어떤 반응도 나타낼 수가 없으니까 '원하는 것을 모른다'는 말로 표현할 수 있거든요. 하지만 이 말이 사용자들의 반응이나 수준을 무시하라는 말은 아닙니다. 기술이 나오고 서비스가 구현되는 순간부터 이용과 평가는 온전히 사용자들의 몫입니다. 그 평가를 무시하고, 바로 잡으려고 (정확히는 기업의 의도대로 가게 하려고) 애쓰는 순간 비즈니스는 내림세를 타게 됩니다. 결국 바람직한 방향은 기술을 사용하게 만드는 것이 아니라 사용자들이 원하는 것이 구현될 수 있도록 기술을 다듬고 개발하는 것입니다.

메타버스 휴머니티

인문학이 비즈니스계에 크게 유행한 적이 있습니다. 아이폰 때문이죠. 기존 비즈니스 환경, 라이프스타일에 혁명적인 변화를 일으킨 아이폰이 기술의 집약체라기보다는 인문학의 성과물이라는 분석과 이야기가 비즈니스계를 강타한 거지요.

그때 이후로 CEO들 사이에 인문학을 배워야 한다는 유행이 생겨났지요. 하지만 인문학을 경영에 잘 이용한 사람은 그다지 나오지 않았고, 그 유행이 오래가지는 않았습니다. 지금도 CEO를 위한 강연이나 강의에 인문학 유행의 흔적이 조금 남아 있기는 하지만, 인문학은 인문학대로, 경영은 경영대로, 그리고 기술은 기술대로 각자의 이야기를 하는 바람에 처음처럼 인문학 관점의 비즈니스 분석이라는 것이 주목받지 못하고 있습니다.

하지만 메타버스에서의 비즈니스는 인문학적 관점을 가지고 와야 하는 수준이 아닙니다. 조금 과장하자면 메타버스 자체가 인문학입니다. 왜냐하면 메타버스는 인류에게는 또 하나의 삶의 터전이기 때문이죠. 경제활동이 일어나기 이전에 삶이 이루어지는 곳입니다. 그 삶의 결과로 경제활동이 있는 거예요. 그러므로 '인간이란 무엇이며, 인간은 왜 그렇게 행동하며, 그렇게 행동한 심리에는 어떤 배경이 있는가'에 해답을 주는 인문학을 기반에 두고 메타버스를 설계하고, 해석해야 합니다.

'어떤 광고를 잘 보는가'가 아니라, '사람은 어떤 삶을 원할까'라는 근본적인 질문에 답하는 메타버스가 결국 살아남을 것입니다. 메타버스에 구축되는 콘텐츠도 이런 인간 행동과 심리에 기반을 두고 설계되어야 성공 확률이 높아집니다. 그래서 인문학의 이해가 필수입니다.

10여 년 전에 비즈니스계에 던져진 인문학 화두가 사실은 일부 경영자를 타깃으로 한 것이라면, 메타버스 시대에 등장할 인문학 화두는 메타버스에 참여하는 모두의 것입니다. 인문학의 대중화가 일어나는 거지요. 개별 아바타의 행동, 생활방식, 사고방식, 의사결정 등은 메타버스를 이루는 환경과 어우러져서 서로 다른 패턴을 만들어낼 것입니다. 그러니까 한 메타버스에서 통하는 성공 방식이 다른 메타버스에 그대로 적용되지는 않는다는 말이죠. 좋은 상품이 언제, 어디서든 받아들여지는 환경은 아닌 겁니다. 품질에 신경 쓰고, 최고의 제품을 만들면 된다는 생각은 버리셔야 합니다.

코로나 사태 이후 가장 인기를 끈 재택근무 협업 툴은 게더타운입니다. 그래픽적으로 더 진화한 플랫폼이 많지만, 게더타운이 가장 인기 있는 협업 툴이었다는 것은 기술이 최고 우위의 조건이 아니라는 사실을 잘 보여줍니다. 협업에 몰입할 수 있는 것은 게더타운의 설계, 비교적 쉬운 인터페이스, 인간적인 요소들 때문이지 기술이나 그래픽의 수준 때문이 아니니까요.

메타버스로 인해 인류의 삶이 분화될수록 메타버스에서 또 하나의 삶을 사는 사람들을 이해해야 합니다. 이때 인문학은 필수적인 요소가 될 수밖에 없어요. 아마 메타버스 인문학이라는 분과가 출현하지 않을까 싶습니다. 물리적인 조건에 매이지 않은 상황에서, 말하자면 육체적인 제약을 벗어난 인간은 어떤 식으로 생각하고 움직일지를 연구한 적은 없으니까요. 지금까지 인류가 그렇게 살았던 적이 없거든요.

기업 내 인문학 교육은 사실 지금까지는 장식적인 면이 강했습니다. 앞으로 메타버스 시대에서는 인문학은 사용자들의 행동을 분석하고 예측하기 위해서는 필수적인 요소입니다. 그래서 인문학 교육을 선제적으로 강화할 필요가 있습니다. 메타버스 시대에 비즈니스를 선도하는 기업이 되려면 말이죠.

최고 인문학 책임자 CHO

회사 대표를 이르는 최고경영자^{CEO}는 'Chief Executive Officer'의 준말입니다. 원래는 이사회가 존재하는 큰 회사의 수장이라는 말로 쓰이는데, 이사회가 서류상으로만 존재하는 스타트업이나 자영업자들도 '사장님'이나 '대표님' 대신 이 호칭을 많이 쓰고 있습니다.

CEO는 의사결정을 최종적으로 내리는 사람이지만, 분야별로 그 최고 책임자를 따로 정하기도 하지요. CFO는 'Chief Financial Officer'의 약자로 최고재무책임자, COO는 'Chief Operating Officer'의 약자로 최고운영책임자죠. 최근 들어서는 '최고 크리에이티브 책임자^{Chief Creative Officer, CCO}'나 심지어 최고지식임원^{Chief Knowledge Officer, CKO} 같은 직책도 눈에 보입니다. CCO는 마케팅, 브랜딩, 광고, 콘텐츠 업계에서 존재하는 직무죠. CKO는 정보기술과 정보시스템이 조직의 경쟁력을 좌우하는 산업에서 자주 보입니다.

그렇다면 메타버스 시대를 적극적으로 대응하는 기업에서라면 'Chief Humanities Officer', 즉 CHO라는 최고 인문학 책임자의 직무도 나올 수 있습니다. 메타버스라는 새로운 삶에서 사용자들의 행동 패턴 분석과 예측이 중요한 요소가 될 수 있으니까요. 기업은 인문학적으로 접근해 비즈니스 행동과 기술적인 적용을 해석해야 합니다. 지금은 메타버스를 대비하는 기업들은 메타버스 TF를 가동하는 정도지만, 메타버스 비즈니스를 인문학적으로 접근하는 것이 더 적극적이고 효율적인 방향이라고 하겠습니다.

메타버스 데이터 통찰

현대 경영에 데이터가 얼마나 중요한지는 아마존, 넷플릭스, 알리바바 같은 기업의 예를 들지 않더라도 모두 인지하고 있을 것입니다. IT$^{\text{Information Technology}}$, BT$^{\text{Bio Technology}}$의 시대를 지나 이제는 DT$^{\text{Data Technology}}$의 시대라는 말은 이미 5~6년 전에 나왔습니다. 디지털 시대의 금맥은 데이터입니다.

글로벌 기업들이 당장 어떤 방법으로 돈을 벌 것인가에 대한 구체적인 방법이 안 보이는 상황에서 천문학적인 돈을 메타버스 구축에 쏟아붓는 것은 초창기 메타버스에서의 행동 데이터를 모으려는 의도가 다분합니다. 빅데이터를 수집하는 기술과 AI로 분류하는 기술은 이미 개발된 상황입니다. 이제는 실제로 움직이고 행동하는 데이터가 필요하거든요.

넷플릭스가 우편 DVD 대여 사업을 시작했을 때 '블록버스터'라는 비디오 대여 시장의 강자가 있었는데, 넷플릭스는 데이터에 근거한 추천 시스템을 가동하여 타이틀의 불리함을 극복했습니다. 또 스트리밍 서비스의 도입과 함께 넷플릭스가 자랑하는 나노 단위의 분석을 통한 추천 서비스를 시행했습니다. 지금 넷플릭스가 수집하는 데이터는 사용자가 시청한 영화 목록 정도가 아닙니다. 어디까지 보았으며, 빨리감기를 한 곳은 어디며, 어떤 섬네일에 반응했는가 등 세세한 정보가 모두 수집되어 데이터로 쌓입니다.

넷플릭스는 영화 추천뿐 아니라 섬네일, 제목을 어떻게 할지도 감으로 하지 않습니다. AB테스트를 통해, 즉 일부 사람에게는 A를, 일부 사람에게는 B를 노출한 뒤 실제로 더 클릭이 많이 일어나는 것이 무엇인지 확인하고 나서 채택하지요. 철저하게 데이터를 가지고 의사결정을 하는 거예요. 넷플릭스가 OTT 서비스가 되면서 데이터의 수준이 깊고 넓어졌을 뿐 아니라 무엇보다 많아진 거예요. 이 데이터는 넷플릭스가 영화나 드라마 등 오리지널 시리즈를 제작할 때도 참고로 쓰입니다.

이런 엄청난 양의 데이터를 수집하고 분류하는 일이 현재 기술로 가능합니다. 그러니 메타버스에 투자할 기업이라면 데이터를 어떻게 수집해야 할지 너무 고민할 필요가 없습니다. 그리고 그런 기술이 없다 하더라도, 글로벌 기업들이 데이터 수집 툴을 빌려주기도 합니다.

문제는 그 데이터의 해석과 사용이죠. 너무나 기계적으로 흘러갈 것만 같은 넷플릭스의 추천 시스템도 사실은 아주 강력한 휴먼터치에 기반하고 있습니다. 영화 자체를 분석해서 태그를 다는 태깅 작업은 인간이 합니다. 넷플릭스 분석전문가들은 36페이지에 달하는 가이드에 따라 태깅합니다. 넷플릭스에서는 이 작업을 '넷플릭스 양자이론'이라고 부르는데, 콘텐츠 정보를 더 이상 쪼갤 수 없는 수준까지 쪼갠다는 의미에서 이렇게 부른다고 해요. 넷플릭스는 태그 유형을 1,000개 이상 개발했고, 이 태그 유형을 활용해서 비디오 콘텐츠를 7만 6,000개가 넘는 마이크로 장르로 분류합니다. 이 마이크로 장르 태그와 사용자 이력, 습관, 행동 데이터를 결합하고 기계학습을 적용해서 2,000개가 넘는 취향 그룹을 만들었어요. 이 취향 그룹의 데이터를 바탕으로 개인 맞춤형 영화를 추천합니다. 그래서 시작화면은 개인마다 다 달라요. 사용자가 2억 명이고 보통 한 계정에 평균 2.5명 정도가 있으니까, 5억 개의 시작화면이 있습니다.

메타버스 초창기에 데이터는 굉장히 귀중한 정보지만, 그 데이터를 쌓아놓기만 해서는 아무 의미가 없습니다. 데이터에 의미를 부여하는 것은 최종적으로는 인간의 통찰이 필요한 영역이죠. 기업은 직접적이든 간접적이든 초창기 메타버스에 쌓이는 데이터를 어떤 통찰을 가지고 해석할 것인가에 대한 비전과 계획을 수립해야 합니다. 무작정 데이터만 수집하는 것이 전부는 아닙니다.

2.

메타톤을 구현하라:
빠르게 시도하고, 판단하고, 정리한다

지금 이 책을 보고 있는 시간에
도 메타버스는 급격하게 변하고 있습니다. 한 해가 지나면 이 책에
소개된 사례들은 흘러간 추억이 되어 있을 거예요. 그만큼 상황이
급변하고 있지요. 비단 메타버스뿐만 아니라 요즘 경영 트렌드에
관한 이야기는 이런 어려움을 가지고 있더라고요. 전기차 업체인
테슬라 이야기를 써서 출간하려고 하면, 이미 책에 나와 있는 것과
다른 방향으로 가고 있고요. 비트코인 환산액은 책이 출간되는 시
점에 가격이 어느 정도인지 짐작조차 되지 않아 대강의 환산액이
라도 표기할 수가 없습니다.

메타버스의 변동성은 더욱 심합니다. 왜냐하면 지금이 곧 혁명
의 시작점인 것도 있지만, 메타버스의 성격 자체가 무언가 시작하

기에 많은 자본과 노력이 들어가는 구조가 아니기 때문이에요. 물론 메타버스의 틀을 만들고, VR 기기 같은 하드웨어적인 요소를 설계하고 보급하는 기업은 사정이 다르지만, 소프트웨어적으로 접근하면 생각보다 간단하게 시작할 수 있거든요.

메타톤적 접근

'메타톤Metathon'이라는 말은 '해커톤Hackathon'이라는 말에 착안해서 만든 말이에요. 그러면 일단 해커톤이라는 말을 알아야겠지요. 해커톤은 '해킹Hacking'과 '마라톤Marathon'의 합성어입니다. 마라톤처럼 일정한 시간과 장소에서 프로그램을 해킹하거나 개발하는 행사를 일컫는데요. 기업에서 해커톤을 한다는 것은 한정된 시간을 주고 기획자, 개발자, 디자이너 등 참여자가 팀을 구성해 쉼 없이 아이디어를 도출하고, 이를 토대로 앱, 웹 서비스 또는 비즈니스 모델 자체를 완성하는 행사를 말합니다. 이런 협력적이고 꾸준한 메타버스 설계나 비즈니스를 기획하자는 말이 메타톤이 되겠지요.

서비스나 프로그램을 기획해서 기획안을 만들고 그것을 발표해서 설득하는 것이 아니라 실제로 물건이나 서비스를 일단 만들어보는 겁니다. 아이디어 도출이 아닌 실제 서비스나 상품이 마지막 결과로 도출된다는 것이 핵심이죠. 카카오톡이 초창기에 이런 식으로 일한 것으로 유명합니다. 개발자가 고안한 서비스가 있다면 바로 만들고, 실제로 적용했어요. 전면적인 적용은 아니지만, 일부 사용자들에게 실제로 서비스를 노출해보고 아니면 접고, 괜찮으면 전면적으로 발전시키는 식으로 카카오톡 서비스를 발전시킨 거지요. 사실 이 방법은 IT업계에서 이미 일반적으로 쓰는 방법이기도 합니다. 기획, 보고, 승인에 쓸데없이 시간을 쓰지 않습니다. 결정권자의 결정이 무조건 옳다는 보장도 없어요. 실제 사용자들에게 먹힐지 안 먹힐지는 사용자가 써볼 때만 확실하게 알 수 있으니까요.

왜 예전에는 이런 화끈한 방식을 택하지 않았냐 하면 그럴 수가 없었기 때문이죠. 상품을 대량생산하던 시대에는 상품의 구조를 변경하거나 내용을 바꾼다는 것은 생산설비를 교체하고, 대량생산된 재고를 마주한다는 의미였거든요. 그렇게 대량생산된 물건을 어떻게든 팔아야 하니 마케팅에도 큰 금액을 쏠 수밖에 없었죠. 상품을 조금만 바꾸려고 해도 아주 신중할 수밖에 없었습니다. 기획안에, 보고에, PT에, 결정까지 시간이 오래 걸릴 수밖에 없었습니다. 큰 기업일수록 그 결정 하나로 큰 손해가 날 여지가 있어 결정권자의 의사결정 과정에서 '없었던 일'이 되기 일쑤였죠. 잘못되면 누군가 책임을 져야 하는데, 그게 일개 사원이 책임질 사이즈는 아니거든요.

하지만 IT의 시대가 되자, 무언가 새로운 것을 해보는 데 큰돈이 안 들게 된 거예요. 생산설비를 조정할 필요도 없고 재고가 쌓일 위험도 없습니다. 해보고 안 되면 초기화하면 됩니다. 비용이 들어갈 구석이 별로 없습니다. 그리고 사용자들에게도 전부 노출하기보다는 일부만 노출하는 거지요. 그렇게 되면 당장 직접적인 비교가 돼서 성과 측정에도 효과적입니다.

카카오나 네이버도 지난 10여 년 동안 승승장구한 것 같지만 진행하던 사업을 접은 경우도 많습니다. 가장 최근에 카카오가 접은 사업은 개인방송 플랫폼인 카카오 TV죠. 빅데이터 플랫폼 기업 아이지에이웍스에 따르면 2021년 4월 기준으로 카카오 TV 앱의 월간 순 이용자 수는 43만 명으로 유튜브의 4,170만 명의 구독자에 비하면 거의 100배 차이가 나거든요. 그래서 카카오 TV를 접고 오리지널 콘텐츠 생산에 집중하기로 했습니다. 이런 태도가 카카오나 네이버가 그동안 성공한 비결이 아닌가 싶어요.

메타버스 사업 역시 이런 IT 바탕의 기술이고요. 메타버스에서 무언가를 한다는 것은 상품을 위한 공장설비 설계, 재고 예측, 유통 라인 확보, 소매 상점 구축 등의 비용이나 시간이 들어갈 만한 일이 없습니다. 그러니 메타톤적 접근이 얼마든지 가능합니다. 한번 해보고 잘되면 계속하고, 아니면 그만두는 거지요. 이 단순한 접근이 메타버스 시대의 성공 방식이에요. 칼을 뽑으면 무라도 썰어야 한다는 낡은 생각은 버리세요. 목표물이 안 보이면 칼을 도로 칼집에 집어넣고, 좋은 기회에 다시 꺼내는 것이 현명합니다. 칼을 언제 뽑을지 신중하게 고민하기보다는 기회다 싶으면 수시로 칼을 뽑아서 언제라도 내리칠 수 있게 손이 바쁘게 움직여야 합니다.

더 작고 빠른 조직이 필요하다

조직의 기본자세가 메타톤이 되면, 조직의 구성도 그에 따라 바뀌어야 합니다. 고층 빌딩을 만드는 데 합판과 목재로만 만들 수 없듯이, 조그만 오두막을 만드는 데 철골을 세우고 시멘트를 부을 필요도 없거든요. 빠르게 만들고, 실험해보고, 재설계하는 것이 메타버스 사업의 특징이 된다면 조직도 그 속도에 맞게 경량화될 필요가 있습니다. 의사결정할 때마다 결재서류를 만들어서 허락받는 과정을 반복해야 한다면, 사실 메타버스에 올라탈 기업은 아닌 겁니다. 메타버스의 체감속도는 그 어떤 플랫폼보다 빠르기 때문이지요.

기본적으로는 메타버스에 맞는 기업의 조직은 '애자일 조직^{agile organization}'입니다. 애자일은 '민첩한', '재빠른'이라는 뜻인데요. 민첩하고 빠르게 움직인다는 점에서 애자일 조직이라고 하는 거지요. 경영환경이 급변하는 시대에 애자일 조직이 부상했는데요. 사실 한국의 경영환경에서는 잘 자리잡지 못했습니다. 여전히 한국의 조직은 대기업 특유의 색채가 강한데요. 신중하게 차근차근 리서치하고, 보고하고, 허락받고, 준비하는 겁니다. 한국이 이렇게 변하지 않는 것은 관련 업무가 애자일 조직에 맞지 않는, '하던 대로 하는 일'이라는 것이지요. 애자일은 신대륙에 필요하거든요. 그런 면에서 메타버스는 애자일을 할 수밖에 없는 사업입니다.

애자일 조직을 한마디로 정의하면 '부서 간의 경계를 허물고 필요에 맞게 소규모 팀^{cell}을 구성해 업무를 수행하는 조직'이라고 할 수 있습니다. 애자일 조직의 특징은 계획 세우기에 과도한 시간을 투입하지 않고 고객과의 접점에 있는 사람에게 권한을 부여해 민첩하고 효과적인 의사결정이 이루어지도록 한다는 것이에요. 중앙집권이 아닌 지방분권식이라는 얘기죠. 그리고 정보를 모두와 공유하지요. 상사에게 보고하는 것과는 다르게 정보를 모든 구성원과 공유하는 겁니다. 상사 역시 자신의 정보를 독점하지 않고 부하직원과 공유합니다. 그래서 수평적인 모습이 나타나죠.

저는 애자일 조직의 설명을 보면 잘 조직된 축구팀이 떠올라요. 11명이 각자의 위치에서 최선을 다해 자신의 역할을 하는데요. 실제 게임이 시작되면 감독이나 코치에게 보고하고 어떻게 할지 일일이 지시받을 수가 없잖아요. 팀 승리와 기본 포메이션이라는 큰 틀의 방향성은 존재하지만 어떤 시점에서 슛을 쏠지, 태클을 들어갈지는 플레이어들이 그때그때 상황에 맞춰 판단해야 하지요. 최선을 다하면서도 개인만 생각하는 것이 아니라 유기적으로 팀을 생각하면서 움직입니다. 때로는 패스하는 것이 전체에 유리하니까요. 선수들은 최고의 경기력을 위해 팀 훈련에도 참가하지만, 스스로 관리하며 컨디션과 기량을 최고로 끌어올리기도 하지요. 애자일 조직은 잘 훈련된 운동팀과 닮아 있습니다.

문제는 축구팀의 전술에는 정답이 없다는 것이지요. 잘 먹히던 전술이 특정 상대에게는 안 먹히기도 하고, 전술을 수행하는 선수가 다르면 효과적이었던 전술이 망하기도 합니다. 애자일 역시 마찬가지여서 시장 상황, 회사, 직원, 리더십 등의 여러 조건에 따라 가변적입니다. 어떤 경우에도 통하는 마법의 조직 구성법은 애자일 조직에는 없습니다. 그게 있으면 사실 애자일이 아니죠.

메타버스를 만드는 사업을 하든, 메타버스 안에서 콘텐츠를 생산하는 사업을 하든, 어떤 것을 하더라도 메타버스와 관계된 사업은 빠르게 변하기 때문에 실무자 수준에서 결정과 실행이 이루어져야 합니다. 그리고 메타버스 자체를 만드는 사업이 아닌 콘텐츠를 만드는 경쟁을 한다면, 그것은 기업과 기업의 경쟁이 될 수도 있지만, 개인과 기업의 경쟁이 될 수도 있습니다. 메타버스에 콘텐츠를 공급하는 사업은 현실에서처럼 문턱이 높지 않습니다. 메타버스의 대표 플랫폼인 로블록스는 로블록스 스튜디오 프로그램을 통해 게임을 만드는 툴을 제공하지요. 게임을 하는 개인들이 훨씬 더 사용자 친화적인 게임을 만들 수 있지요.

스마트폰 앱 콘텐츠 초창기에는 개인의 성공 사례도 많다가, 점점 기업의 자금과 인력을 당해내지 못하게 되었지요. 지금은 기업 차원의 콘텐츠 공급이 아니면 성공하기 힘들잖아요. 하지만 메타버스는 콘텐츠 제작 툴 자체를 제공해주기 때문에 개인들도 얼마든지 자신의 역량을 발휘할 수가 있어요. 유튜브에 방송국이 콘텐츠를 공급하면서 영상미라든가 편집의 기술, 출연하는 사람의 지명도 등 엄청난 경쟁력을 가진 콘텐츠가 등장했지만, 개인이 하는 콘텐츠 역시 경쟁력을 유지하는 것과 비슷하지요.

그러면 기업의 메타버스 경쟁자들은 다른 기업이 아닌 개인이 될 수도 있습니다. 아무리 애자일 조직이라고 해도 팀 단위의 움직임은 개인의 결정과 속도를 따라갈 수 없습니다. 그래서 메타버스에서의 경쟁과 속도에 적응하기 위해서는 '초애자일' 조직이 필요합니다. 초애자일 조직은 개인이거나 많아야 세 명을 넘지 않는 범위 내에서 움직여야 하고요. 마치 피시방에서 게임을 조직적으로 하듯이 세 명이 유기적으로 소통하면서 움직여야 합니다. 이 조직은 정기적으로 사무실에 출근하여 얼굴을 마주 대고 일할 필요도 없어요. 재택근무를 하되, 본사 조직과 유기적으로 연락하며, 초애자일 팀으로 움직여야 기업과의 경쟁, 개인과의 경쟁에서 살아남을 수 있지 않을까요.

콘텐츠에서 플랫폼 비즈니스까지 다양한 비즈니스 기회

글로벌 대기업은 물론이고 중견 기업도 메타버스 자체를 만들어보고 싶다고 생각할 수 있습니다. 자신의 플랫폼을 가지는 게 얼마나 중요한지는 웹과 앱의 시대를 거쳐 오면서 똑똑히 보았기 때문인데요. 바로 이런 도전을 하기 어려운 규모의 기업에도 비즈니스 기회는 얼마든지 열려 있습니다. 사실 역량만 있으면 개인도 도전할 수 있지만, 그래도 2~3명 정도의 친구들이 스타트업으로 팀을 짜서 도전하면 조금 더 빠르게 성장할 수도 있겠지요.

몇 번의 롤러코스터를 타긴 했지만, 트위터는 여전히 대표적인 SNS 중 하나인데요. 트위터의 전신은 2005년 설립된 팟캐스트 서비스 업체인 '오데오^Odeo'입니다. 애플이 만들어놓은 판 안에서 사업을 벌였던 거지요. 그러다가 애플이 팟캐스트 분야에 직접 진출하면서 내리막길을 걷습니다. 당시 임직원들이 브레인스토밍 끝에 의견을 모은 사이드 프로젝트가 바로 트위터였어요. 그렇게 2006년 트위터 서비스가 탄생했고, 2007년부터 트위터가 세상에 알려지게 되었죠. 트위터가 처음부터 SNS 서비스는 아니었습니다.

그렇게 보면 친구 두 명이 샌프란시스코를 찾은 사람들에게 방을 빌려주는 것으로 2008년에 시작된 에어비앤비, 하버드 학생들의 친목을 위한 네트워크로 2004년 시작된 페이스북은 정말 소소한 시작을 한 셈입니다.

메타버스라는 거대 산업의 흐름 앞에서 당장 내가 할 수 있는 게 없다는 태도보다는, 이 중에 어떤 것으로 먼저 접근하는 것이 효과적이겠는지를 생각해야 합니다. 메타버스 플랫폼을 만들겠다는 야망은 좋지만, 처음부터 그것을 목표로 삼아 도전하기는 어려울 수 있습니다. 메타버스의 특징은 '자유도'입니다. 자유롭게 경제활동을 추구해야 그 메타버스의 생명력도 가져갈 수 있으므로 사실 여러 메타버스에 콘텐츠나 커머스만 잘 구축해도 충분히 의미 있는 사업이 될 것입니다.

그 안에서 자유롭게 무언가를 만들어볼 수 있는 툴도 메타버스 사업자가 제공할 것이고요. 엄청난 개발비를 들이지 않고, 메타버스 생산 툴도 이용할 수 있을 것입니다. 예를 들어 에픽게임즈에서는 2022년 언리얼 엔진 5를 정식 출시하기 전에 2021년 5월에 얼리엑세스 버전을 공개했는데요. 그야말로 그래픽이 사진 수준이에요. 에픽게임즈는 목표 자체가 영화 CG 및 실사와 동일한 수준의 포토리얼리즘을 구현하고, 생산성 높은 툴과 콘텐츠 라이브러리를 통해 모든 규모의 개발팀이 실제 개발에 사용할 수 있게 하는데 있어, 이렇듯 실감 수준이 높은 퀄리티가 구현된 것이지요.

중요한 사실은 에픽게임즈에서 언리얼 엔진 5의 가격을 무료로 정했다는 것입니다. 사실 언리얼 엔진 4 역시 무료로 서비스되고 있고요. 다만 이 언리얼 엔진을 이용해 개발하고, 그것으로 상업적인 성공을 거두었을 때, 그러니까 언리얼 엔진으로 게임이나 플랫폼 같은 것을 구축해서 분기에 100만 달러 이상 벌었을 때는 사

현실과 그래픽의 벽을 허무는 고사양의 소프트웨어 언리얼 엔진 5(ⓒ 에픽게임즈)

용료로 5퍼센트를 달라는 것이 조건이죠.

에픽게임즈는 모든 기술을 오픈하고 있어요. 성공했을 때 돈을 달라는 것이니까, 한번 해볼 만하지요. 분기당 100만 달러를 버는 게임을 만드는 것이 결코 쉬운 것이 아니거든요. 사실상 중소 게임 제작사들에는 무료로 오픈이 된 셈이에요.

이 엔진을 메타버스 월드를 만드는 데 사용할 수도 있습니다. 언리얼 엔진은 여러 사람이 참여할 수 있는 '오픈 월드'를 손쉽게 제작할 수 있는 기능을 지원하고 있거든요. 그리고 큰 비용을 들이지 않고 메타 휴먼meta human을 만들 수 있는 제작법을 공개했어요. 메타 휴먼은 거의 사람과 흡사하게 보이게 구현된 고품질의 디지털 휴먼을 말합니다. 이렇듯 우리는 공간에, 배경에, 캐릭터에 언리얼 엔진을 쓸 수 있습니다. 메타버스를 만드는 데는 여러 가지 들어가야 하는 것이 많지만, 그 모든 것에 비용을 들여 개발할 필요는 없다는 거예요.

에픽게임즈는 메타버스에 대해 직접적인 견해를 밝히기도 했는데요. 에픽게임즈코리아 대표는 인터뷰에서 말했습니다. "에픽이 궁극적으로 생각하는 메타버스는 누구나 자기가 만들고 싶은 걸 만들어서 공유하는 플랫폼, 인터넷 공간이다. 아울러 현실과 구분하기 어려울 정도로 정교한 생태계라고 생각한다. 최근 에픽게임즈의 행보가 이상적인 메타버스에 다가가기 위한 준비가 아닐까 싶다."

사실 에픽게임즈 같은 사업구조를 보면 미국의 서부시대가 생각나요. 미국 서부시대의 골드러시는 캘리포니아 새크라멘토강 근처에서 금이 발견되면서 시작되었습니다. 사람들은 금을 찾아 서부로 발길을 옮겼죠. 미국 각지에서 10~20만 명 이상이 서부로 향했다고 하지요. 이때 가장 많은 돈을 번 사람은 누구였을까요? 물론 금을 찾은 사람은 어느 정도 돈을 벌었겠지만, 못 찾으면 그야말로 망하는 것입니다. 생활 터전까지 버리고 서부로 왔는데, 건진 게 아무것도 없으니 말입니다.

그런데 사람들이 금을 찾든 못 찾든 안정적으로 돈을 번 사람들이 있었습니다. 신문사 사주이자 상인이었던 샘 브랜더는 새크라멘토에서 금이 발견되었다는 것을 적극적으로 알려 골드러시가 일어나는 데 크게 일조했지요. 정작 자신은 금을 찾는 데 관심이 없었고, 금을 찾아 몰려든 사람들에게 채굴 장비를 50~70배의 이윤을 붙이고 팔아 엄청난 돈을 벌었다고 합니다.

또한 이 서부시대의 상징 같은 아이템이 있지요. 당시 광부들이 금을 깰 때 바지가 자주 찢어져 불편을 겪었습니다. 샌프란시스코의 무역상이었던 스트라우스는 자신이 얼마 전 납품하려다가 색상이 다르다고 반품당해 재고로 쌓여 있던 군용천막에 생각이 미칩니다. 재고 처리를 하지 못해 파산당할 위기에 놓여 있던 그는 이 천으로 바지를 만들어보기로 했고, 결국 오랜 채굴 작업에도 뜯어지지 않는 바지를 만들어요. 그게 바로 리바이스 청바지입니다. 골드러시는 지나갔지만, 청바지는 아직도 우리에게 남아 있지요.

골드러시 시대에 돈을 번 사람들은 운송업을 한 웰스파고나 숙

박 시설을 운영한 메리어트 호텔이었습니다. 그렇게 보면 암호화폐의 시대에 투자를 잘한 사람도 돈을 벌긴 했지만, 변동성이 심해서 손해를 본 사람도 많잖아요. 제대로 돈을 번 사람은 채굴기의 핵심이 되는 그래픽 카드를 팔았던 엔비디아죠.

따라서 메타버스를 구축하거나 접근하는 데 관련된 여러 산업의 수요도 예측해볼 필요가 있습니다. 비즈니스가 꼭 메타버스를 직접 만들거나 메타버스 내 콘텐츠를 공급하는 식으로 직접적인 관련성이 있지 않아도, 돈을 벌 기회는 얼마든지 있을 수 있습니다. 당장에 언리얼 엔진 5를 다루려면 프로그래밍 언어 C++과 블루프린트를 다루는 것이 유리하다고 하니까 관련 교육이 필요하겠지요. 메타버스의 발전 형태에 따라 비즈니스 기회는 계속 열립니다. 오히려 이런 간접 비즈니스가 안정적으로 오래 살아남을 수도 있고요. 그러니 메타버스의 발전 방향과 속도를 계속 눈여겨보며 점검해야 할 것입니다.

3.

권한의 파괴적 혁신:
결정권자를 바꿔라

2021년 한국 정당사에 초유의 사건이 일어났습니다. 초선도 아닌 0선의 36세 젊은이가 제1야당의 대표로 당선된 것이지요. 보수 성향의 당인만큼 당원들의 평균 나이가 젊은 것도 아닌데, 파격적인 투표 결과가 나온 것이지요. 그 얘기는 나이가 어느 정도 있으신 분들도 중요한 것은 나이, 연륜, 경험이 아니라 지금 이 시대, 이 상황에 맞는 합리적인 이야기를 하는지에 있다고 보고 판단했다는 거예요.

나이는 연륜이나 경험의 증거가 됩니다. 나이가 있으면 그에 따른 경험이나 배움이 있으므로 그만큼 연륜이 있을 거라는 전제하에 존경의 이유가 되었죠. 특히 사회 변화가 거의 없는 농경사회에서는요. 하지만 산업사회에 들어서면서 경험과 연륜의 역할을 기술이 대체하기 시작했고, 정보사회에서는 나이가 오히려 부담스럽게 작용합니다. 나이 드신 분들의 경험이 지금은 현명한 결정을 하는 재료가 되는 것이 아니라, 시대에 뒤떨어진 결정을 하게 만드는 방해물이기 때문입니다.

산업사회라 하더라도 변화는 느렸습니다. 농경사회처럼 변화에 몇 백 년이 걸리는 것은 아니었지만, 그래도 십여 년 단위로 변화가 일어났죠. 하지만 정보사회가 되면서 변화는 매우 빨라졌고, 스마트폰 시대에는 불과 10년 만에 세상이 뒤집힐 만한 변화들이 일어났죠. 120여 년 된 포드 자동차보다 20여 년 된 테슬라의 시가총액이 더 높습니다.

이제 경험은 결정의 방해 요소입니다. 경영환경에 큰 변화가 없을 때는 자신이 겪은 일의 경과와 결과를 알고 있다는 것이 크나큰 무기가 되었거든요. 지금은 얼핏 비슷하게 보이지만, 그것이 과연 전에 겪은 일과 같은 환경과 조건인지 확실치가 않습니다. 과거의 경험에 의존한 결정보다는 지금의 조건과 환경을 고려해서 최적화된 결정을 하는 것이 훨씬 중요해진 것입니다.

그러니까 지금 시대에는 나이가 많은 것이 문제가 아니라, 결정의 근거를 자신의 연륜과 경험에서 찾는 것이 문제가 되는 겁니다. 제1야당은 과거에 통했던 방식으로 선거를 치르다가 계속 패하자, 완전한 혁신의 칼을 스스로 빼 든 것이지요.

경영에도 이런 결단이 필요합니다. 관리직으로 갈수록 필드에서 직접적인 결정을 내리기보다는 권한을 분산해야 합니다. 결정은 가능한 현업의 플레이어들이 수행하게 하고, 그들이 놀아줄 판을 깔아주는 것이 중요한 직무가 되어야 합니다.

실체 없음을 인정할 수 있는가?

　　　　　　　　　　한 예능 프로그램에서 암호화폐 이야기가 나왔습니다. 한 출연자가 자신은 '주식은 조급해하며 알아보는데, 암호화폐는 언젠가는 올라갈 것이라는 믿음이 있으니까 마음 편히 기다리는 편'이라고 하니까, 같이 출연한 재테크 전문가가 깜짝 놀라며 반대로 해야 한다고 조언을 하더라고요. '주식은 사두면 기업이 나를 위해 일하니까 언젠가는 올라갈 수 있지만, 암호화폐는 아무도 나를 위해 일하는 사람이 없으니 위험하다'는 겁니다. 이어 다른 출연자가 자신도 암호화폐를 산 후에 앱을 지워버렸다면서 느긋한 투자를 한다고 하니, 그 자리에 모인 사람들이 '코인파'와 '주식파'로 갈려 싸우더라고요. 재미있는 것은 나이가 어느 정도 있는 사람들은 주식파, 나이가 비교적 젊은 사람들은 코인파였다는 것이지요.

　　암호화폐에 부정적 견해를 가진 사람들은 실물이 없고 가상세계에서 상상만으로 수요가 발생하고 거래가 일어난다는 것을 용납하지 못합니다. 사실 한 번도 경험해보지 못한 세상이지요. 이 사람들은 암호화폐 사용에 부정적입니다. 실제로 비트코인이 엄청나게 상승했던 적이 있었기 때문에 현상을 받아들이기는 합니다. 하지만 이해하지는 못하지요.

그런데 실체가 없으므로 가치가 없고 믿을 만하지 않다는 말은 어디선가 들어본 말입니다. 화폐가 처음 사용될 때, 사람들의 반응도 사실 이와 같았거든요. 금화나 은화는 그 자체로 내재가치가 있지만 지폐는 내재가치가 없으므로 절대 돈으로 쓰일 수 없다는 것이었죠.

1298년에 출간된 『동방견문록』에서 마르코 폴로^{Marco Polo}는 칭기즈칸의 몽골제국에서 화폐가 통용된다는 이야기를 썼습니다. 이것을 본 서양 사람들의 반응은 '역시 이 책은 확실히 거짓말이었구나'였습니다. 이때까지 서양에서는 화폐를 사용하지 않았거든요. 종이 쪼가리에 가치를 책정해서 금화 대신 사용한다는 것은 어떻게 생각해도 말이 안 되는 상황이었기에 마르코 폴로는 사기꾼 취급을 받았죠. 아무런 가치 없는 종이 쪼가리에 상상력을 더해 가치를 부여한 지폐는, '상상력'이 '신뢰'라는 개념으로 바뀐 채 지금까지 널리 쓰이는 거래수단입니다. 화폐라는 시스템에 익숙해져 있는 사람들은 돈이 사실은 상상의 산물이라는 유발 하라리의 논의에 깜짝 놀랐습니다. 돈이라는 실물이 뻔히 있는데 이게 왜 상상일까 하고 생각하는 거지요.

그런데 그 상상과 신뢰를 메타버스에 적용하는 것에 또 많은 이들이 이해의 시선을 거두어들입니다. 디지털상에 존재할 뿐인 아바타에 돈을 써서 구찌 신발을 신기는 것을 보고는 도무지 이해가 안 된다며 눈만 깜빡이고 있거든요. 실체 없는 믿음과 상상의 결과물을 우리가 이미 받아들이고 있는데도 말이죠. 실체로 보자면 월급이라는 명목으로 통장에 찍히는 숫자를 바꾸기 위해 한 달 내내 일하는 것도 사실은 이상한 겁니다. 그건 시스템이 구축된 거니까 실체가 있는 셈이라고 말할 수도 있을 거예요. 메타버스가 바로 그 시스템을 구축하는 중인 거예요. NFT 기술이 메타버스와 같이 이야기되는 것은 결코 우연이 아닙니다. 메타버스 내 경제활동을 보장해줄 신뢰의 기반이기 때문입니다.

메타버스에서 비즈니스를 펼칠 사람들은 산업사회의 비즈니스 모델을 따르면 곤란합니다. 이런 분들은 현상을 파악해서 사업을 전개해도 메타버스 자체를 이해하지 못할 거예요. 그러면 반드시 한계에 부딪히게 됩니다. 기존 시스템에 익숙해서 새로운 방식의 사고를 받아들이기 어려운 사람들을 설득해서 굳이 바꾸려고 하기보다는, 그런 분들은 메타버스 사업에서 배제하고 메타버스라는 가상의 공간, 상상의 물건, 약속으로 이루어지는 가치를 이해하고 받아들일 수 있는 사람들을 고용하고, 그들을 결정권자로 세우는 것이 낫습니다. 이건 나이의 문제가 아니에요. 메타버스를 이해하느냐 못하느냐의 문제죠.

그림자 위원회

　　　　　　　　　　　　　　과감한 인사 결정이 어렵다면 결정권자들을 보조하는 시스템을 만드는 것도 괜찮습니다. 규모가 있는 기업이라면 파격적인 결정은 하기가 어려울 수 있지요. 그럴 때는 구찌의 시스템을 참고할 필요가 있어요.

　구찌는 2014년까지 한물갔다는 평가를 들을 만큼 트렌드에 뒤처졌고, 성장은 정체되어 있었습니다. 2015년에 구찌는 13년간 일했던 무명의 디자이너인 알렉산드로 미켈레^Alessandro Michele를 수석 디자이너로 임명합니다. 같은 해 CEO로 부임한 마르코 비자리^Marco Bizzarri가 미켈레에게 어차피 망해가는 브랜드니까 걱정 없이 하고 싶은 대로 해보라고 자유를 주죠. 그해 구찌는 기존의 디자인과 전혀 다른 디자인을 내놓으며 파란을 일으킵니다.

　마르코는 자신들의 조직 역시 브랜드 이미지만큼 시대에 뒤떨어지고 보수적이라고 생각하고, 이런 조직의 결정이 새로운 세대들에게 외면받는 이유라고 진단했어요. 그래서 회사에서 외면받는 30대 이하 직원들의 이야기에 귀 기울이기 시작했죠. 그리고 그들을 그림자 위원회라는 정식 조직으로 만들고, 매주 임원 회의에서 논의된 주제를 그림자 위원회로 넘겨 다시 토론하게 했습니다. 그림자 위원회는 매번 임원 회의와는 전혀 다른 결과물을 내놓았고요. 마르코는 임원 회의보다는 그림자 위원회의 결정에 따랐죠. 그 결과 지금의 구찌는 밀레니얼 세대에게 신선함의 상징이 되었습니다. 당연히 매출도 크게 올라 한 해 20조 원 이상을 기록하고 있어요. 심지어 로블록스에서 구찌 가방이 465만 원에 팔리기도 했습니다. 실물이 아닌 로블록스에서만 드는 가방인데도 말입니다.

구찌의 사례에서 보듯이 기업의 결정권자를 바꾸는 것이 무리라면, 그림자 위원회 같은 조직을 만들어 제도적 보완을 하는 것도 방법입니다. 중요한 것은 직접적인 의사결정권자들이 메타버스 네이티브에 가까울수록 메타버스에서 유용한 결정을 내릴 가능성이 크다는 점입니다.

4.

메타버스 라이프 가이드: 메티즌의 삶을 도와라

메타버스는 플랫폼입니다. 사람들이 와서 뛰어놀게 만드는 것이 핵심이죠. 많은 사람이 모여 다양한 관계를 만들수록 해당 메타버스의 매력은 배가될 것이고, 그 매력은 더욱 많은 사람을 끌어와 선순환을 만들 것입니다. 비즈니스로 접근하는 사람들에게 이런 선순환 구조를 갖춘 메타버스는 꿈같은 시장이나 마찬가지죠. 알아서 마케팅되고, 저절로 사람들이 모이니까요.

메타버스에 사람들을 끌어오기 위해 모든 것을 컨트롤하는 순간 사람들은 메타버스에 매력을 잃을 것입니다. 게임처럼 개발사가 중앙집권식으로 컨트롤해야 한다는 생각을 버려야 합니다.

이탈리아의 유명한 동화 피노키오는 '거짓말하면 안 된다'는 교훈을 주는 동화지만, 보기에 따라서는 창조주와 피조물의 은유로 읽힐 수도 있습니다. 나무토막으로 피노키오를 만든 제페토 할아버지는 창조주에 해당하지요. 처음에 피노키오를 만들 때 제페토 할아버지는 말 잘 듣는 인형을 원했지만, 피노키오는 발이 달리자마자 집 밖으로 뛰어나가 세상을 멋대로 돌아다니기 시작합니다. 제페토 할아버지의 기대와는 전혀 다른 인형이 되었죠. 창작자가 의도를 가지고 피조물을 만들었다고 해서, 그 피조물이 꼭 창작자의 뜻대로 움직이지는 않습니다.

시를 쓴 작가가 독자들이 자신의 의도대로 시를 읽지 않는다고 기자회견을 열어 '내가 쓴 시는 그런 뜻이 아니다'라고 바로잡을 수는 없고, 바로 잡을 필요도 없습니다. 시는 독자들에게 전달되는 순간 시인의 독점적 소유권이 사라지고, 시를 받아 든 독자의 몫이 됩니다. 그 시를 어떤 식으로 읽든 그것은 독자 마음입니다.

메타버스 역시 그렇습니다. 처음에 개발사들이 어떤 의도를 가지고 메타버스를 열고, 콘텐츠를 론칭하더라도, 그 의도대로 사용자들이 움직인다는 보장은 없습니다. 그럴 때 개발사들은 당황하고, 자신들의 의도대로 질서를 바로잡기 위해서 노력을 기울이는데요. 결국 사용자들의 뜻과 어긋나기 때문에 좋은 결론에 도달할 수가 없습니다. 처음부터 틀만 만들어주고 그 안을 채워가는 크리에이터의 콘텐츠에 따라서 메타버스를 같이 만들어나간다고 생각하는 자세가 필요합니다.

메타버스는 하나의 도시고요. 사용자는 그 도시를 같이 만들어가는 시민입니다. 그래서 메타버스의 시민을 '메티즌metizen'이라고 할 수 있지요. 메티즌이 잘 살아갈 수 있도록 장을 마련하는 것이, 메타버스를 만드는 사람들이 할 일입니다. 일깨우고 계몽하려 하기보다는 메티즌들의 자연스러운 삶의 터전을 만든다는 생각을 가져야 합니다.

크리에이터를 활용하라

메타버스에 콘텐츠를 채우는 개인들이 메타버스 그 자체입니다. 결국 사람들이 모여서 무언가를 해야 돌아가는 게 메타버스거든요. 게임은 교수님이 준비한 수업을 차근차근 따라가는 느낌이라면, 메타버스는 파티장에 초청을 받은 상황과 같지요. 파티가 수업보다 지루할지, 생애 최고의 즐거운 파티가 될지는 참여한 사람들에게 달려 있습니다. 물론 수영장에서 파티를 열고 흥겨운 음악을 틀어놓으면, 즐거운 파티가 될 확률이 높지요. 하지만 기껏 대여한 수영장을 두고 사람들이 갑자기 불판을 꺼내 고기를 구워 먹을 수도 있어요. 주최 측의 의도와 다르게 바비큐 파티가 되는 거지요.

유튜브의 성공은 크리에이터와 플랫폼의 관계가 어때야 하는지를 잘 보여줍니다. 메타버스의 콘텐츠 수급방식은 앱스토어에 개인들이 앱을 만들어 올리는 것이나, 유튜브처럼 크리에이터들이

자발적으로 영상을 올리는 방식이 되어야 합니다. 앱을 판 대가나 유튜브 영상에 광고가 붙은 대가로 수익이 발생하는 데 그것을 플랫폼과 나누는 거지요.

유튜브나 앱스토어는 크리에이터의 참여가 없으면 플랫폼 자체의 의미가 사라집니다. 비즈니스를 하는 입장에서는 메타버스에 참여하는 크리에이터를 위한 정책을 만들고, 이들을 존중하는 세팅을 해야 합니다. 충분히 노력한 만큼 대가가 따라올 것이라는 믿음이 있어야 이들이 메타버스 경제에 참여할 것이고, 그런 노력 때문에 메타버스에 들어오는 사용자가 늘어날 겁니다.

앱스토어에 여러 가지 앱이 나오고, 활용성이 크게 좋아지면서 애플 스마트폰이 보급되었습니다. 개인이 다양한 앱을 개발해서 앱스토어에 올린 이유는 그것이 돈이 되었기 때문이죠. 초창기에는 70퍼센트, 최근에는 85퍼센트까지 개발자들에게 수익이 돌아갔습니다. 유튜브가 대세가 된 이유도 콘텐츠 창작자들에게 광고비를 분배했기 때문이에요. 지금은 많은 플랫폼이 개인과 돈을 나누는데요. 앞으로 대세가 될 메타버스의 가장 중요한 조건은 결국 개인이 돈을 벌어가느냐 못 벌어가느냐라고 할 수 있습니다. 로블록스가 현재 메타버스에서 개인이 돈을 벌어가는 대표적인 사례지만, 로블록스의 수익 분배율은 30퍼센트 정도입니다. 앞으로 메타버스가 더 만들어지고, 창작자들의 참여가 늘어나 수익 배분율이 높은 메타버스가 생긴다면 사용자들의 쏠림 현상이 일어날 수 있습니다.

상업적 의도를 적극적으로 드러내라

사람들이 메타버스에 오는 이유는 또 다른 삶을 찾기 위해서입니다. 각박한 현실과 다른 삶, 다른 관계를 맺고 싶은 이들에게 현실과 완전히 똑같은 삶을 제시하는 것은 메타버스의 매력을 반감시키는 일입니다. 말하자면 메타버스에 참여하는 메티즌들은 현실과 다른 삶과 역할을 맡을 준비가 된 역할놀이의 적극적 참여자입니다.

메타버스는 이런 '부캐'들의 모임입니다. 그러니까 자신이 원하는 설정을 하면, 다른 사람들은 그 설정으로 상대를 대하지요. 거대한 소꿉놀이 같다고 할까요. 이런 곳에 상업적인 의도를 가진 프로젝트나 광고가 뜨면 배척받을 확률이 높습니다. 누군가 시작한 불매운동에 참여를 결심하기가 현실보다 쉽지요. 어떤 이슈가 있으면 의견을 표명함으로써 그 세계 안에서 자신의 캐릭터를 강화하거든요.

그래서 상업적인 프로젝트들은 차라리 그것을 교묘하게 감추려 하기보다는 대놓고 하는 것이 낫습니다. 비즈니스를 하다 보면 아무리 교묘하게 감춘다고 해도 결국에는 다 드러나게 됩니다. 당장은 그냥 지나가도 어딘가에 기록이 남아 나중에 문제될 수도 있습니다. 극한의 배달 게임인 '데스 스트랜딩'에서 대놓고 등장했던 에너지 음료 '몬스터'는 PPL 때문에 눈에 거슬린다는 항의를 받게도 했지만, 쓸데없이 게임 사용자들에게 과금하는 것보다 이렇게 광고비를 받아서 제작사가 이익을 가져가는 것이니 오히려 좋다는 의견을 더 많이 받게도 했거든요.

다만 상업적인 프로젝트를 할 때도 광고 영상을 보면 포인트를 주는 식의 성의 없는 방법은 오히려 사용자들의 반발을 살 수 있습니다. 포인트를 주니까 일단 보기는 하지만, 그렇게 본 광고에 좋은 감정이 남기는 힘들거든요.

식품기업 빙그레는 2020년 8월에 자사의 유튜브 채널 '빙그레 TV'에 '빙그레 메이커를 위하여'라는 애니메이션 광고 영상을 올렸습니다. 이후 빙그레우스라는 캐릭터는 엄청난 인기를 끌었어요. 빙그레우스는 어느 날 갑자기 빙그레 인스타그램에 등장한 이후, 주로 빙그레 제품을 광고하지만 때로는 셀피 몇 장만 올리기도 하고요. 편의점에 자신과 협업한 제품을 론칭하기도 했습니다. 빙그레는 잘 만든 2D 캐릭터 하나로 거대한 팬덤을 만든 것이지요.

룰은 투명하게, 집행은 공정하게

메타버스를 설계할 때 반드시 지켜야 할 것이 있습니다. 메타버스 내의 룰이 공정하게 집행되어야 한다는 것입니다. 여기서 또 하나 생각할 것은 그렇다고 메타버스의 룰이 투명하게 만들어질 필요는 없다는 점입니다. 어차피 메타버스의 세계관을 처음 설계하는 것은 개별 운영사입니다. 그런데 이 운영사들이 굳이 메타버스 세계의 룰을 민주적 절차에 따라 사용자들의 투표를 받아가며 정할 필요는 없다는 거지요.

그렇다면 '룰은 투명하게'라는 말은 도대체 뭔가요? 룰을 투명하게 만들자는 것이 아니라 룰이 투명하게 공개되어야 한다는 것입니다. 메타버스에 들어올 사람들은 그 메타버스의 룰을 인지한 후 그에 동의할 때 들어오거든요. 로그인한 것 자체가 이 세계의 룰을 따른다는 암묵적 동의를 수반하기에 미리 공지된 룰이 불공정한 요소를 포함해도 어느 정도는 괜찮습니다. 그렇게 느낀 사람은 애초에 들어오지 않으니까요. 문제는 미리 투명하게 공지된 룰이 지켜지지 않아 불공정한 상황이 발생하는 경우죠.

게임에서는 개발사들이 아주 골머리 썩는 문제가 있습니다. '핵'이라는 건데요. 실제 핵폭탄을 쓴다는 것은 아니고요. 인가되지 않은 프로그램을 사용해서 캐릭터의 능력치를 높여주는 것입니다. 핵 하면 떠오르는 대표적인 게임은 '배틀그라운드'입니다. 배틀그라운드는 2017년 3월 처음 발표되어 전 세계적인 흥행을 일으킨 게임이죠. 포트나이트는 이보다 늦게 2017년 9월에 출시된 후발 주자입니다.

지금 시점에서 보면 배틀그라운드의 입장에서는 한 가지 아쉬운 점이 있습니다. 출시도 빨랐고, 초반에는 인기도 압도적이었던 배틀그라운드가 포트나이트에 따라잡힌 것이 바로 핵 때문이거든요. 배틀그라운드는 초반에 핵 사용자에 대한 대응이 미숙했어요. 계정 정지 수준에서 제어했는데, 계정이 정지되면 다른 계정으로 들어오면 그만이었지요. 그러니 핵을 쓰다 걸려도 계정을 하나 더 만들면 되지만, 핵을 썼을 때 얻는 이득은 무척 컸습니다. 플레이어의 스피드가 빨라진다든가, 100미터 밖에서 총을 쏴도 백발백중 맞고, 때로는 벽 뒤의 상대방까지 꿰뚫어 보는 초능력을 발휘하기도 하거든요. 핵 없이 플레이하는 일반 사용자로서는 울화통 터지는 상황이지요.

반면 포트나이트는 핵을 쓰다 걸리면 해당 컴퓨터로 로그인하는 것을 원천적으로 막아버렸습니다. 컴퓨터를 바꾸지 않는 한 다시 접속할 수가 없는 거예요. 그리고 포트나이트는 핵을 쓴 사용자 두 명을 고소해서 배상금 1억 7,000만 원의 소송을 걸었어요. 이 사건이 알려지자 이틀 만에 포트나이트 핵 사용자의 80퍼센트가 감소했다고 합니다.

전 세계 게임 사용자들에게 포트나이트는 핵 없는 공정한 게임, 배틀그라운드는 핵이 판치는 불공정한 게임이라는 인식이 생긴 거예요. 초창기 대응만 잘했어도 배틀그라운드는 전 세계에서 독점적 지위를 유지했을 텐데, 지금은 왕좌를 포트나이트에 넘겨주었죠. 포트나이트는 3억 5,000만 명에 이르는 사용자를 기반으로 메타버스로 진화 중이고요.

메타버스 내에서 살아가는 것은 어떤 미션이나, 성장, 그리고 경제활동의 목적이 있다는 것인데요. 그것들을 성취해갈 때 공정하지 않은 상황이라면 사용자들이 그 메타버스에 머물 이유가 없거든요. 현실에서는 공정하지 않더라도 벗어날 방법이 없어 메타버스에 빠져드는 사람도 많을 텐데요. 메타버스에서까지 불공정함을 느낀다면 염증 이상의 분노에 가까운 감정을 느낄 수도 있을 것입니다.

투명하게 공개된 룰이 있다면 그 룰을 정확하게 지켜나가고, 그 룰을 어기는 사용자가 있다면 국가 권력처럼 일반 사용자들과 철저하게 분리하는 유지 관리가 필요합니다. 메타버스 내 사용자들이 그들의 삶을 잘 꾸려나가도록 룰을 어기는 자들은 가차 없이 다스리는 것이 메티즌들을 위한 길입니다.

대메타버스 시대,
성공적인 항해의 조건

6강

메타버스라는 가상세계가 열리고 있습니다. 저는 지금이 21세기에 다시 한번 열리고 있는 대항해시대라는 느낌이 들어요. 대항해시대는 15세기 초반부터 18세기 중반 정도까지 유럽의 배들이 세계 각지를 돌아다니며 항로를 개척하고 탐험과 무역을 하던 시기를 말합니다. 대항해시대는 포르투갈과 스페인이 주도했죠.

이들이 바다로 나간 이유는 유럽에는 프랑스와 영국이라는 절대 강자들이 땅을 다 차지하고, 아시아 쪽으로는 터키가 자리 잡고 있어 더 늘릴 땅이 없었기 때문입니다. 땅이 없다는 것은 신규로 개척할 시장이 없다는 말과 같죠. 하지만 새로운 귀족이 된 스페인과 포르투갈의 지배층은 땅과 시장을, 궁극적으로는 더 많은 돈과 명예를 가지고 싶었어요. 때마침 기술이 발달하고 더불어 항해술이 발달해 원거리 항해가 가능해지자, 스페인과 포르투갈의 지배층은 모험가들에게 돈과 배를 지원해주며 새로운 땅을 찾아서 깃발을 꽂고 오라고 후원을 했어요.

그때의 상황이 지금의 메타버스 이슈와 비슷하다고 봅니다. 지구상에 새로운 공간이 필요하고, 가상공간을 개척할 만큼 기술이 발달해 있지요. 무엇보다 국가라는 절대 강자에 밀려 기업은 이 가상공간을 가지려 합니다. 대항해시대의 물리적 공간 확장 가능성과 가상공간의 확장 가능성은 차원이 다르다고 생각할 독자분이 있을지 모릅니다.

당시 사람들은 유럽의 끝은 낭떠러지라서 바다 끝에 가봤자 아무것도 없을 거라 믿었습니다. 몇몇 호기심 왕성한 모험가들만 이런 편견에 휘둘리지 않고, 자기만의 신념을 가지고 항해에 나선 거지요.

가상세계에 무언가를 구축하고 생활한다는 것은 터무니없다는 사람들의 시각이나 유럽 밖의 세계를 상상조차 못 하는 중세 사람들의 시각이나 크게 다르지 않습니다.

변혁의 시대에는 기회가 있지요. 대항해시대에 그 기회를 잡은 사람들은 시대 변화를 잘 알아채고, 바뀌는 시대에도 잘 맞는 사람들이었습니다. 이런 역사적 경험이 있으므로 우리는 앞으로 펼쳐질 메타버스 시대가 개인에게는 기회가 될 수도, 재앙이 될 수도 있다는 것을 압니다. 시대에 맞으면 시대의 인재가 되겠지만, 시대에 맞지 않으면 시대에 뒤처진 사람이 될 것입니다.

시대가 바뀐 후에는 그 시대에 딱 맞는 네이티브들이 태어납니다. 메타버스 네이티브들은 메타버스라는 초월 공간이 현실보다 더 현실처럼 느껴지고, 메타버스 속 경험에서 실제 경험 못지않게 만족감을 얻는 사람들입니다. 메타버스 안에서의 행동 패턴이나 사고방식이 익숙한 사람들입니다. 메타버스의 시대는 이제 조금씩 시작되고 있습니다. 이렇게 시대가 바뀌고 있는 전환기의 네이티브들은 태어난다기보다는 전환되는 사람들이죠. 따라서 지금의 메타버스 네이티브들은 의지와 노력으로 만들어질 수 있습니다.

의지와 노력은 긍정적인 천성을 보완하고, 부정적인 천성을 극복하게도 합니다. 문제는 그 의지와 노력을 어떤 방향으로 가다듬어야 효율적으로 메타버스 네이티브가 될 수 있을까 하는 점입니다. 이 대메타버스의 시대에 어떤 사람이 새로운 부와 기회를 잡아 성공할 것이며, 어떻게 해야 메타버스 시대의 리더로 앞서나갈 수 있을지, 그러니까 개인들의 입장에서 메타버스 시대를 어떻게 준비해야 좋을지 살펴보겠습니다.

1.

메타버스 프런티어:
호기심을 따라가라

프런티어frontier는 혁신적인 말이지만 흔하게 사용하다 보니 낡고 오래된 느낌이 납니다. 이 단어는 프랑스어로 '경계선'을 의미하는 'frontière'에서 유래하는데, 사전적 의미는 미국 서부 개척시대 개척지와 미개척지의 경계 지방을 가리키는 용어로, '지금까지 인간의 발이 닿지 않은 미개척지'를 의미합니다. 미국 독립 당시, 미국은 동부의 13개 주에 불과했는데, 프런티어 정신을 바탕으로 서쪽으로 팽창해간 미국은 서부 개척시대를 맞이하고, 오늘날의 미국 국경선을 만들게 됩니다. 그것의 밑바탕이 된 것이 프런티어 정신, 즉 개척 정신입니다.

그래서 프런티어는 미국의 서부 개척시대를 상징합니다. 미국 대통령이었던 존 F. 케네디가 '뉴 프런티어'라는 말을 구호로 사용하며 세계적으로도 널리 알려졌습니다. 이때 미국은 지구를 넘어 달에 처음 갔습니다.

사실 미국이 주장하는 서부 개척은 철저하게 미국의 시각입니다. 일단 미지의 땅을 개척한다는 개념이 마뜩잖은 게, 그 땅은 이미 아메리카 대륙의 네이티브인 인디언들이 조상 대대로 살던 땅이거든요. 옆집에 사람이 살고 있는데 총을 들고 찾아가서 살던 사람을 내쫓고 빈집을 찾았다고 동네방네 호들갑 떠는 셈이지요.

그런 의미에서 본다면 진정한 프런티어 정신은 미국 서부 개척 시대에 있는 것이 아니라, 바로 지금 대메타버스 시대에 있습니다. 지구 인구는 80억 명이 훌쩍 넘었고, 이 많은 사람이 살아가기에는 이미 한계에 다다랐다는 평가도 많습니다. 지구인은 어디론가 '떠나야' 합니다. 하지만 지구에 인류가 새롭게 개척할 미지의 세계는 거의 존재하지 않습니다. 그래서 인간의 탐험은 크게 정신적 탐험과 육체적 탐험 두 가지로 나뉘고요. 정신적 탐험은 '정신적 떠남'으로, 육체적 탐험은 '육체적 떠남'으로 이어지지요.

육체적 떠남을 위해 인류는 우주로 눈을 돌렸습니다. 일론 머스크는 '스페이스X'를 설립하고 2024년까지 화성에 사람을 보내겠다고 공언했습니다. 아마존 창립자인 제프 베이조스Jeff Bezos는 '블루 오리진'이라는 회사를 설립하고, 직접 우주선에 탑승하여 우주여행의 길을 개척하고 있지요. 하지만 인류가 이 같은 행보에 동참하기에는 아직 우주여행 기술이 미진한 상태입니다. 신대륙으로 가고 싶어 하는 사람들은 있지만, 항해술이 발달하지 못해 못 가는 것이나 마찬가지죠.

인간은 정신적 떠남을 추구하는 존재입니다. 우리의 존재를 가상공간에 밀어 넣고 거기서 정신적으로 만나고 생활하고 도전함으로써 인류의 영역을 넓히는 거지요. 그 기술은 어느 정도 장착되고 있습니다. 그것도 대규모로 인류를 이주시킬 수 있게 말이죠. 대항해시대로 치자면 아메리카는 발견된 셈이고요. 지금은 신대륙으로 이주할 사람들을 조금씩 실어나르고 있다고 보면 될 것 같아요.

메타버스를 앞당기는 것은 이런 시대를 이끌어가는 프런티어들입니다. 다르게 표현하면 메타버스 시대에 선구자로 기록되고, 성공한 메타버스 네이티브로 자리매김할 수 있는 사람들은 프런티어의 자세를 가진 사람들이죠.

프런티어의 특징은 호기심, 진취성, 용기, 인내로 요약할 수 있습니다. 미국 서부 개척시대에는 프런티어가 탐욕과 파괴의 다른 이름일 수도 있었지만, 새로운 공간을 만들어가는 창조의 시대를 대변하는 매체가 곧 메타버스이므로, 메타버스는 그 어느 때보다 프런티어 정신의 밝은 면이 어울리는 곳입니다.

호기심도 훈련으로 확장된다

메타버스 프런티어로서 갖추어야 할 첫 번째 조건은 호기심입니다. 스위스의 심리학자 장 피아제

Jean Piaget는 "살면서 미지의 대상이나 환경을 접할 때 사람은 일종의 불편감을 느끼는데, 이것을 극복하고자 노력하는 게 본능이고, 이 과정에서 불쑥 '호기심'이 솟아오른다"라고 말했습니다. 인간의 인지능력은 기본적으로 비평형상태를 견디지 못하여 끊임없이 평형상태를 되찾으려고 하는데, 그때 유용하게 사용하는 도구가 호기심이지요. 그러니까 호기심은 인간이 낯선 환경에 적응하며 생존하도록 돕는 중요한 도구입니다. 메타버스라는 완전히 새로운 환경에서는 호기심이 강한 사람이 적응하고 생존하기 좋다는 것이지요.

메타버스에서는 조금 더 유용한 호기심이 있습니다. 펜실베이니아대학교 연구진들은 호기심의 두 가지 유형을 구분해서 국제학술지 『네이처』에 발표했는데요. 다양한 정보를 이리저리 탐색해보는 '비지바디busybody'형과 관련 분야의 지식을 얻는 데 더 집중하는 '헌터hunter'형으로 호기심의 유형을 나눌 수 있다고 합니다. 이해하기 쉽게 '발산형 호기심'과 '수렴형 호기심'이라고 생각하면 좋을 것 같아요.

수렴형 호기심은 하나의 질문에 대한 답을 찾아가는 것이지요. 반면 발산형 호기심은 새로운 정보를 찾고자 하는 욕구가 강할 때 발휘됩니다. 오클라마호대학교의 제이 하디Jay Hardy 박사는 「고정관념 타파: 창의적인 문제 해결 및 창의적인 성과를 예측하는 지식적 호기심」이라는 논문에서 호기심을 '구체적 호기심'과 '다양한 호기심'으로 나누었지요. 하디 박사는 재미있는 사실을 발견했는데요. 창의적인 발상은 구체적 호기심이 아닌 다양한 호기심, 즉 수렴형 호기심이 아닌 발산형 호기심에서 발휘된다는 것입니다.

MZ세대가 메타버스에 빠르게 적응하는 것은 그들이 그렇게 타고났다기보다는, 그들의 호기심이 왕성하기 때문일 수도 있습니다. 그렇게 보면 메타버스 네이티브의 조건은 나이가 아니라 삶의 자세에 따라 좌우되겠지요.

호기심은 타고나는 것이 아닙니다. 낯선 환경에 적응하는 것을 도와주는 것이 호기심이기 때문에 평상적인 업무를 하는 직장인들보다 하는 일이 극적으로 바뀌는 프리랜서들이 보통은 호기심이 더 강합니다. 다양한 주변 환경이 호기심을 끌어내게 만드는 건데요. 그렇게 보자면 호기심이 강해서 여러 가지 일에 도전하는 것일 수도 있지만, 반대로 여러 가지 일에 부딪히다 보니 호기심이 끌어올려질 수 있다는 거지요. 그러니까 다양한 일에 도전하고, 부딪혀보는 것이 호기심을 키우는 일이 됩니다. 가던 길만 가고, 먹던 것만 먹고, 하던 일만 하는 것은 호기심을 죽이는 일이죠. 때로는 의식적으로 메뉴판에 새로 나온 낯선 음식도 먹어보고, 가본 길이라면 돌아올 때는 다른 길로 와보고, 처음 보는 음료는 한 번쯤은 먹어봐도 괜찮습니다.

다양한 분야의 책을 읽으면 호기심을 키울 수 있습니다. 스티브 잡스, 빌 게이츠, 마크 저커버그, 심지어 일론 머스크까지 모두 소문난 독서광입니다. 세계적인 부자들이자 인터넷, 모바일 시대를 만들어간 대표적인 이 시대의 프런티어들이죠. 독서를 통해 호기심을 충족시키기도 하지만, 독서를 통해 호기심을 더 키울 수 있습니다. 책을 읽으면 읽을수록 '자신이 많이 모른다는 것을 알게 되는' 역설에 빠지거든요. 한 가지를 알면 그에 관계된 열 가지가 궁금해지는 것이 독서의 매력이죠.

호기심을 키우는 교육 방법 중에는 유대인의 자녀 교육법이라는 '하브루타havruta'가 있습니다. 하브루타는 두 명이 짝을 지어 서로 질문을 주고받고, 공부한 것에 대해 논쟁하며 진리를 찾는 것을 의미합니다. 원래는 유대교 경전인 『탈무드』를 공부할 때 사용하는 방법이었지만 이스라엘은 모든 교육과정에 이 방법을 적용한다고 합니다. 자신의 호기심이 닿지 않는 영역을 상대방의 호기심으로 채우는 한편, 또 반대로도 도움을 주며, 서로의 호기심에 의지해서 지식 여행을 떠나는 것이지요. 호기심 확장 훈련으로 좋은 툴입니다.

따라가지 않으면 뒤처진다

프런티어의 중요한 조건이 하나 더 있습니다. '호기심을 따라가라'는 말에서 흔히 명사 '호기심'에만 주목하기 쉬운데요. 사실 제일 중요한 것은 '따라가라'는 동사입니다. 때로는 주어나 명사보다 동사가 중요합니다. 행동하지 않는 결심과 구호는 결과적으로 아무것도 안 한 것이니까요. 호기심이 일면 그것을 따라 움직이기까지 해야 한다는 것이지요.

호기심과 계획만으로 낯선 세상을 살아갈 수는 없습니다. 실제 미지의 공간을 탐험하고 개척하고 때로는 그냥 헤매는 과정 중에 미지는 인지의 영역이 됩니다. 서부 개척시대의 프런티어들은 실제로 미지의 서부로 갔거든요. 룰도 없고 알려진 바도 없고, 호기심만 가득한 미지의 공간으로 프런티어들은 몸을 움직였고, 결과적으로 오늘날의 미국을 만들었습니다.

보통 지면 인터뷰든, 영상 인터뷰든 관행처럼 인터뷰이들에게 '마지막으로 이 인터뷰를 볼 사람들에게 전하고 싶은 말'을 많이 묻습니다. 성공한 인터뷰이들의 답은 한결같습니다. 성공한 CEO도 인플루언서도 입을 모아 이야기하는 것은 '일단 해봐라'입니다. 하다가 실패하면 접고 빨리 다른 것을 하면 되니까, 계획하고 생각만 하지 말고 일단 해보고, 그에 대한 피드백을 받는 것이 훨씬 낫다는 것입니다. 도무지 가늠할 수 없는 외부 환경 변화의 속도, 그에 따른 사용자들의 취향 변화를 고려할 때 우리는 '생각 → 계획 → 실천'이라는 단계를 하나하나 밟아서는 도무지 따라갈 수 없는 시대에 살고 있습니다. 이런 시대에는 일단 빨리해보고 보완책을 찾는 것이 좋습니다.

이런 경향은 메타버스에서 훨씬 더 강해집니다. 예를 들어 현실에서는 카페를 차려본 다음에 결과를 보고 유지 여부를 결정하지는 않잖아요. 오프라인 매장을 만들기 위해서 들어가는 고정비용, 인테리어 비용, 마케팅 비용 등을 생각하면 '일단 해보자'라는 말을 쉽게 하기 어렵습니다. 그런데 유튜브 채널을 만들거나 온라인 스토어를 개설하는 것은 초기 투자비용이 과도하게 들어가는 것이 아닙니다. 비즈니스를 하기 위해서 홈페이지를 만드는 것보다, 메타버스에서 자신의 아바타를 만들어 계정을 유지하는 게 훨씬 쉽습니다. SNS를 개설하는 거나 비슷한 수준이지요. 그러니 '일단 해보자'라는 말보다 '일단 해봤어'라고 자주 말하게 될지 모릅니다.

생각이 실천으로 이어져야 한다는 것은 누구나 이성적으로 이해하는 일이죠. 하지만 쉽게 그렇게 되지 않는다는 것에 우리는 공감합니다. 그 공감은 두 가지 근거에 기인하는데, 실패에 대한 두려움과 게으름입니다.

게으름은 메타버스 환경 자체로 어느 정도 극복할 수 있습니다. 우리가 게으름을 피우는 대다수의 일은 돈이 안 되거나, 단시간에 돈을 벌 수 없는 일이지요. 그런 의미에서 메타버스의 경제활동과 그에 따른 보상은 게으름을 방구석에 던져 놓고 이불 밖으로 사람을 나오게 할 강력한 유인이 됩니다. 메타버스는 이불 밖으로 나오지 않고도 경제활동을 가능하게 하니 어느 정도 게으름을 부리면서도 돈을 벌 방법이기도 하네요.

문제는 실패에 대한 두려움입니다. 많은 분이 두려움 때문에 실천하지 않으면서도 막상 두려움을 인정하지 않습니다. 원인은 확실한데, 원인을 인정하지 않는 거지요. 실패를 두려워한다는 사실 자체가 실패처럼 느껴져서가 아닐까 해요.

실패하지 않는 가장 좋은 방법은 어떤 것도 시도하지 않는 것입니다. 그러면 성공도, 실패도, 변화도, 성장도 없죠. 넥슨 일본법인의 오웬 마호니^{Owen Mahoney} 대표이사는 넥슨 개발자 콘퍼런스^{NDC}에서 "창의적인 사람들이 비아냥과 실패의 두려움을 이겨내지 못한다면 획기적인 잠재력을 활짝 피우지 못할 것이다. 아이러니하게도 혁신의 가장 큰 장애물 중 하나가 바로 성공이다. 우리는 초기의 성공에 머물러 있는 회사를 '혁신자의 딜레마'라 묘사한다. 이들은 더 이상 새로운 것을 창조하지 않는다. 혁신은 어렵고, 두렵고, 값비싸고, 복잡할 수 있다. 그러나 이것은 성장에 필수적이다"라고 말했습니다. 혁신자의 딜레마는 실패의 두려움 때문에 아무것도 하지 않는 상태잖아요. 그런데 그렇게 하면 정말로 실패를 피할 수 있을까요?

최근의 상황을 보면 그렇지 않습니다. 시카고대학교의 진화학자 리 반 베일른^{Leigh Van Valen}이 생태계의 평형 상태를 묘사하기 위해 '붉은 여왕 효과'라는 말을 썼는데요. 루이스 캐럴^{Lewis Carrol}의 소설 『거울 나라의 앨리스』에서 붉은 여왕이 앨리스에게 한 말에서 비롯된 용어입니다. 붉은 여왕은 앨리스에게 "제자리에 있으려면 끊임없이 뛰어야 한다"라고 말했거든요. 자신이 움직일 때 주변 세계도 함께 움직이므로 다른 사람보다 뛰어나기 위해서는 그 이상을 달려야 겨우 앞지를 수 있습니다. 붉은 여왕 효과는 곧 경제와 사회를 설명합니다. 삼성 입사시험인 GSAT에 출제될 정도로 지금의 환경을 잘 설명하는 말이죠.

사회의 변화 속도가 워낙에 빠르므로 가만히 있으면 실패하는 세상이 된 거예요. 그래서 흐름을 놓치거나 소외되는 것에 대한 불안 증상을 일컫는 '포모fear of missing out, FOMO 증후군'이란 말도 생겼습니다. 포모 증후군 때문에 온갖 불확실성에도 주식에, 코인에, 클럽하우스에 사람들이 몰렸던 것입니다.

가만히 있어도 실패를 피할 수 없다면 실패를 피할 방법은 전혀 없을까요? 아쉽게도 없습니다. 다만 실패에 두려움을 느끼지 않는 방법은 있습니다. 그건 그냥 실패하는 겁니다. 실패했기 때문에 두려울 게 없죠. 좀 더 온건한 대안은 실패를 각오하는 것입니다. 성공한 유튜버들은 한결같이 일단 채널부터 만들고 채널이 실패하면 다른 콘셉트로 다시 만들라고 조언해요. 실패를 변수가 아니라 상수라고 생각하고 시작하라는 거예요. 그러면 실패가 두려울 게 없습니다. 실제 실패했을 때의 충격도 덜하지요.

중국의 공자는 현실정치에 참여하려 했습니다. 그래서 고향을 떠나 14년 동안 전국을 돌아다니지만 결국 예순여덟 살에 다시 고향으로 돌아옵니다. 현실정치로 보자면 실패한 셈입니다. 노나라의 성문을 지키는 문지기가 공자의 제자에게 "아! 안 되는 줄 알면서도 그 일을 하는 사람 말인가요?"라고 했다는 에피소드가 『논어』에 나옵니다. 실패에 두려워하기보다는 실패할 줄 알면서도 그 일을 했기 때문에 공자는 중국의 4대 성인 중 한 사람이 되었지요.

'새로운 것에 호기심을 느끼고, 실패를 각오하고, 일단 빠르게 실천해보는 것'이 메타버스를 개척할 프런티어들의 기본적인 전제입니다. 메타버스에 관심이 있어 제페토, 로블록스 이야기는 많이

들었지만, 플랫폼에 들어가 보지 않은 사람들이 제페토에 아바타를 만들어본 사람보다 22배는(이건 그냥 제가 좋아하는 숫자입니다. 객관적 수치는 아니에요) 더 많습니다.

결국 모든 게 낯설고, 새롭고, 빠른 메타버스 시대에 '호기심을 따라 실천하는 사람'은 그렇지 않은 사람보다 22배는 더 성공할 확률이 높을 것입니다.

2.

프렌치 카페의 메타지앵들:
듣고, 그 후에 말하라

프랑스는 수능에 해당하는 대학 입학 자격시험을 봅니다. 그 시험의 이름이 바칼로레아인데요. 여기 나오는 문제들이 만만치가 않아요. 2021년 시행한 시험에서는 '토론은 폭력을 포기하는 것인가?', '무의식은 모든 형태의 의식에서 벗어난 것인가?', '우리는 미래를 책임져야 하는가?', '법을 어기는 것이 항상 부당한가?', '안다는 것은 아무것도 믿지 않는 것인가?', '기술은 우리를 자연으로부터 자유롭게 하는가?' 등의 논제가 출제되었다고 해요. 이것을 주관식으로, 그러니까 논술로 작성하는 거지요. 고등학교 3학년 학생들이 말입니다.

프랑스 청소년들은 바칼로레아를 준비하기 위해서 교과서를 뒤지지 않습니다. 교과서에는 답이 없거든요. 혹시 어떤 책에 답이 있다 하더라도, 그 책의 내용을 그대로 답안으로 적어 내면 절대 원하는 점수가 나오지 않습니다. 프랑스 청소년들은 토론회, 북 콘서트, 철학 포럼을 찾아다니며 폭넓게 듣고, 이야기하면서 생각의 크기를 키워갑니다. 공부한 것이 훗날 자기 인생에 도움이 되려면 이런 방식의 시험과 준비가 크게 도움이 될 것 같네요.

그런데 프랑스 청소년들은 동네 카페에서 열리는 행사나 토론회에 참여를 많이 한다고 해요. 예전보다 의미는 많이 퇴색되었지만, 프랑스의 카페는 단순히 커피 마시고, 샌드위치만 먹는 곳은 아니죠. 1686년 파리에 처음으로 현대적 의미의 카페가 생긴 이후로, 카페는 프랑스 사람들의 일상에 자리 잡았어요. 여기서 사람들은 신문을 읽고, 체스를 두고, 모여서 이야기를 했어요. 또 활발하게 소모임들이 열렸는데, 문인이나 정치인은 말할 것도 없고 지식인에, 동네 주민들의 모임까지 카페는 다양한 사람들의 아지트가 되었습니다. 프랑스대혁명도 카페가 있었기에 가능했다는 얘기가 있을 정도예요. 사람들은 카페에 모여 생각을 나누고, 혁명을 모의했거든요.

메타버스는 21세기에 구현된 '프렌치 카페'입니다. 사람들이 모이고, 생각을 나누고, 교류하고, 비즈니스가 이루어지는 장이 될 것입니다. 중요한 것은 사람들이 모인다는 것이고, 그 모임에는 공간적 제약이나 물리적 한계가 없으므로 더 다양하고, 창발적인 만남이 가능해지리라는 사실입니다. 인류사를 보면 사람들은 만남을 통해 농사를 같이 짓고, 예술을 토론하며 가끔은 혁명도 했으니까,

사람이 만나서 할 수 있는 모든 일이 결국 메타버스 내에서 가능할 것입니다. 그리고 언어, 국가, 나이, 인종, 성별을 초월하는 것이 메타버스의 특징이다 보니 메타버스에서 어떤 만남이 생길지 모릅니다. 그야말로 우리 상상력의 한계 너머에 있습니다.

메타버스에서의 만남은 인터넷 채팅을 하는 것과는 다릅니다. 메타버스에서는 물리적인 전제 없이 접속해 만날 수 있지만, 묘하게도 적당하게 타인의 존재감은 살아 있습니다. 또 실제 현실의 만남과도 다르기도 하고요. 그야말로 메타버스에서의 만남 자체가 독특한 특징을 갖는 겁니다. 그런데 메타버스 내 만남에 자연스럽게 참여하고, 때로는 적당하게 선도하고, 때로는 자신에게 유리하게 이용하기 위해서는 갖추어야 할 자질이 있습니다.

비언어적인 요소가 없는 의사소통

서양권 문화에 비하면 동양권 문화는 만남이 조금 더 무겁습니다. 서양인들은 파티에서 처음 만나는 사람과도 가볍게 이야기하고, 낯선 사람과도 쉽게 날씨 이야기를 주고받는 문화에서 커왔기 때문에, 상대적으로 동양인들과 비교하면 대화하는 데 어려움을 덜 겪습니다.

자연스러운 만남과 대화가 낯설수록 훈련과 연습이 필요합니다. 메타버스에서는 대화 능력이 상당히 중요합니다. 우리가 실제

만날 때는 여러 가지 요소가 작용하여 상대방과 상호작용을 합니다. 특히 비언어적인 몸짓, 손짓, 표정은 상당히 중요한 커뮤니케이션 도구지요. 청각장애인들이 수어를 쓸 때 가장 중요하게 여기는 것이 표정입니다. 표정으로 같은 단어라도 다른 뜻으로 전달될 수 있기 때문이죠. 그 때문에 수어를 쓸 때 '슬프다'는 단어에는 슬픈 표정을, '기쁘다'는 단어는 기쁜 표정을 지어야 합니다.

비언어적인 요소가 의사 전달을 하는 데 70퍼센트 정도의 비중을 차지할 정도로 언어적인 요소보다 중요하다는 분석도 있습니다. 하지만 메타버스에서의 만남은 비언어적인 요소가 하나도 없습니다. 아바타의 인상과 몸짓은 실제 사용자의 기분과 대화의 내용과 관계없이 일정하게 정해져 있으므로 상대방은 아바타의 겉모습에서 어떤 정보도 얻기 힘듭니다. 겉모습에서 판단할 수 있는 상대방 정보가 전혀 없는 거지요. 그렇게 되면 온전히 상대방의 말과 채팅에서 정보를 얻을 수밖에 없습니다.

겉모습으로 판단할 수 있는 편견 요소도 없습니다. 겉모습은 편견을 심어주기도 하지만, 한편으로는 유용한 사전 정보를 줄 때도 있습니다. 메타버스에서는 그런 정보가 전혀 없는 상태에서 대화하는 것이지요. 지금 내 앞에 있는 아바타가 남자인지 여자인지도 모르고, 나이가 어떻게 되는지도 모르고, 어느 나라 사람인지도 모릅니다. 도무지 이야기할 수 있는 공통적인 대화거리를 짐작조차 할 수가 없습니다. 그만큼 메타버스 내 의사소통은 더 어렵습니다.

반대로 명료한 의사소통 능력, 견고한 설득력, 그리고 상대방의 말을 정확히 이해하는 능력 등 커뮤니케이션 능력이 있으면 메타버스에서는 상당한 경쟁력을 갖게 됩니다.

관건은 이해 능력이다

커뮤니케이션 능력을 높이기 위해서 먼저 갖추어야 할 것은 듣기 능력입니다. 흔히 '경청'이라고 하지요. 무작정 듣는 것은 실제 커뮤니케이션에 도움이 되지 않는 것을 경험했을 겁니다. 잘 듣는다고 해서 소통이 이루어지는 게 아니거든요. 중요한 것은 잘 이해하는 것이지요. 경청의 목적은 상대방이 한 말의 주제, 맥락, 감추어진 속뜻을 이해하는 것입니다. 잘 듣는다고 해서 문해 능력이 저절로 갖추어지는 게 아닙니다.

핵심, 흐름, 맥락 찾기

문해 능력을 갖추기 위해서는 상대방의 말에서 핵심을 찾아내는 훈련을 늘 의식적으로 해야 합니다. 보통 발화 행위는 '설명적 말하기'와 '설득하는 말하기'로 이루어지는데요. 설명적 말하기는 정보를 전달하고, 설득하는 말하기는 주장을 전달하지요. 설명적 말하기는 핵심 정보가 있고, 나머지는 핵심 정보를 자세하게 설명하는 것입니다. 설득하는 말하기는 주장이 있고, 나머지는 그 주장의 근거가 됩니다. 이렇게 주장과 설명의 핵심을 먼저 잡고, 다른 말의 구성을 파악하는 연습을 해야 합니다.

그리고 말의 맥락과 흐름이라는 것도 중요하지요. 말하다 보면 '어디까지 했지?', '무슨 얘기하다가 여기까지 왔지?'라는 식으로 꼬리에 꼬리를 물다가 원래 맥락과 흐름을 잊어버리는 사람들이 의외로 많습니다. 지금 하는 대화가 어떤 맥락에서 이루어지고, 어떤 방향으로 가는지 인지하는 연습이 필요합니다.

혐오, 증오 발언 배척하기

혐오, 증오 발언을 일삼는 사람과 엮여서 좋을 것은 단 하나도 없습니다. 괜히 그런 사람을 옹호하다가 문제에 휘말릴 수 있으니, 일찌감치 이런 사람들과 손절하는 것이 좋습니다. 현실에서는 관계성을 고려해 대화를 차단하기 어려울 수 있습니다. 하지만 메타버스에서는 혐오나 증오 발언을 억지로 들을 필요 없이 그대로 차단해버리면 됩니다.

SNS에 기록이 남아 10년 전에 올린 이야기가 발목을 잡는 일도 있잖아요. 메타버스 내의 만남과 대화도 자신도 모르는 사이 누군가에 의해서 기록될 수 있습니다. 은밀한 공간에서 만난다고, 실제로 은밀한 것이 아니라는 것을 명심하고 문제가 될 여지는 사전에 차단해야 합니다.

권위를 버리고 존중의 자세로

게임 사이트에서 만나 종종 플레이를 함께한 리더십 강한 동료가 알고 보니 중학생이었다는 대학교수의 이야기를 들은 적이 있습니다. 정규 모임을 갖자고 했더니 중간고사여서 안 된다는 동료의 말에 다들 교사인 줄 알았는데, 사실은 학생이었다고 합니다.

이런 당혹스러운 일이 메타버스에서는 종종 일어납니다. 사실 흔치 않은 일일 수도 있습니다. 굳이 현실 만남으로 이어지지 않는다면 온라인상에서 만난 상대에게 실제 내 나이와 직업이 무엇인지 이야기할 필요가 없죠. 메타버스가 미래의 일상이 된 영화 〈레디 플레이어 원〉에서는 현실의 자신에 대해 말하는 것은 금기시되어 있습니다. 주인공이 한 친구에게 실명을 이야기하자, 친구가 흠칫 놀라는 장면이 나오지요.

그런데도 내 앞에 있는 아바타의 실제 주인공은 어떤 사람일까 궁금해하는 사람들이 많습니다. 하지만 현실의 나이와 직업을 굳이 묻거나 궁금해하지 않는 태도를 가져야 진정으로 평등한 소통을 나눌 수 있습니다. 나이가 어리다고 무시하거나 부하 직원급이라고 상대방을 존중하지 않는 일이 종종 있는데요. 메타버스에서는 상대방의 정보를 궁금해하지 않는 태도가 상대방 말에 귀를 기울이는 자세로 이어질 수 있습니다. 사실 상대방에 대한 존중의 태도를 가지려면 앞에 있는 아바타의 주인공은 자신보다 나이 많고 지위도 높을 것이라고 가정하는 것이 안전합니다.

듣기는 말하기를 위한 것이다

　　　　　　　　　　　　메타버스에서는 듣기도 중요하
지만 정말 중요한 것은 말하기입니다. 2015년 이후로는 공기업이
나 공무원 채용에서는 블라인드 방식의 채용이 보급되어서, 최종
면접단계에서는 실제로 면접자에 대한 정보 없이 면접을 치르게
되었습니다. 지원자 이름 하나만 있을 뿐 출신 학교, 나이, 성적 등
스펙을 모른 채 면접에 임할 뿐 아니라, 심지어 옷도 기관에서 준
비한 면티로 갈아입고 면접을 진행하기도 합니다. 이렇게 되니까
너무 뽑기 힘들다는 면접관들의 불만이 터져 나왔습니다. 사실 후
광효과가 사라진 상태니까 고스란히 면접자의 실력이나 인성이 드
러나야 하는데, 우리나라 학생들은 말하기 교육을 받은 적이 별로
없어 자신의 진가를 드러내지 못한다는 것입니다. 지원자들이 준
비한 답을 천편일률적으로 말해 면접관이 성적을 매기기가 너무
힘든 것도 사실입니다.

　메타버스에서의 만남은 블라인드 채용에서의 만남과 같습니다.
상대방에 대한 정보가 전혀 없어요. 심지어 블라인드 채용은 그 사
람이라도 와서 앉아 있으니 인상, 몸짓, 느낌이라도 볼 수 있지만,
아바타를 통해서는 그런 개인의 특징도 알아낼 수 없거든요. 오로
지 상대방이 하는 말, 혹은 쓰는 글을 통해서 상대방과 소통합니다.
나 자신을 드러내는 요소는 오로지 나의 말과 글이라는 얘기예요.

　어떻게 말하고, 어떤 어휘를 쓰고, 어떤 내용으로 대화하는지가

메타버스상 자기 존재의 유일한 표현 방식입니다. 말을 잘하고 글 재주가 훌륭한 사람은 메타버스 내에서의 가장 중요한 경쟁력을 손에 넣은 것입니다.

1분 자기소개를 할 수 있을까?

특별히 면접을 준비하거나 특수한 상황에 놓인 사람이 아닌 한 1분 동안 자기 자신을 소개하라는 미션을 훌륭하게 소화할 사람은 별로 없을 겁니다. 1분 동안 이야기할 수는 있지만, 준비를 안 하면 자기 자신을 효과적으로 소개하기가 쉽지 않거든요. 자신을 남에게 소개하는 것이 어려운 가장 중요한 이유는 자기 자신을 모르기 때문이에요.

자신의 취미, 특기, 장점, 단점, 좋아하는 음식, 싫어하는 음악 같은 세부적인 정보에서 앞으로의 비전, 가치, 삶의 목적 추상적인 정보까지 자기 자신에 대해 명확하게 아는 사람은 극히 드물지요. 우선 자기 자신을 이해해야 합니다. 흔히 MZ세대는 직장에서도 비교적 분명하게 자기 의견을 전달한다고 합니다. 그럴 수 있는 이유는 자신이 가진 호불호를 대체로 명확하게 판단하고 있기 때문입니다. 취향을 잘 알고 지향점도 분명하므로, 자신의 가치와 어긋나는 일에 대해서는 상사에게 분명하게 이야기하는 것이지요. 인센티브를 적게 주는 것이 문제라기보다는 인센티브를 주는 기준이 명확하지 않은 것을 문제 삼는 게 MZ세대입니다.

반면 그 윗세대들은 자신의 취향을 드러내는 것보다 전체 분위기에 자신의 취향을 맞춰가는 방향으로 훈련을 받았어요. 그러다 보니 자기 취향을 잘 모르는 거예요. 그래서 자기소개에 취향을 당당히 밝히기보다는 어떤 분위기에도 다 맞출 수 있다는 태도를 견지하고 사회생활을 하는 거지요. 취향이 명확하지 않아야 사회생활을 하기 편했거든요. 하지만 메타버스는 공간을 초월해서 취향이 같고, 관심이 같고, 비전이 같은 사람들이 모이는 곳이다 보니, 분명하게 자기 지향점을 알고 있는 것이 여러모로 효율적입니다. 자신도 즐겁고요.

성격 유형 검사인 MBTI가 유행해서 SNS 피드에 빼곡하게 올라온 적이 있습니다. 지금도 자신에게 벌어지는 일들을 MBTI 필터로 해석하시는 분도 많고요. 이런 검사에 관심을 가지는 것은 자신을 객관적으로 파악해보려는 노력의 일환입니다.

우리는 자기 자신에 관한 정보가 별로 없습니다. 자기 자신을 잘 모르는 거지요. 메타버스는 이런 정보를 말로 정의하고, 다른 사람에게 설명하는 곳입니다. 자신의 취향, 좋아하는 것, 하고 싶은 것, 가장 여행 가고 싶은 나라, 장래희망, 비전에 대해서 한 번쯤 생각해보시기 바랍니다. 자신을 먼저 발견하고 다른 사람에게 나를 설명하기 위한 요소들을 찾아보세요.

커뮤니케이션의 최강자가 되려면

메타버스에서의 활동은 낯선 사람과의 대화에 얼마나 능하고 편하냐에 따라 성공 여부가 달라집니다. 늘 만나는 친구들만 약속해서 만나는 것은 메타버스의 가능성을 축소시키는 짓이지요. 낯선 사람들과 어울리며, 새로운 분야를 자꾸 접해보는 것이 메타버스에서 자신의 존재감을 확장하는 일입니다. 그러기 위해서는 자연스럽게 말할 줄 알아야 해요. 그런 재능은 타고 나는 거라 생각하시겠지만, 그렇기도 하고 아니기도 합니다. 능변을 하는 분들, 지나치게 외향적으로 보이는 분 중에는 어렸을 때 말을 잘하지 못했다든가, 너무나 내성적이었던 사람들도 있어요. 명연설가로 유명한 영국의 처칠 수상이 어렸을 때 말을 더듬었다는 것은 굉장히 유명한 일화죠. 처칠은 매일 책을 소리 내어 읽으며 피나는 노력을 했다고 합니다.

자연스럽게 말하기 위해 먼저 고쳐야 할 것은 상대방을 궁금해하는 것이 아니라 상대방의 말을 궁금해하는 것입니다. 한국의 청춘들은 명절이 다가오면 부담감을 느낍니다. 1년에 한두 번 보는 친척들이 '대학은?', '취업은?', '결혼은?', '아기는?' 등을 묻거든요. 그렇게 궁금하면 평소에 전화해서 물어보면 되잖아요. 전화 한 통 없다가 명절날에 그렇게 꼬치꼬치 캐묻지요. 왜 그럴까요? 이유는 아주 단순해요. 딱히 할 말이 없어서예요. 마주쳤으니 뭔가 이야기는 해야겠고, 대화거리가 없으니 그런 질문을 하는 겁니다. 대개는 그냥 대화의 소재일 뿐 진짜 관심을 가지고 물어보는 것은 아닙니다.

대화하다 보면, '대단히 실례지만 띠가?' 하면서 나이를 파악하는 분도 있습니다. 동생이 있다고 하면 '동생은 뭐 하는지?' 같은 질문으로 이어지고요. 최근 들어 사생활을 물어보는 것은 무례하다는 인식이 공유되면서 많이 수그러들었지만, 이런 식으로 대화하는 사람을 어렵지 않게 만나게 됩니다.

이런 사람들은 사생활의 화제가 없으면 대화를 못 하는 거예요. 한국어에는 존댓말이 있으므로 나이, 선후배에 대한 위계가 비교적 엄격하고, 서양권 언어에는 대개 존댓말이 없으므로 나이를 초월해 우정을 나누기 쉽다는 분석도 있지요. 한국 사람들은 처음 만나면 존대해야 할지, 하대해야 할지 결정하기 위해 나이를 알려고 하는 버릇이 있습니다. 여기에는 아주 간단한 해법이 있습니다. 무조건 존댓말을 쓰면 됩니다. '상대방이 초등학생인데 대학교수인 자신이 존댓말을 하는 것은 억울하다'는 생각을 지워버리세요.

이런 상황이 메타버스에서는 거의 매 순간 일어납니다. 상대방이 누구인지 모르는 거지요. 현실에서의 직업, 나이, 성별, 인종 정보가 하나도 없습니다. 오로지 대화만으로 의사소통하게 돼요. 메타버스에서 신상정보를 바탕으로 대화를 전개하는 사람은 단 한마디도 하지 못할 거예요.

메타버스에서 긍정적으로 커뮤니케이션하려면 상대방의 정보를 모르더라도 처음 만난 사람과 대화할 수 있는 능력을 연습하셔야 합니다. 상대방에 대한 정보가 전혀 없을 때, 자연스럽게 화젯거리를 찾아가며 이야기를 전개하는 훈련이죠. 이런 어색함이 싫어서 아예 낯선 이와 만나지 않고, 대화의 기회를 회피하시는 분들도 있는데요. 그러면 자기 가능성을 스스로 제한하게 됩니다. 자연스럽게 대화할 수 있도록 연습과 훈련을 해보시기를 권합니다.

책을 많이 읽으시거나, 최신 뉴스를 섭렵하고, 상식을 넓히고, 논란이 되는 주요 사회 이슈에 자기 의견을 확고히 세우는 연습을 한다면 더할 나위 없이 좋겠지요. 이런 노력이 있어야 어떤 대화상 대가 나타나도 자연스럽게 대화를 이끄는 커뮤니케이션의 강자가 될 수 있습니다.

정형화된 말하기 방식은 가라

성인이 되고 나면 사회에서 요구하는 일정한 역할이 생깁니다. 우리는 그 역할에 맞춰 말하는 습관이 있습니다. 예컨대 선후배 사이에서는 선배다운, 그리고 후배다운 이야기가 오가고 상사와 부하직원이라면, 역시 상사다운, 부하직원다운 말이 오가지요. 상대방의 나이에 관심이 있는 것은 사실 이런 역할극에 집중하는 탓도 있습니다.

메타버스에서는 이런 현실의 캐릭터가 무화됩니다. 20대와 50대가 어울려서 놀 수 있는 공간이 메타버스인데, 거기에 50대다운 행동과 말을 하려고 하면 스스로 그 기회를 망치는 것입니다.

흔히 20대와 50대의 소통을 막는 장애물이 50대의 마인드라고 생각하는데, 주변을 둘러보면 오히려 50대가 더 적극적으로 20대와 어울리기 위해 마음을 여는 경우가 있습니다. 그런데 때로는 20대가 먼저 50대와 별로 어울리려고 하지 않기도 하지요. 나이에 한계를 짓고, 그 나이'다운' 행동에 갇혀 있는 것은 젊은 세대라고 해서 예외는 아닙니다.

메타버스에서는 기본적으로 굳이 밝히지 않는 한 상대방에게 나이나 직업이 드러날 일이 거의 없습니다. 그러니 '무엇다워야 한다'라는 사회적 압박감과 틀에 맞춰진 말하기와 글쓰기를 봉인해야 메타버스에서 원활하게 소통할 수 있습니다.

사회적 이슈에 민감해야 한다

지금은 TV나 신문의 뉴스보다 SNS, 유튜브 등의 뉴미디어를 통해서 세상 소식이 더 빨리 전파되고 있습니다. 많은 사람이 들어와서 시간을 보내는 메타버스에서는 이런 사회적 이슈가 훨씬 빠르게 퍼져나갈 것입니다.

그리고 메타버스의 속성상 입소문이 빠르게 퍼집니다. 입소문은 구전의 특성상 말하는 과정에서 과장되고 각색되지요. 문제적 발언을 하거나 차별과 혐오 발언을 하면, 한순간에 매장을 당할 수도 있습니다. 캐릭터를 통해 신뢰를 차근차근 쌓아 올린 사람이라면, 순식간에 캐릭터가 무너질 수 있거든요.

그러니 사회적 이슈에 민감하게 깨어 있어야 합니다. 성차별, 인종차별적인 발언을 조심해야 하고요. 과거에 통용된 말이라고 해서 지금도 통용되는 것이 아니라는 것을 명심하셔야 합니다. 같은 말이라도 그 말의 의미와 뉘앙스는 시대에 따라 달라지고, 그 시대는 생각보다 빨리 변하니까 사회적 이슈를 주의 깊게 보고, 숙지하는 것이 좋습니다.

문제성 발언은 종종 남을 웃겨보려다가 혹은 어색한 분위기를 깨려고 무리수를 던지다가 발생합니다. 문제를 일으키는 발언을 하기보다는 차라리 어색한 게 낫습니다.

3.

룰 메이커: 규칙은 지키는 것이 아니라 만드는 것이다

         〈레디 플레이어 원〉은 오아시스 라는 메타버스를 설계한 개발자가 죽으면서, 오아시스를 잘 운영 해줄 리더를 찾기 위해 미션을 걸지요. 세 가지 미션을 해결하는 사람이 오아시스의 운영권을 가지게 되는 건데요. 이 운영권을 차 지하기 위해 전 세계의 모든 사람이 도전합니다. 거대 기업 IOI도 이 경쟁에 뛰어드는데, 주인공이 미션을 해결하자 그에게 현실적 인 위협을 가합니다.

    첫 번째 미션은 자동차 경주를 완주하는 것인데요. 마지막에 킹 콩이 나타나서 이 경주에서 끝까지 살아남는 사람이 없어요. 하지 만 주인공은 모두 앞으로 내달리는 경주에서 반대 방향, 즉 뒤쪽으 로 차를 몰죠. 그러자 숨겨져 있던 지하 통로가 열리면서 킹콩의 마지막 일격을 피해 결승점을 통과하게 됩니다. 경주의 암묵적인 규칙인 정방향의 전력 질주를 완전히 깨버리는 주인공의 승부수가 통한 겁니다.

메타버스의 시대 경쟁력의 핵심은 파격破格입니다. 격식을 파하는 거지요. 룰을 깨는 생각이 메타버스를 만들어나가는 동력이 됩니다. 사실 메타버스는 가상공간에 만들어진 초월적 세계이기 때문에 룰은 만들기 나름이거든요. 조금 더 현실적으로는 룰을 깬다는 표현보다는 룰을 만드는 사람이라는 표현이 더 맞을 수 있어요. 어떤 표현이든 핵심은 기존의 룰을 충실하게 수행하는 사람은 메타버스형 인간은 아니라는 말이지요.

룰을 따르는 사람이 아닌 룰을 만드는 사람

기존 산업사회에서는 대규모 공장을 돌려야 하므로 규격화되고, 계량화된 작업의 프로세스가 필요했습니다. 바로 매뉴얼이죠. 모든 직무는 매뉴얼화되어 있고, 사람을 뽑을 때는 매뉴얼을 잘 소화할 수 있는 사람을 뽑았어요. 그래서 인재의 기준은 성실, 끈기 같은 것이었죠. 기존의 매뉴얼을 학습한 뒤에 그것을 잘 수행하는 사람이 필요했으니까요. 교육 역시 그런 인재를 양성할 수 있도록 설계되었습니다. 같은 나이 또래의 학생들을 한 교실에 몰아넣고, 똑같은 것을 배우며, 누가 더 잘 암기했는지를 시험하는 방식으로요.

대학입시를 준비하는 학생들이 많이 읽는 책이 헤르만 헤세 Hermann Hesse의 『수레바퀴 아래서』입니다. 100여 년 전 독일 교육체제에 절망해 극단적인 선택을 한 소년 한스의 이야기인데요. 지금 대한민국에서 한스의 압박감과 좌절에 공감하는 학생이 많다는 얘기는 그동안 교육이 변하지 않았다는 것을 방증합니다.

효율적으로 대량생산을 해서 저렴하게 많이 팔던 산업화 시대는 인터넷 혁명과 함께 점점 지고 있습니다. 이제 사회에서 요구하는 인재는 성실하고 끈기 있는 사람이 아니에요. 10대 대기업의 인재상을 뽑아보시면 어느 대기업에서도 '성실'을 인재의 조건으로 보지 않는다는 걸 발견하실 겁니다.

사회에서 성공하는 인재는 학교 교육으로 양산되는 인재상과 매우 달라요. 학교 교육은 변하지 않았기 때문에 졸업 후 사회에 적응하는 것은 개인이 알아서 해결해야 하는 문제가 되었습니다. 메타버스 시대에는 이 문제가 더 심화될 거예요. 다품종 소량생산의 시대를 넘어서 생산 자체가 다른 방식으로 이루어지니까요. 룰을 깨야 하는 상황이 아니라, 룰 자체를 만들어야 하므로 그 누구보다 룰에 얽매이지 않는 자세가 필요합니다.

물론 메타버스 시대에도 룰을 지키고 따르는 것으로 돈을 버는 사람들이 생기겠지요. 그들은 메타버스의 노동자들일 겁니다. 광고를 보면 포인트를 받고, 그 포인트가 돈이 될 것이고, 나중에 메타버스 커머스가 생기면 손님을 응대하는 직업도 생길 수 있습니다.

메타버스 건축을 해주는 빌더는 이미 어느 정도 있습니다. 이런 일을 담당하는 이들이 메타버스의 노동자들입니다. 메타버스 경제가 자리 잡을수록 이런 일자리도 늘어날 거예요.

하지만 진짜 돈은 메타버스의 설계자들이 벌게 됩니다. 초월 현실이라고는 하지만 기본은 현실세계의 현실 모방인 만큼 노동자들은 자신이 일한 만큼의 돈을 벌잖아요. 그래서 미국의 자기계발서 저자들은 직장을 버리고 창업하라는 조언을 많이 해요. 메타버스에서도 기존의 룰에 얽매이지 않고 새롭게 룰을 만들고 활용하는 사람이 최종 승자가 될 겁니다.

메타버스가 현실과 다른 점은 돈, 경험, 연륜, 인맥 없이 혼자서도 얼마든지 창업할 수 있다는 것이지요. 메타버스에서는 가게를 만들고, 물건을 확보하고, 상품을 보관하고, 인테리어하는 등의 돈이 들지 않습니다. 오로지 시간만 들어갑니다. 그 시간은 경험과 바꿀 수 있는 자산이니까 시간이 들어가는 것도 아깝지만은 않습니다.

메타버스에서는 제약 없이 룰을 만들어가는 창의력이 필요합니다. 메타버스는 상상할 수 있는 모든 것을 구현할 수 있습니다. 자신의 상상력에 제한을 가하는 것은 자기 자신뿐입니다. 한계 없는 상상력을 구현해야 승부수를 던질 수 있습니다.

'이 세상에 없던 것'을 만드는 창의적 능력은 소수의 예술가에게 허락된 능력입니다. 그런데 사회에서, 또 메타버스에서 필요한 창의력은 세상에 있는 것들을 다르게 활용하거나 융합하는 능력입니다. 이런 창의력은 얼마든지 훈련과 연습을 통해 강화될 수 있습니다.

진정한 창의력의 비밀

우리는 논리적으로 말할 때 어떤 전제를 가지고 이야기합니다. 영화 추천도 '보통 사람들은 재미있는 영화를 좋아한다'라고 전제하니까 가능한 것입니다. 전제는 상식적이고, 원론적인 선에서 이루어지기 때문에 그것을 하나하나 이야기하며 대화를 전개하지는 않아요. "보통 사람들은 재미있는 영화를 좋아하잖아. 너도 보통 사람의 범주에 들어가고, 그 영화 재미있으니까 꼭 봐." 이렇게 얘기하지는 않는다는 거지요.

사람들은 전제의 존재감을 잘 깨닫지 못합니다. 어떤 사람이 "나는 재미있는 영화 별로 안 좋아해. 영화는 지루하다 싶을 정도로 진지한 게 좋아"라고 말을 한다면, 이 사람은 보통 사람이 아닌 거지요. 즉 일반적인 사람들의 전제를 공유하는 사람이 아닙니다.

창의성은 이런 전제를 깨는 것에서 시작됩니다. 전제라는 것은 상식인데, 그건 고정관념, 편견, 사고의 한계라고 바꾸어 말할 수 있습니다.

제가 기획 단계에 참여하고, 초반에 출연했던 tvN 〈문제적 남자〉라는 프로그램이 있습니다. 처음 론칭할 때 프로그램 취지는 창의적으로 생각하는 사람은 어떻게 생각을 전개하는지 그 과정을 보여주자는 것이었어요. 그래서 지식으로 푸는 것이 아닌, 생각과 관점의 전환, 귀납적 추론을 통해 풀어야 하는 문제를 출제하고, 그 문제를 유명인들이 풀게 했지요.

〈문제적 남자〉에 나왔던 문제 중에 일본 방송에서도 출제되어 화제가 된 문제를 소개하겠습니다.

Q. 카드 한 장만 움직여서 공식을 완성하라

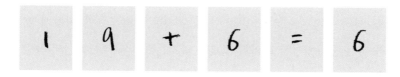

숫자 공식이다 보니, 출연진 중 한 분에게 스포트라이트가 집중되었는데요. 이분이 과학고를 졸업하고 카이스트 전산학과를 나왔거든요. 수학이라면 기막히게 풀 거라 기대한 거지요. 하지만 문제를 풀지 못했습니다. 문제의 정답은 다음과 같습니다.

당연한 말이겠지만, 해당 출연자를 포함해 많은 분이 이 문제를 풀지 못한 이유가 수학적 지식이 부족해서는 아닐 거예요. 문제를 풀지 못한 이유는 두 가지의 전제에 사로잡혀 있었기 때문인데요. 첫 번째는 '카드를 겹쳐서는 안 될 것이다'라는 것, 두 번째는 '45도로 카드를 돌려서는 안 된다'라는 거지요. 이 문제를 낼 때 그러

면 안 된다고 그 누구도 제한을 걸지 않았지만, 암묵적인 룰에 스스로 사로잡힌 거지요. 바로 이런 것이 전제입니다.

메타버스는 현실을 초월한 공간이기 때문에, 현실이라면 당연히 가로막고 있었을 온갖 전제들의 제약이 상상 부분 제거되어 있습니다. 협업 툴로 메타버스에서 회의 서비스를 제공하는 업체가 전 세계 어디서든 회의할 수 있다며 회의 사무실을 파리, 뉴욕, 서울, 상파울루 등으로 설정할 수 있습니다. 생각해보면 이렇게 뻔한 현실 공간에서만 회의할 필요는 없거든요. 바다 밑, 화산의 용암 옆, 〈어벤져스〉에 나오는 토니 스타크의 빌딩, 『어린 왕자』에 나오는 소행성 B612 등 상식의 한계를 넘어서 회의 공간을 상정할 수 있습니다.

창의적인 생각의 근저에는 전제를 깨는 사고방식이 자리 잡고 있습니다. 우리가 창의적인 사고를 훈련하는 입장이라면, 전제를 정확하게 파악하는 것이 먼저겠지요. 논리적으로 현상, 사건, 상황, 문제를 분석한 후에 이것들의 전제가 되는 것은 무엇인지, 그 전제들은 파기할 수 있는 것인지 판단해야 합니다.

보통은 전제만 따로 공부하고 학습하기보다는 논리적 분석 연습을 먼저 합니다. 설명, 주장, 논증 등의 개념을 파악하고 각각의 핵심을 찾는 거지요. 이런 연습을 통해서 사건, 사물, 상황, 문제를 논리적으로 분석하는 눈을 갖고, 자신을 제한하는 전제가 무엇인지 명확하게 파악하게 됩니다. 그리고 전제를 깨는 방법을 제시하면 그것이 바로 창의적 문제 해결이 되거든요. 창의성의 원천은 오히려 논리적 분석이라는 것입니다. 그 때문에 누구나 창의적으로 태어난 것은 아니지만, 누구나 창의력을 계발하고 확장할 수 있습니다.

'시네틱스'란 무엇인가

창의적인 생각의 자세를 타고나는 사람이 있습니다. 하지만 그렇지 못하다고 해서 상상의 한계에 갇혀 있을 수만은 없지요. 실제로 인적자원 개발 분야에서 이야기하는 창의력 훈련 방법이 있습니다. 그중에서도 브레인스토밍은 잘 알려져 있지요. 회의할 때 일정한 범위를 구애받지 않고 자유롭게 이런저런 이야기를 나누는 거지요. 사실 요즘에는 이런 저인망식 아이디어 도출법은 지양되고 있습니다. 효율성이 그다지 높지 않기 때문이지요. 하지만 브레인스토밍을 통해 좋은 아이디어를 도출하기도 합니다.

'시네틱스synectics'는 서로 관련이 없어 보이는 것들을 조합하여 새로운 것을 도출해내는 집단 아이디어 발상법인데요. 일명 '손정의 발명법'이라고 하지요. 일본 소프트뱅크의 손정의 회장은 막대한 자본을 한 기업에 투자하는 세계적인 투자자입니다. 20대에 미국으로 유학 간 손정의 회장은 학비를 벌기 위해 아르바이트하며 고달픈 생활을 이어가던 중, 하루 5분만 투자해서 돈을 벌 방법이 없을까 고민합니다. 그러다가 연결고리가 없어 보이는 단어들을 결합해서 생각을 확장하는 시네틱스를 해보기로 결심합니다. 그렇게 1년 동안 250여 가지의 발명을 고안했는데요. 그중 음성 신시

사이저, 사전, 액정화면의 세 가지 요소를 결합해서 '음성 전자사전'이라는 아이디어를 고안했고, 이를 사업화하기로 해요. 청년 손정의는 아이디어만 있었고 기술이 없었기에, 음성 신시사이저 분야의 유명한 교수를 찾아가 시제품을 만들어달라고 부탁했고요. 그는 시제품을 들고 일본의 전자회사들을 찾아다녔어요. 50여 개의 회사에서 부정적인 반응을 보였는데, 샤프 전자에서 이 발명품에 호의적인 반응을 보여 10억 원 정도에 이 아이디어를 사게 됩니다. 그 10억 원의 돈이 지금의 손정의 회장을 만든 종잣돈이 된 거지요. 따지고 보면 스마트폰의 시작이 된 아이폰 역시 전화, 아이팟, 인터넷 기계라는 세 가지. 요소를 결합해서 나온 거잖아요(지금은 사진기가 가장 중요한 기능인 듯 보이지만요.).

손정의 회장이 어느 날 설거지를 하다 음성 전자사전 아이디어가 떠올라 '유레카'를 외치며 뛰어나간 게 아닙니다. 두 가지 이상의 단어를 결합해서 발명품을 만들어보는 방법을 1년간 꾸준히 시행했고, 그중 하나의 아이디어가 사업화된 거지요. 창의력을 키우기 위해서 자유 발상법이 힘들면 시네틱스 같은 기계화된 창의력 연습부터 시작해야 합니다.

4.

정복자가 아닌 적응자가 승리한다: 알아채고, 스며들고, 반응하라

공룡은 왜 멸종했을까요? 그 이유에 관한 학설은 100여 개 이상이지만, 최근 소행성 충돌로 인해 기후변화가 일어났고, 거기에 적응하지 못해 공룡이 멸종했다는 설이 힘을 얻고 있습니다. 영국의 BBC는 소행성 충돌에 단 1분의 시차가 있었다면 공룡이 멸종되지 않았을 거라고 주장하는 다큐멘터리 〈공룡이 죽은 날〉을 제작했습니다. 소행성이 충돌한 유카탄반도 근처를 조사해보니, 15킬로미터 길이의 소행성이 시속 6만 4,000킬로미터의 엄청난 속도로 충돌해 지구에 길이 193킬로미터, 깊이 32킬로미터의 구멍을 낸 것으로 확인됐습니다. 엄청난 속도 때문에 충격은 엄청났고, 충돌 즉시 이산화탄소, 황, 석고 등의 성분이 대기 중으로 분출되어 지구를 뒤덮었고, 기온을 50도나 내려가게 만들었다는 것입니다. 갑자기 찾아온 추운 겨울에 공룡은 적응하지 못하고, 그렇게 사라진 것이지요.

그런데 포유류는 달랐습니다. 공룡보다 덩치가 작아서 변화에 조금 더 빠르게 적응했지요. 갑자기 바뀐 환경에 적응한 포유류는 지구의 패권을 장악했어요. 사실 공룡이 살던 시대의 포유류는 8킬로그램이 넘는 종이 없을 정도로 아주 작은 크기를 유지했지만, 공룡이 멸종하자 삽시간에 몸집이 커졌습니다. 빠르게 환경에 적응해서 최적화된 진화를 한 것이지요. 강한 자가 살아남는 것이 아니라 살아남은 자가 강한 것이라는 말이 있습니다. 따지고 보면 결국 끝까지 적응해서 살아남은 자가 최후 승자이지요. 적응은 생존의 가장 중요한 조건이자, 유일한 조건일 수도 있습니다.

인간의 사회생활도 마찬가지입니다. 낯선 집단에 가서도 유난히 잘 어울리고 비교적 쉽게 관계를 형성하는 사람들이 있어요. 이들이 새로운 사회에 적응하는 단계를 세 단계로 나누어볼 수 있는데요. 첫째는 '알아채기', 둘째는 '스며들기', 셋째는 '반응하기'입니다. 각 단계를 자세히 살펴볼게요.

알아채기

메타버스 시대가 올 거라고 하면 일견 동조하면서도 불안한 눈빛을 숨길 수 없는 분들이 40~50대입니다. 이분들이 30~40대 무렵에 스마트폰이 나왔고, 스마트폰을 활용하는 것에 문제가 없었고, 지금도 업무에 잘 활용하고는 있는데 새롭게 메타버스가 나온다니까 과연 적응할 수 있을까 걱정하는 거지요. 메타버스가 일으킬 생활이나 업무 환경 변화에 관한 이야기를 들으면 이분들의 얼굴에 진 그늘은 더욱 짙어집니다. 60대 이상 되시는 분 중에는 아직도 스마트폰 활용이 어려워서 은행 업무도 꼭 지점에 방문해서 처리하는 분들이 있습니다. 그 모습을 보며 자신도 혹시 그렇게 되는 거 아니냐고 걱정하시더라고요.

과연 스마트폰에 적응하지 못한 사람들은 스마트폰의 성능을 이해하거나 조작할 능력이 없어서 사용하지 못하는 걸까요? 코로나가 발생하자 인터넷 쇼핑 업체들의 이용률은 눈에 띄게 늘었습니다. 코로나 초창기 대구 지역에서 확진자가 많이 나오자, 주문 폭주 때문에 택배 물류 대란이 일어나서 배송 지연 사태가 벌어지기도 했고요. 이런 폭발적인 증가는 인터넷 서비스를 이용하지 않던 분들이 새롭게 서비스를 이용했기에 가능한 사태였지요. 몇 년 전에는 도저히 복잡해서 스마트폰으로 인터넷 쇼핑은 하지 못하시겠다던 분들이 막상 코로나로 생필품을 살길이 없게 되자, 스마트폰으로 인터넷 쇼핑하는 방법을 배운 것입니다.

적응의 시작은 주변 환경이 변하고 있다는 것을 눈치채는 것입니다. '하던 대로'라는 말은 전통이라는 말로 설명할 수도 있지만, '고집'이나 '뒤처짐'이라는 말로도 설명할 수 있습니다. 생각해보면 '하던 대로'라고 말하는 사람이라면 적어도 변화의 시작을 감지한 거니까 적응할 가능성이 커요. 무언가 바뀌고 있다는 사실조차 눈치 채지 못한다는 것이 더욱 큰 문제죠.

지금 시대를 사는 사람들은 대부분 스마트폰이 세상을 어떻게, 얼마나 바꿨는지를 체감했습니다. 새로운 기술이 한순간에 세계의 모습을, 부의 지형을 재편하는 모습을 목격했기에, 적어도 세상이 매우 빠르게 변한다는 것에 공감하시거든요.

이런 경험 덕분에 사람들은 지금 새롭게 떠오르고 있는 메타버스에 대한 호기심을 감추지 않습니다. 메타버스는 인간의 생활을 편하게 해줄 또 하나의 기술일 뿐만 아니라 인간의 생활방식을 뒤집을 만한 엄청난 충격을 줄 매체인데, 그런 선도적인 기술을 한발 앞서 습득한 사람들이 어떻게 성공했는지를 목격했거든요.

저는 변화가 시작되었다는 것을 알아채기만 하면, 그리고 그것을 알아챌 수 있는 감각을 발휘할 수 있는 분이라면 적응의 첫 번째 조건은 완벽하게 충족했다고 봅니다. 페이스북이 본보기로 삼던 싸이월드가 모바일 시대에 적응하지 못해 몰락하는 과정, 모바일 시대에 최적화된 페이스북이 세계적인 기업으로 떠오르는 과정을 지켜봤기 때문에 변화에 올라타지 못하면 어떻게 되는지는 잘 알고 계실 테니까요. 이 책을 구매해서 여기까지 읽고 있는 분이라면, 분명 메타버스라는 변화가 시작되고 있다는 것을 눈치채고 그 흐름에 올라탈 수 있는 분입니다.

스며들기

메타버스라고 일률적으로 말하지만, 앞으로 메타버스의 대세가 될 플랫폼은 미지수입니다. 수많은 SNS 가운데 페이스북, 인스타그램, 트위터 등이 나오기까지 수많은 SNS 경쟁이 있었지요. 유튜브, 틱톡, 스냅챗 등 조금씩 다른 플랫폼이 나오고 있고요.

메타버스 플랫폼으로 사람들을 불러 모으기 위한 경쟁은 더욱 격화될 거예요. 지금이야 로블록스나 제페토 같은 메타버스가 대표적이지만, 페이스북 같은 거대 기업이 준비하는 메타버스가 론칭되면 이런 인식은 얼마든지 바뀔 수 있습니다.

사용자로서는 어떤 메타버스에서 어떤 모습으로 살아남을지 지금부터 결정하기 힘들고, 유력한 메타버스를 몇 개 선별한 다음에 문어발식으로 관리할 필요가 있습니다. 아바타라도 만들어놓아야 한다는 것이지요.

그리고 개별 메타버스들은 말하자면 새로운 세계입니다. 당연히 그 세계의 규칙이 조금씩은 다르지요. 외국 여행을 가면, 분명 사람 사는 세상이기에 기본적으로는 똑같은 부분이 있지만, 문화라든가 세부적 요소가 다른 것을 느끼잖아요. 그러므로 개별 메타버스의 디테일에 스며드는 태도를 가져야 합니다. 그러기 위해서는 일단 개별 메타버스의 환경을 이해해야겠지요. 그리고 배우는 자세가 필요합니다. 배운 것을 과감하게 채택하는 용기도 수반되어야 하고요. 익숙함을 포기해야 자연스럽게 새로운 세계에 스며들어 적응할 수 있습니다.

1911년은 남극 탐험 전쟁이 발발한 해입니다. 진짜 전쟁은 아니고요. 남극 탐험 경쟁이 그만큼 치열했다는 얘기예요. 특히 그 결말이 비극적이기도 해서 남극 탐험 이야기는 오랫동안 사람들에게 회자되고 있습니다.

남극 탐험의 승자, 그러니까 가장 먼저 남극점에 도달한 승자로 우리에게 알려진 사람은 노르웨이 출신의 로알 아문센[Roald Amundsen]입니다. 하지만 아문센의 뒤편에는 영국 출신의 로버트 스콧[Robert Scott]도 있었습니다.

아문센은 북극 탐험을 준비했지만, 북극점 도달의 기록을 로버트 피어리[Robert Peary]에게 빼앗기고 말지요. 그래서 아문센은 기수를 남극으로 돌립니다. 이 선택이 쉽지 않은 이유는 비슷한 시기에 경쟁하던 영국 해군 대령 로버트 스콧이 있었기 때문이지요. 스콧 대령은 영국의 전폭적인 지지를 받았고, 탐험대의 규모가 아문센을 압도했습니다. 아문센 일행이 네 명인데 비해, 스콧 일행은 열한 명이었고요. 스콧 일행은 영국에서 공수해온 말과 동력 썰매까지 가지고 있었어요. 아문센 일행은 현지에서 개 썰매를 구한 게 전부였고요.

그런데 아문센은 남극점에 1911년 12월 14일에 도착하고, 스콧은 1912년 1월 18일에 도착합니다. 출발은 나흘 차이였지만, 도착은 한 달의 차이가 난 거예요. 남극 탐험의 승자인 줄 알고 남극

점에 도착한 스콧 일행이 한 달 전에 꽂힌 노르웨이 국기를 보고 가졌을 실망감이란 남극의 추위보다 가혹했을 겁니다. 그래서인지 스콧 일행은 돌아오는 길에 모두 죽고 맙니다.

아문센의 승리에 결정적 영향을 끼친 것은 바로 '현지화'였어요. 개보다 당연히 말이 빠르지만, 그건 영국 실정입니다. 남극의 극한 추위에서는 말이 버티지 못하거든요. 아문센이 처음에 끌고 간 개는 52마리였는데요. 돌아올 때는 12마리만 남아 있었습니다. 나머지는 모두 잡아먹은 거예요. 처음부터 계획한 것이기에 식량의 무게를 줄여 경량화라는 우위를 점하게 된 것이죠.

그리고 아문센이 입은 옷은 이누이트족의 털가죽 옷이었습니다. 스콧은 영국에서 가져온 모직 방한복을 입는데요. 모직이 보통의 날씨에는 방한 효과가 분명히 있지만, 영하 40도 밑으로 내려가는 날씨에는 제대로 기능하지 못한다는 것을 영하 40도 겪은 후에야 알게 된 것이지요.

아문센의 전략은 단순했어요. 남극에 가서 거기에 맞게 행동하자는 것이었습니다. 스콧의 전략은 치밀했습니다. 강대국들의 탐험 경쟁이 한창인 시절이라, 당시 최강의 나라였던 영국의 전폭적인 지원을 받았기 때문에 기술적으로 비용적으로 스콧은 아문센보다 우위에 있었습니다. 스콧은 전문적인 학식을 가진 최고의 인재를 모았어요. 그런데 오지의 땅에서는 학식이 많은 사람보다 이 땅에 최적화된 사람이 필요했습니다. 아문센은 스키를 잘 타고, 개를 잘 다루며, 얼음으로 뒤덮인 바다에 대한 경험이 많은 뱃사람들을 모았어요.

요컨대 영국은 정복자의 자세를, 노르웨이는 적응자의 자세를 취했습니다. '스며들기'는 기존의 성공 방식을 따르지 않고 버리는 것에서 시작됩니다. 그래서 현지화의 전제 조건은 유연한 사고예요. 성공한 비즈니스 사업가들이 두 번째 사업을 하거나 새로운 분야로 확장할 때 그다지 성공하지 못하는 경우가 있는데요. 이런 회사들의 CEO 마인드를 보면, '내가 성공한 방식을 따라야 한다'라는 생각이 굳건한 경우가 많습니다.

스며들기는 새로운 환경을 이해하고, 이종의 문화를 받아들이는 포용력에서 나와요. 마치 현지인처럼 행동하고, 생각하는 것이 가장 효율적이고 이로운 방식인 것이지요. 그다음 단계는 결합시키는 것인데, 이것이 한 단계 발전하는 방법이자 적응자의 자세지요.

새로운 플랫폼에 가서 단점을 찾기보다는 왜 사람들이 이 플랫폼에 와서 재미를 찾는 것인지 관찰하고, 분석해보세요. 그러면 내가 가진 관점과 생각에서 벗어나 또 다른 관점을 발견할 수 있습니다.

어디서나 망하는 전략은 있지만 어디서나 통하는 전략은 없습니다. 100개의 플랫폼이 있다면 200개의 방법으로 접근해야 합니다. 새로운 메타버스에 갔다면, 정복자의 자세를 버리고 적응자의 자세를 가져야 합니다. 일단 스며들어야 합니다. 그래야 나중에 정복할 수 있어요.

반응하기

오해하지 말아야 할 것은 메타버스에 '순응'하는 것이 아니라 '적응'하는 것이 중요하다는 것입니다. 메타버스에 스며드는 것으로 그친다면 그건 순응하는 것이고, 그냥 게임을 즐기는 게임 사용자나 다를 바가 없죠. 기업이 만든 틀 안에서 정해진 대로 살아가는 것입니다. 이렇게 해서는 돈을 벌더라도 메타버스에서 자신의 비즈니스나 영역을 가지고 성공하는 것이 아니라, 그저 메타버스의 성실한 노동자가 될 뿐입니다.

그래서 '반응하기' 영역이 필요합니다. 개별 플랫폼들의 특성이 다르듯이 반응하는 데 일률적인 방법이 있는 것은 아닙니다. 자신이 판단한 영역에 맞게 반응의 정도가 정해지겠죠. 중요한 것은 반응해야 한다는 마인드입니다. 성공한 사람들이 한결같이 하는 단 하나의 조언이 바로 '일단 시작하라'는 것이지요. 계획하고 전략을 세세하게 짠 뒤에 신중하게 시작하는 것은 지나간 시대의 성공 방식입니다. 지금은 일단 시작하고, 돌아오는 피드백을 보면서 수정을 하는 것이 성공의 방식입니다.

메타버스가 뭔가 새롭다고 하니까, 이 책을 사서 메타버스가 도대체 뭔지 알아본 분이 분명 있을 겁니다. 이 책의 독자분은 이미 첫 번째 단계를 수행하신 거지요. 실제로 몇몇 메타버스 플랫폼에 들어가서 회원가입하고 둘러보신 분도 있을 겁니다. 이것이 두 번째 단계인데, 여기까지 하시는 분이 의외로 많지 않아요. 그리고 그 플랫폼을 오가며 과연 어떤 곳이고, 무엇을 하는지 탐색하는 분도 있을 거예요. 이런 분은 세 번째 단계를 실행한 것입니다. 여기서 한 단계 더 가야 성공의 기회가 옵니다.

'한 단계 더'는 거기서 무언가 해보는 것입니다. 아바타에 입힐 의상을 팔 수 있는 플랫폼이라면, 플랫폼에서 제공하는 디자인 툴을 활용해 옷을 만들어 팔아보는 거지요. 부동산 메타버스에 들어갔으면 변두리에 만 원어치 땅이라도 사본다든가, 소셜 플랫폼에서는 용기 내어 타인에게 말을 걸어본다든가 하는 식으로 움직여보는 것이 중요합니다.

세 번째 단계까지는 참여자고, 네 번째 단계부터 행위자가 됩니다. 행위해야 반응이 온다는 것을 잊지 마세요. 2021년의 현대인은 기술과 상황이 워낙 급변하는 '뷰카^{VUCA}'(변동성^{Volatile}, 불확실성 ^{Uncertainty}, 복잡함^{Complexity} 모호성^{Ambiguity}의 앞글자를 모은 단어로 현대 사회의 단면을 상징합니다) 시대를 살고 있지요. '뷰카'는 너무나 빠른 최근의 경영환경을 묘사합니다. 메타버스에서는 하루아침에 무언가 세워졌다 사라지는 일이 반복될 수 있어요. 이런 환경 변화는 눈으로 따라잡을 수 없을 만큼 빠를 수 있습니다. 해보고 안 되면 수정하고, 다시 해보는 것이 중요합니다. 이는 현대 사회 거의 유일한 성공의 방식이기도 합니다. 그러니 메타버스 내에서 성공하기 위해서는 무언가 시작하셔야 합니다. 시작한다고 해서 꼭 성공하는 것은 아니지만, 성공한 사람 중에 시작하지 않은 사람은 없습니다.

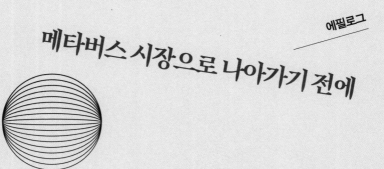

메타버스 시장으로 나아가기 전에

닐 스티븐슨의 SF소설 『스노 크래시』는 '메타버스'와 '아바타'가 처음 등장한 선구적인 소설입니다. 유수의 언론에서 비중 있게 다루었고 여러 매체에서도 언급되었지만, 읽어본 사람은 정말 드문 소설입니다. 막상 읽어보면 그 예지력에 감탄하지 않을 수 없는데요. 무려 30여 년 전에 쓰인 이 소설에 지금의 메타버스가 예견되어 있기 때문입니다. 그중에 한 대목을 소개할게요. 이 대목을 읽고 작가가 타임머신을 타고 미래에 와서 로블록스를 보고 간 것이 아닌지 의심이 들 정도였습니다.

그 시절부터 사용자가 편리하게 쓸 수 있는 프로그램 도구들이 개발되기 시작했다. 지금은 책상 앞에 앉아 메타버스 안에 미리 프로그램이 되어 있는, 블록 장난감처럼 생긴 구성단위를 연결해주는 것만으로도 프로그래밍할 수 있다.

메타버스는 예견할 수 있으면서도 도무지 예측할 수 없는 미래입니다. 메타버스는 큰 방향성의 차원에서 예견할 수 있습니다. 공간을 초월한 만남과 연결, 상호작용을 통해 현실과는 다른 사회적 관계, 경제적 기회를 얻는다는 것은 이미 정해진 미래라고 할 수 있습니다. 30여 년 전 한 소설가가 예측할 수 있을 정도로 말이지요. 큰 방향성이 정해지면 필수적으로 따라오는 중간 단계들을 충분히 예측할 수 있습니다.

하지만 큰 방향이 정해졌다고 해서 그 과정이 선명한 것은 아닙니다. 세부적인 과정이 어떻게 펼쳐질지 누구도 모릅니다. SNS의 한 획을 그은 페이스북이 적극적으로 메타버스에 뛰어들겠다고 밝혔지만, 과연 5년 후 페이스북은 메타버스에서 지금의 위상을 유지할 수 있을까요? 그럴 수도 있고, 아닐 수도 있습니다. 서울의 어느 대학교 기숙사에서 시작된 메타버스 팀이 메타버스 세상을 장악하고 있을지 모르니까요. 페이스북이 그랬던 것처럼 말이지요. 그만큼 메타버스는 공간, 시간, 기술, 비용의 모든 측면에서 열린 기회를 제공합니다.

산업사회 이후에 등장한 인터넷은 사람들 사이의 연결 방식을 바꿈으로써 혁명적인 변화를 일으켰습니다. 혁명적 변화는 약 100~200년 동안 일어났습니다. 후속 주자로 등장한 모바일 인터넷은 사람들 사이의 연결 방식을 약간 변화시켰어요. 인터넷의 업그레이드 버전에 가까웠죠. 모바일 인터넷이 연결 방식을 변화시키는 데 약 30년이 걸렸습니다.

메타버스는 사람들을 연결하는 방식의 패러다임을 변화시킬 것입니다. 그것은 연결 방식의 판을 바꾸는 거대한 변화입니다. 변화는 상당히 단기간에 급격하게 이루어질 것입니다. 연습생의 설움을 노래하던 방탄소년단이 세계적인 아티스트가 되기까지 걸린 시간은 10년이 채 안 됩니다. 사실 글로벌 성과는 5~6년 만에 이룬 것이지요. 세계적인 엔터테인먼트 회사로 성장한 방탄소년단의 소속사 하이브는 10년 전만 해도 한국에서도 큰 기획사 소리를 듣지 못했고요.

지금 우리 사회의 인프라는 과거 산업사회처럼 성공의 조건으로 큰 비용과 오랜 시간을 필수적으로 요구하지 않습니다. 중요한 것은 '해보는 것'입니다. 무언가 해보고, 반응을 보고, 그에 따라 수정하거나 접는 과정을 다양하게 체득하는 것이 성공의 조건이 됩니다. 그러다 보면 수많은 시도가 짧은 시간 안에 있을 수 있고, 그에 따른 실패도 무수할 것입니다. 반면 성공은 실패의 수에 비해 적을 것입니다. 하지만 이 실패의 여파가 크지는 않습니다. 어차피 엄청난 비용과 무수한 시간이 들어간 것은 아니거든요.

이제 항해에 나설 시간입니다. 대항해시대에 항해에 나서지 못한 나라는 유럽의 2등 국가로 전락했습니다. 멀리 갈 것도 없이 암호화폐, 부동산, 주식 시장에서 기회를 잡지 못했던 사람은 지금도

'그때가 기회였는데' 하고 안타까워하고 있거든요. 그때 나서지 못했던 것은 100퍼센트 온전한 기회로 보이지 않았기 때문이죠. 모두가 기회라고 말하는 그때도 안 될 만한 이유는 언제나 존재했고, 막막한 두려움과 변화에 대응하기 어렵게 만드는 게으름이 무언가를 시도하지 못하게 막아선 것입니다.

메타버스는 100퍼센트의 기회입니다. 치열하게 연구하고, 방대한 정보를 가졌으며, 무엇보다 자본력이 풍부한 글로벌 기업이 모두 메타버스를 말하고 있습니다. 그들의 자본도 메타버스로 흘러가고 있지요.

약간의 노력과 정보만으로 무언가를 시도해볼 여지는 충분합니다. 지금 열리고 있는 시장이고 혁명의 시작점에 있는 기회입니다. 10년 후에 '그때 그랬어야 했는데'라고 여전히 후회하고 있을 것인가, 아니면 '그때 그러기를 잘했다'라고 후회 없는 삶을 살고 있을 것인가는 오늘 우리가 무엇을 할 것인가에 달려 있습니다. 11년 만에 열린 새로운 비즈니스의 기회를 꼭 잡으시기 바랍니다.

출처

36쪽   http://biz.heraldcorp.com/view.php?ud=20170204000004

38쪽   https://www.zillow.com/houston-tx/?searchQueryState=%7B%22pag
ination%22%3A%7B%7D%2C%22usersSearchTerm%22%3A%22housto
n%2C%20TX%22%2C%22mapBounds%22%3A%7B%22west%22%3A-
95.52930723509557%2C%22east%22%3A-95.47909628233678%2C%22so
uth%22%3A29.76534642357177%2C%22north%22%3A29.7952191509839
64%7D%2C%22regionSelection%22%3A%5B%7B%22regionId%22%3A3
9051%2C%22regionType%22%3A6%7D%5D%2C%22isMapVisible%22%
3Atrue%2C%22filterState%22%3A%7B%22ah%22%3A%7B%22value%22
%3Atrue%7D%7D%2C%22isListVisible%22%3Atrue%2C%22mapZoom
%22%3A15%7D

40쪽   https://community.secondlife.com/blogs/entry/8393-web-user-
group-on-july-7-2021/

41쪽   https://play.google.com/store/apps/details?id=me.zepeto.
main&hl=ko&gl=US

57쪽   https://www.oculus.com/quest-2/

65쪽   https://aws.amazon.com/ko/blogs/media/how-to-create-a-virtual-
trainer-with-amazon-sumerian-virtual-reality-and-amazon-
machine-learning-part-2/

90쪽   https://spatial.io/blog/telepresence-vs-videoconferencing

91쪽	https://www.gather.town/
101쪽	https://www.instagram.com/zepeto.official/
104쪽	https://earth2.io/
110쪽	https://www.oculus.com/facebook-horizon/?locale=ko_KR
117쪽	https://www.microsoft.com/ko-kr/hololens
130쪽	https://www.youtube.com/watch?v=wYeFAlVC8qU
135쪽	https://blog.roblox.com/ko/
139쪽	https://www.thisisgame.com/webzine/news/nboard/4/?n=104599
142쪽	https://live.lge.co.kr/lg-oled-tv-mz/
189쪽	https://www.sktinsight.com/129415
195쪽	https://www.zwift.com/
216쪽	https://news.sktelecom.com/132735
228쪽	https://news.sktelecom.com/133288
236쪽	https://www.hdec.kr/kr/company/press_view.aspx?CompanyPressSeq=49#.YPy30ugzaUk
240쪽	https://www.chosun.com/economy/2021/05/12/3OTHVGXUOJBVXFWWPR7OWALANA/
266쪽	https://www.unrealengine.com/ko/blog/a-first-look-at-unreal-engine-5

미래의 부와 기회를 선점하는 7대 메가트렌드

메타버스의 시대

초판 1쇄 인쇄 2021년 8월 11일
초판 1쇄 발행 2021년 8월 18일

지은이 이시한
펴낸이 김선식

경영총괄 김은영
책임편집 차혜린 **크로스교정** 조세현 **책임마케터** 오서영
콘텐츠사업5팀장 박현미 **콘텐츠사업5팀** 차혜린, 마가림, 김민정, 이영진
마케팅본부장 이주화 **마케팅1팀** 최혜령, 오서영, 박지수
미디어홍보본부장 정명찬 **홍보팀** 안지혜, 김재선, 이소영, 김은지, 박재연, 오수미, 이예주
뉴미디어팀 김선욱, 허지호, 염아라, 김혜원, 이수인, 임유나, 배한진, 석찬미
저작권팀 한승빈, 김재원
경영관리본부 허대우, 하미선, 박상민, 권송이, 김민아, 윤이경, 이소희, 이우철, 김재경, 최완규, 이지우, 김혜진
외주스태프 편집 박은영, 디자인 섬세한 곰, 표지촬영 타임온미 스튜디오

펴낸곳 다산북스 **출판등록** 2005년 12월 23일 제313-2005-00277호
주소 경기도 파주시 회동길 490 다산북스 파주사옥
전화 02-704-1724 **팩스** 02-703-2219 **이메일** dasanbooks@dasanbooks.com
홈페이지 www.dasan.group **블로그** blog.naver.com/dasan_books
종이 ㈜IPP **인쇄·제본** ㈜갑우문화사 **후가공** 평창피앤지

ISBN 979-11-306-4023-5 (03320)